中学生数学思维方法丛书

8 引入参数

冯跃峰 著

中国科学技术大学出版社

内 容 简 介

本书介绍数学思维方法的一种形式——引入参数.书中讨论了引入参数的目的、相关形式及其方法与技巧,其中许多内容都是本书首次提出.例如,待定元素、待定极值、实设容量参数、虚置容量参数、序号参数、关系参数、平移参数、伸缩参数、结构参数等.这些都是作者潜心研究的成果,是本书的特点之一.书中选用了一些数学原创题,这些题目难度适中而又生动有趣,有些题目还是第一次公开阐述,这是本书的另一特点.此外,书中对题目的求解过程的剖析,能给读者以思维方法的启迪;对每一个问题,并不是直接给出解答,而是详细分析如何发现其解法,这是本书的又一特点.

本书旨在提高解题者探索解题方法的能力,适于广大中学生及相关教育工作者参考使用.

图书在版编目(CIP)数据

引入参数/冯跃峰著.—合肥:中国科学技术大学出版社,2016.1(2024.3重印)
(中学生数学思维方法丛书)
ISBN 978-7-312-03861-7

Ⅰ.引… Ⅱ.冯… Ⅲ.中学数学课—教学参考资料 Ⅳ.G634.603

中国版本图书馆 CIP 数据核字(2015)第 308214 号

出版	中国科学技术大学出版社
	安徽省合肥市金寨路 96 号,230026
	http://press.ustc.edu.cn
	https://zgkxjsdxcbs.tmall.com
印刷	安徽省瑞隆印务有限公司
发行	中国科学技术大学出版社
开本	880 mm×1230 mm 1/32
印张	7.375
字数	192 千
版次	2016 年 1 月第 1 版
印次	2024 年 3 月第 4 次印刷
定价	25.00 元

序

问题是数学的心脏,学数学离不开解题.我国著名数学家华罗庚教授就曾说过:"如果你读一本数学书,却不做书中的习题,那就犹如入宝山而空手归."因此,如何解题,也就成为了一个千古话题.

国外就曾流传着这样一则有趣的故事,当时数学在欧几里得的推动下,逐渐成为人们生活中的一个时髦话题(这与当今社会截然相反),以至于当时的埃及国王托勒密一世也想赶这一时髦学点数学.虽然托勒密一世见多识广,但在学数学方面却很吃力.一天,他向欧几里得请教数学问题,听了半天,还是云里雾里不知所云,便忍不住向欧几里得要求道:"你能不能把问题讲得简单点呢?"欧几里得笑着回答:"陛下,很抱歉,数学上无王者之路." 欧几里得的意思是说,要想学好数学,就必须扎扎实实打好基础,没有捷径可走.后来人们常用这一故事讥讽那些事事都想通过投机取巧获得成功之人.但从另一个角度想,托勒密一世的要求也未必过分,难道数学就只能是"神来之笔",不能让其思路来得更自然一些吗?

记得我年少上学时候,开学伊始发新书的时刻是最令我兴奋的.书一到手,我总是迫不及待地要看看书中有哪些新的内容:一方面是受好奇心的驱使,另一方面也是想测试一下自己,看能不能不用老师教也能读懂书中的内容.但每每都是失望而终:尽管书中介绍的知识都弄明白了,书中的例题也读懂了,但一做书中的习题,却还是不会.

为此,我曾非常苦恼,却又百思不得其解.后来上了大学,更是对课堂中老师那些"神来之笔"惊叹不已,严密的逻辑推理常常令我折服.但我未能理解的是,这些解题的方法是怎样想到的呢?

20世纪中叶,美籍匈牙利数学教育家G. Polya的数学名著《怎样解题》风靡全球,该书使我受益匪浅.这并不是说,我从书中学到了"怎样解题",而是它引发了我对数学思维方法的思考.

实际上,解数学题是一项系统工程,有许许多多的因素影响着它的成败.本质的因素有知识、方法(指狭义的方法,即解决问题所使用的具体方法)、能力(指基本能力,即计算能力、推理能力、抽象能力、概括能力等)、经验等,由此构成解题基础;非本质的因素有兴趣、爱好、态度、习惯、情绪、意志、体质等,由此构成解题的主观状态;此外,还受时空、环境、工具的约束,这些构成了解题的客观条件.但是,即使具有扎实的解题基础和较好的客观条件,主观上也做了相应的努力,也不一定能成功解题.这是因为,数学中真正标准的、可以程序化的问题(如解一元二次方程)是很少的。解题中,要想把问题中的条件与结论沟通起来,光有雄厚的知识、灵活的方法和成功的解题经验是不够的,还需判断利用什么知识,选用什么方法。这就要求必须对问题进行解剖、识别,对各种信息进行筛选、加工和组装,以创造利用知识、方法和经验的条件.这种复杂的创造性分析过程就是数学思维过程.这一过程能否顺利进行,取决于思维方法是否正确.因此,思维方法亦是影响解题成败的重要因素之一.

经验不止一次地告诉我们:知识不足还可以补充,方法不够也可以积累,但若不善思考,即使有再多的知识和方法,不懂得如何运用它们解决问题,也是枉然.与此相反,掌握了正确的思维方法,知识就不再是孤立的,方法也不再是呆板的,而是彼此建立了有血有肉的联系.组成了生机勃勃的知识方法体系,数学思维活动也就充满了活力,得到了更完美的发挥与体现.

序

G. Polya 曾指出:解题的价值不在于答案本身,而在于弄清"是怎样想到这种解法的""是什么促使你这样想、这样做的?"这实际上都属于数学思维方法的范畴.所谓数学思维方法,就是在基本数学观念系统作用下进行思维活动的心理过程.简单地说,数学思维方法就是沟通已有的数学知识和新遇的数学问题之间的一种分析、探索方法.在一般情况下,问题与知识的联系并非是明显的,即使有时能在问题中看到某些知识的"影子",但不是知识的原形,而是披上了"外衣",或是减少了条件,或是改变了结构,从而使解题时没有现成的知识、方法可用,这就是我在学生时代产生"为什么知识都明白了,例题也看懂了,还是不会做习题"的困惑的原因.为了利用有关的知识和方法解题,就必须创造一定的"条件",这种创造条件的认识、探索过程就是数学思维方法作用的过程.

但是,在当前数学解题教学中,由于"高考"指挥棒的影响,教师往往只注重学生对知识方法掌握的熟练程度,甚至不少教师片面地强调基本知识和解决问题的具体方法的重要性,而忽视思维方法方面的训练,造成学生解决一般问题都感到困难.为了克服这一困难,各种各样的、非本质的、庞杂零乱的具体解题技巧统统被视为规律,成为教师谆谆告诫的教学重点,学生解题也就试图通过记忆、模仿来补偿思维能力的不足,利用胡猜乱碰代替有根据、有目的的探索.这不仅不能提高学生的解题能力,而且对数学知识的系统性学习和思维结构的健康发展都是不利的.

数学思维方法通常又表现为一种解题的思维模式.例如,G. Polya就在《怎样解题》中列出了一张著名的解题表.任何一种解题模式均不可能囊括人们在解题过程中表现出来的各种思维特征,诸如观察、识别、猜想、尝试、回忆、比较、直觉、顿悟、联想、类比、归纳、演绎、想象、反例、一般化、特殊化等.这些思维特征充满解题过程中的各个环节,要想用一个模式来概括,那就像用数以千计的思维元件

来构造一个复杂而庞大的解题机器.这在理论上也许是可行的,但在实际应用中却很不方便,难以被人们接受.更何况数学问题形形色色,不是任何一个模式都适用于所有的数学问题.因此,究竟学会如何解题的核心内容还是学会如何思考？鉴于此,笔者想到写这样一套关于数学思维方法的丛书.

  本丛书也不可能穷尽所有的数学思维方法,只是选用一些典型的思维方法为代表做些介绍.这些方法,或是笔者原创发现,或是笔者从一个全新的角度对其进行了较为深入的分析与阐述.

  囿于水平,书中观点可能片面武断,错误难免,敬请读者不吝指正.

冯跃峰

2015 年 1 月

目　　录

序 ··· (i)

1　待定参数 ··· (1)
   1.1　待定系数 ··· (1)
   1.2　待定元素 ··· (12)
   1.3　待定极值 ··· (25)
   习题 1 ·· (32)
   习题 1 解答 ··· (34)

2　容量参数 ··· (54)
   2.1　实设容量参数 ···································· (54)
   2.2　虚置容量参数 ···································· (71)
   2.3　穷举容量参数 ···································· (88)
   习题 2 ·· (94)
   习题 2 解答 ··· (98)

3　位置参数 ··· (121)
   3.1　序号参数 ··· (121)

    3.2　关系参数 ……………………………………… (141)

    习题 3 …………………………………………………… (157)

    习题 3 解答 …………………………………………… (158)

4　调整参数 ………………………………………… (166)

    4.1　伸缩参数 ……………………………………… (166)

    4.2　平移参数 ……………………………………… (174)

    4.3　结构参数 ……………………………………… (184)

    4.4　其他调整参数 ………………………………… (198)

    习题 4 …………………………………………………… (207)

    习题 4 解答 …………………………………………… (209)

1 待定参数

在一些数学问题中,相关数学对象含有某种不确定的因素,给问题的讨论造成诸多不便. 此时引入相应的参数使有关量的值相对确定,是一种有效的处理手段. 不管是否能求出所引入的参数的具体数值,它都能与题中其他量一起进行相关的运算,从而给解题带来许多方便.

本章介绍一种引入参数——待定参数.

所谓待定参数,就是先假定已经知道某个欲求的量的数值,将其用一个字母表示,然后根据相关对象满足的条件,确定欲求的量的具体数值.

1.1 待定系数

为了使某种数学对象变形为某种特定的结构,可引入待定系数,然后对相关对象进行变形,最后根据目标结构的特征确定引入的系数. 这种思维方法常被称为待定系数法.

待定系数是待定参数中的一种最简单的形式,也是读者较为熟悉的一种思考问题的方法,这里只简单介绍一些典型的例子.

例 1 设 $n \in \mathbf{N}$, $k \geqslant 2^{n-1}$,求证:在三角形中,有 $\sum \dfrac{a^n}{k(b^n+c^n)-a^n} \geqslant \dfrac{3}{2k-1}$,其中 $\sum$ 是对三角形三边 a,b,c 轮换

求和.

分析与证明 我们希望通过适当的变形,使不等式左边的分子都变得相同,以便提取公因式.为此,引入待定系数 λ,则

$$\frac{a^n}{k(b^n+c^n)-a^n}+\lambda=\frac{(1-\lambda)a^n+k\lambda(b^n+c^n)}{k(b^n+c^n)-a^n}.$$

为了使此式的分子变成"常数",令 $1-\lambda=k\lambda$,得 $\lambda=\dfrac{1}{k+1}$,于是有

$$\sum\left[\frac{a^n}{k(b^n+c^n)-a^n}+\frac{1}{k+1}\right]$$

$$=\sum\frac{k(b^n+c^n+a^n)}{(k+1)[k(b^n+c^n)-a^n]}$$

$$=\frac{k(b^n+c^n+a^n)}{k+1}\cdot\sum\frac{1}{k(b^n+c^n)-a^n}$$

$$\geqslant\frac{k(b^n+c^n+a^n)}{k+1}\cdot\frac{9}{\sum(kb^n+kc^n-a^n)}$$

$$=\frac{k(b^n+c^n+a^n)}{k+1}\cdot\frac{9}{k\sum a^n+k\sum a^n-\sum a^n}$$

$$=\frac{9k}{(k+1)(2k-1)}.$$

注意到其中

$$k(b^n+c^n)-a^n\geqslant 2^{n-1}(b^n+c^n)-a^n\geqslant(b+c)^n-a^n>0,$$

所以

$$\sum\frac{a^n}{k(b^n+c^n)-a^n}\geqslant\frac{9k}{(k+1)(2k-1)}-\sum\frac{1}{k+1}=\frac{3}{2k-1}.$$

例 2(2010 年伊朗数学奥林匹克竞赛试题) 设 $a,b,c>0$,求证:

$$\frac{1}{a^2}+\frac{1}{b^2}+\frac{1}{c^2}+\frac{1}{(a+b+c)^2}\geqslant\frac{7}{25}\left(\frac{1}{a}+\frac{1}{b}+\frac{1}{c}+\frac{1}{a+b+c}\right)^2.$$

分析与证明 由不等式的结构,很容易想到利用 Cauchy 不等式,我们有

$$(1^2+1^2+1^2+1^2)\left[\frac{1}{a^2}+\frac{1}{b^2}+\frac{1}{c^2}+\frac{1}{(a+b+c)^2}\right]$$
$$\geq \left(\frac{1}{a}+\frac{1}{b}+\frac{1}{c}+\frac{1}{a+b+c}\right)^2,$$

$$\frac{1}{a^2}+\frac{1}{b^2}+\frac{1}{c^2}+\frac{1}{(a+b+c)^2}$$
$$\geq \frac{1}{4}\left(\frac{1}{a}+\frac{1}{b}+\frac{1}{c}+\frac{1}{a+b+c}\right)^2.$$

但 $\frac{1}{4} < \frac{7}{25}$, 放缩过宽, 引入待定系数 p,q, 利用 Cauchy 不等式, 我们有

$$(p^2+p^2+p^2+q^2)\left[\frac{1}{a^2}+\frac{1}{b^2}+\frac{1}{c^2}+\frac{1}{(a+b+c)^2}\right]$$
$$\geq \left(\frac{p}{a}+\frac{p}{b}+\frac{p}{c}+\frac{q}{a+b+c}\right)^2,$$

所以

$$\frac{1}{a^2}+\frac{1}{b^2}+\frac{1}{c^2}+\frac{1}{(a+b+c)^2}$$
$$\geq \frac{1}{3p^2+q^2}\left(\frac{p}{a}+\frac{p}{b}+\frac{p}{c}+\frac{q}{a+b+c}\right)^2.$$

下面只需证明:

$$\frac{1}{3p^2+q^2}\left(\frac{p}{a}+\frac{p}{b}+\frac{p}{c}+\frac{q}{a+b+c}\right)^2$$
$$\geq \frac{7}{25}\left(\frac{1}{a}+\frac{1}{b}+\frac{1}{c}+\frac{1}{a+b+c}\right)^2,$$

即

$$25\left(\frac{p}{a}+\frac{p}{b}+\frac{p}{c}+\frac{q}{a+b+c}\right)^2$$
$$\geq (21p^2+7q^2)\left(\frac{1}{a}+\frac{1}{b}+\frac{1}{c}+\frac{1}{a+b+c}\right)^2,$$

即

$$5\left(\frac{p}{a}+\frac{p}{b}+\frac{p}{c}+\frac{q}{a+b+c}\right)$$
$$\geqslant \sqrt{21p^2+7q^2}\left(\frac{1}{a}+\frac{1}{b}+\frac{1}{c}+\frac{1}{a+b+c}\right),$$

即

$$(5p-\sqrt{21p^2+7q^2})\left(\frac{1}{a}+\frac{1}{b}+\frac{1}{c}\right)$$
$$\geqslant (\sqrt{21p^2+7q^2}-5q)\frac{1}{a+b+c},$$

即

$$(a+b+c)\left(\frac{1}{a}+\frac{1}{b}+\frac{1}{c}\right)\geqslant \frac{\sqrt{21p^2+7q^2}-5q}{5p-\sqrt{21p^2+7q^2}}.$$

令 $\dfrac{\sqrt{21p^2+7q^2}-5q}{5p-\sqrt{21p^2+7q^2}}=9$,则不等式成立. 此时

$$\sqrt{21p^2+7q^2}-5q=45p-9\sqrt{21p^2+7q^2},$$

即

$$2\sqrt{21p^2+7q^2}=9p+q.$$

两边平方后化简,得 $p^2+9q^2-6pq=0$,即 $p=3q$,取 $p=3$,$q=1$ 即可证明原不等式成立.

注 原不等式在 $a=b=c$ 时等号成立,此时 $a+b+c=3a$,由此很容易想到取 $p=3q$ 进行系数修正.

本题可推广为:设 $a_1, a_2, \cdots, a_n>0$,则

$$\frac{1}{a_1^2}+\frac{1}{a_2^2}+\cdots+\frac{1}{a_{n+1}^2}+\frac{1}{(a_1+a_2+\cdots+a_{n+1})^2}$$
$$\geqslant \frac{n^3-1}{(n^2+1)^2}\left(\frac{1}{a_1}+\frac{1}{a_2}+\cdots+\frac{1}{a_{n+1}}+\frac{1}{a_1+a_2+\cdots+a_{n+1}}\right)^2.$$

例3 设 $x_1>x_2>\cdots>x_n>0, y_1>y_2>\cdots>y_n>0$,且
$$x_1>y_1,$$

$$x_1 + x_2 > y_1 + y_2,$$

$$\cdots,$$

$$x_1 + x_2 + \cdots + x_n > y_1 + y_2 + \cdots + y_n.$$

求证：对任何 $a_1 > a_2 > \cdots > a_n > 0$，有

$$a_1 x_1 + a_2 x_2 + \cdots + a_n x_n > a_1 y_1 + a_2 y_2 + \cdots + a_n y_n.$$

分析与证明 显然，适当将条件中的 n 个不等式变形，然后相加，这是解题的关键. 但若直接相加，则难以产生目标中的 $a_i x_i$ 及 $a_i y_i$ $(1 \leqslant i \leqslant n)$. 进一步发现，先对第 i 个不等式乘以 a_i，然后相加，也达不到目标，所以只能引入待定系数参数 $b_1, b_2, \cdots, b_n$.

于是对第 i 个不等式乘以 b_i，得

$$b_1 x_1 > b_1 y_1,$$

$$b_2(x_1 + x_2) > b_2(y_1 + y_2),$$

$$\cdots,$$

$$b_n(x_1 + x_2 + \cdots + x_n) > b_n(y_1 + y_2 + \cdots + y_n),$$

以上各式相加，得

$$(b_1 + b_2 + \cdots + b_n)x_1 + (b_2 + b_3 + \cdots + b_n)x_2 + \cdots + b_n x_n$$
$$> (b_1 + b_2 + \cdots + b_n)y_1 + (b_2 + b_3 + \cdots + b_n)y_2 + \cdots + b_n y_n.$$

比较待证的不等式，可令

$$a_1 = b_1 + b_2 + \cdots + b_n, a_2 = b_2 + b_3 + \cdots + b_n, \cdots, a_n = b_n,$$

即

$$b_1 = a_1 - a_2, b_2 = a_2 - a_3, \cdots, b_{n-1} = a_{n-1} - a_n, b_n = a_n,$$

则原不等式获证.

例 4（第 22 届俄罗斯数学奥林匹克竞赛试题） 设 $a_1, a_2, \cdots, a_m$ 都是不等于 0 的数，求证：如果对任意整数 $k = 0, 1, 2, \cdots, n (n \leqslant m-2)$，都满足 $a_1 + a_2 \times 2^k + a_3 \times 3^k + \cdots + a_m \times m^k = 0$，则数列 $a_1, a_2, \cdots, a_m$ 中至少存在 $n+1$ 对相邻的项符号相反.

分析与证明 不妨设 $a_m > 0$，否则数列的各项都乘以 -1.

注意题给条件为 $n+1$ 个等式：$\sum_{i=1}^{m}a_i i^j=0(j=0,1,2,\cdots,n)$，

引入待定系数参数 $c_0,c_1,\cdots,c_n$，将上述第 k 个等式乘以 c_k，然后相加，得

$$\sum_{j=0}^{n}\left(c_j\sum_{i=1}^{m}a_i i^j\right)=0.$$

适当组合，有

$$0=\sum_{j=0}^{n}\left(c_j\sum_{i=1}^{m}a_i i^j\right)=\sum_{j=0}^{n}\sum_{i=1}^{m}a_i c_j i^j$$

$$=\sum_{i=1}^{m}\sum_{j=0}^{n}a_i c_j i^j=\sum_{i=1}^{m}\left(a_i\sum_{j=0}^{n}c_j i^j\right).$$

记 $b_i=\sum_{j=0}^{n}c_j i^j(i=1,2,\cdots,m)$，则上述等式变为

$$\sum_{i=1}^{m}a_i b_i=0. \qquad ①$$

反设数列 $a_1,a_2,\cdots,a_m$ 中只有 $k\leqslant n$ 对相邻的项的符号相反，用 $i_1,i_2,\cdots,i_k(i_1<i_2<\cdots<i_k<m)$ 表示这些数对中前一个数的下标.

取定参数 $c_0,c_1,\cdots,c_n$，使 $b_i=f(i)=(i-x_1)(i-x_2)\cdots(i-x_k)$，其中 $x_t=i_t+\dfrac{1}{2}(t=1,2,\cdots,k)$.

显然，函数 $f(i)$ 恰在 $x_1,x_2,\cdots,x_k$ 处变号，因此 b_i 和 b_{i+1} 当且仅当它们之间有 x_t 即 $i=i_t(t=1,2,\cdots,k)$ 时异号，所以数列 $a_1,a_2,\cdots,a_m$ 中变号的数对与 $b_1,b_2,\cdots,b_m$ 中变号的数对下标是相同的.

注意到 $a_m>0,b_m>0$，可以得出 a_i 和 $b_i(i=1,2,\cdots,m)$ 同号，即 $\sum a_i b_i>0$，与式 ① 矛盾.

例 5 设 $x,y,z\in\mathbf{Z}$，且 $11\mid 7x+2y-5z$，求证：$11\mid 3x-7y+12z$.

分析与证明 引入待定系数，构造目标式与条件式的组合，希望

$$m(7x+2y-5z)+n(3x-7y+12z)\equiv 0(\bmod 11),$$

且$(11,n)=1$,即

$$(7m+3n)x+(2m-7n)y+(12n-5m)z\equiv 0(\bmod 11),\quad ②$$

再找一个充分条件,令

$$7m+3n\equiv 2m-7n\equiv 12n-5m\equiv 0(\bmod 11).\quad ③$$

可穷举 m 试验,特别地,可分别令 x,y,z 的系数为 0,如取 $7m+3n=0$,最简单的一个取法是取 $m=3,n=-7$,它恰好合乎要求:式③中 3 个同余式都成立. 由于

$$3(7x+2y-5z)-7(3x-7y+12z)$$
$$=(21x+6y-15z)-(21x-49y+84z)$$
$$=55y-99z=11(5y-9z),$$

又 $11|7x+2y-5z$,$11|11(5y-9z)$,所以 $11|7(3x-7y+12z)$,而 $(11,7)=1$,故 $11|3x-7y+12z$.

如果令式②中 y 的系数 $2m-7n=0$,则取 $m=7,n=2$ 合乎要求,得到如下的证法:

因为

$$7(7x+2y-5z)+2(3x-7y+12z)$$
$$=(49x+14y-35z)+(6x-14y+24z)$$
$$=55x-11z=11(5x-z),$$

又 $11|7x+2y-5z$,$11|11(5x-z)$,所以 $11|2(3x-7y+12z)$,而 $(11,2)=1$,故 $11|3x-7y+12z$.

如果令式②中 z 的系数 $12n-5m=0$,则取 $m=12,n=5$ 合乎要求,得到如下的证法:

因为

$$12(7x+2y-5z)+5(3x-7y+12z)$$
$$=(84x+24y-60z)+(15x-35y+60z)$$
$$=99x-11y=11(9x-y),$$

又 $11|7x+2y-5z$,$11|11(9x-y)$,所以 $11|5(3x-7y+12z)$,

而 $(11,5)=1$,故 $11 \mid 3x-7y+12z$.

有趣的是,我们未必要使式②中某个项的系数为 0,如取 $m=2$, $n=-1$,此时式③中 3 个同余式也都成立,于是得到如下的证法:

因为
$$2(7x+2y-5z)-(3x-7y+12z)=11(x+y-2z),$$
所以
$$11 \mid 2(7x+2y-5z)-(3x-7y+12z).$$
又因为 $11 \mid 7x+2y-5z$,故 $11 \mid 3x-7y+12z$.

例 6(原创题) 求函数 $f(x)=\dfrac{\sqrt{x}}{x^2+1}$ 的最大值.

分析与解 取待定参数 $k(k>0)$,则
$$f(x)=\frac{\sqrt{x}}{x^2+1}=\frac{2\sqrt{kx}}{2\sqrt{k}(x^2+1)}\leqslant\frac{x+k}{2\sqrt{k}(x^2+1)}. \qquad ④$$

令 $y=\dfrac{x+k}{x^2+1}$,则
$$yx^2-x+y-k=0. \qquad ⑤$$

因为函数 $f(x)$ 的定义域为 $[0,+\infty)$,所以该方程在 $[0,+\infty)$ 上有解,则 $\Delta=1-4y(y-k)\geqslant 0$,从而有
$$y\leqslant\frac{k+\sqrt{k^2+1}}{2}. \qquad ⑥$$

当 $y=\dfrac{k+\sqrt{k^2+1}}{2}$ 时,$\Delta=0$,此时由方程⑤,得
$$x=\frac{1\pm\sqrt{0}}{2y}=\frac{1}{2y}=\frac{1}{\sqrt{k^2+1}+k}=\sqrt{k^2+1}-k.$$

不等式④在 $x=k$ 时等号成立,不等式⑥在 $x=\sqrt{k^2+1}-k$ 时等号成立,要使不等式④⑥的等号同时成立,则应有 $k=\sqrt{k^2+1}-k$,即 $k=\dfrac{\sqrt{3}}{3}$. 于是

1 待定参数

$$f(x) \leqslant \frac{x+k}{2\sqrt{k}(x^2+1)} = \frac{y}{2\sqrt{k}}$$

$$\leqslant \frac{1}{2\sqrt{k}} \cdot \frac{k+\sqrt{k^2+1}}{2}$$

$$= \frac{\sqrt[4]{3}}{2} \cdot \frac{\frac{\sqrt{3}}{3}+\sqrt{\frac{1}{3}+1}}{2}$$

$$= \frac{\sqrt[4]{3}}{2} \cdot \frac{\frac{\sqrt{3}}{3}+\frac{2\sqrt{3}}{3}}{2} = \frac{\sqrt[4]{3}}{2} \cdot \frac{\sqrt{3}}{2} = \frac{\sqrt[4]{27}}{4},$$

等号在 $x=\frac{\sqrt{3}}{3}$ 时成立,故 $f(x)=\frac{\sqrt{x}}{x^2+1}$ 的最大值为 $\frac{\sqrt[4]{27}}{4}$.

例 7(原创题) 设 $x,y,z \geqslant 0, x+y+z=1$,求 $\sqrt{2011x+1}$ $+\sqrt{2011y+1}+\sqrt{2011z+1}$ 的最大值与最小值的和.

分析与解 首先,由 Cauchy 不等式,有
$(\sqrt{2011x+1}+\sqrt{2011y+1}+\sqrt{2011z+1})^2$
$\leqslant 3 \cdot (2011x+1+2011y+1+2011z+1) = 6042,$
所以
$$\sqrt{2011x+1}+\sqrt{2011y+1}+\sqrt{2011z+1} \leqslant 2\sqrt{1507}$$
(注意,其中 $1507=11 \cdot 137$ 不含平方数因子).
又 $x=y=z=\frac{1}{3}$ 时,有
$$\sqrt{2011x+1}+\sqrt{2011y+1}+\sqrt{2011z+1} = 2\sqrt{1507},$$
所以
$$\sqrt{2011x+1}+\sqrt{2011y+1}+\sqrt{2011z+1}$$
的最大值为 $2\sqrt{1507}$. 其次,设 $\sqrt{2011x+1} \geqslant kx+1$(其中 k 为待定参数),则
$$2011x+1 \geqslant k^2x^2+2kx+1,$$

所以

$$x \leqslant \frac{2\,011-2k}{k^2}.$$

令 $\frac{2\,011-2k}{k^2}=1$,得 $k=2\sqrt{503}-1$,于是我们有

$$\sqrt{2\,011x+1} \geqslant (2\sqrt{503}-1)x+1.$$

同理有

$$\sqrt{2\,011y+1} \geqslant (2\sqrt{503}-1)y+1,$$
$$\sqrt{2\,011z+1} \geqslant (2\sqrt{503}-1)z+1,$$

所以

$$\sqrt{2\,011x+1}+\sqrt{2\,011y+1}+\sqrt{2\,011z+1}$$
$$\geqslant (2\sqrt{503}-1)+3=2\sqrt{503}+2.$$

又 $x=y=0,z=1$ 时,有

$$\sqrt{2\,011x+1}+\sqrt{2\,011y+1}+\sqrt{2\,011z+1}$$
$$\geqslant 2+\sqrt{2\,012}=2\sqrt{503}+2,$$

所以

$$\sqrt{2\,011x+1}+\sqrt{2\,011y+1}+\sqrt{2\,011z+1}$$

的最小值为 $2\sqrt{503}+2$.

例8(1999年全国高中数学联赛试题) 给定正整数 n 和正数 M,对满足条件 $a_1^2+a_{n+1}^2 \leqslant M$ 的所有等差数列 $a_1,a_2,a_3,\cdots$,试求 $S=a_{n+1}+a_{n+2}+\cdots+a_{2n+1}$ 的最大值.

分析与解 设此数列的公差为 d,则

$$S=a_{n+1}+a_{n+2}+\cdots+a_{2n+1}=(n+1)\left(a_1+\frac{3}{2}nd\right),$$

所以

$$\frac{S}{n+1}=a_1+\frac{3}{2}nd.$$

由于 n 是给定的,只需求 $a_1+\dfrac{3}{2}nd=t$ 的最大值. 由条件

$$M \geqslant a_1^2+a_{n+1}^2=a_1^2+(a_1+nd)^2=2a_1^2+2a_1nd+n^2d^2, \quad ⑦$$

想到在式⑦右边凑目标式 $a_1+\dfrac{3}{2}nd$ 的平方:

$$\left(a_1+\dfrac{3}{2}nd\right)^2=a_1^2+3a_1nd+\dfrac{9}{4}n^2d^2.$$

为使式⑦右边"剩余"部分也是完全平方(可放缩到0),引入待定系数 λ,则

$$2a_1^2+2a_1nd+n^2d^2=\lambda\left(a_1^2+3a_1nd+\dfrac{9}{4}n^2d^2\right)+(2-\lambda)a_1^2$$
$$+(2-3\lambda)a_1nd+\left(1-\dfrac{9}{4}\lambda\right)n^2d^2$$
$$=\lambda\left(a_1+\dfrac{3}{2}nd\right)^2+(2-\lambda)a_1^2$$
$$+(2-3\lambda)a_1nd+\left(1-\dfrac{9}{4}\lambda\right)n^2d^2.$$

我们希望

$$(2-\lambda)a_1^2+(2-3\lambda)a_1nd+\left(1-\dfrac{9}{4}\lambda\right)n^2d^2$$

为完全平方式,于是令

$$\Delta=(2-3\lambda)^2-4(2-\lambda)\left(1-\dfrac{9}{4}\lambda\right)=0,$$

即 $4-12\lambda+9\lambda^2-8+22\lambda-9\lambda^2=0$,得

$$\lambda=\dfrac{2}{5}.$$

所以

$$M\geqslant\dfrac{2}{5}\left(a_1+\dfrac{3}{2}nd\right)^2+\dfrac{1}{10}(4a_1+nd)^2\geqslant\dfrac{2}{5}\left(\dfrac{S}{n+1}\right)^2.$$

解得

$$S \leqslant \frac{\sqrt{10}}{2}(n+1)\sqrt{M}.$$

当且仅当 $4a_1+nd=0$ 且 $M=\frac{2}{5}\left(a_1+\frac{3}{2}nd\right)^2$ 时等号成立,即 $a_1=-\frac{1}{4}nd$ 或 $a_1=-\frac{\sqrt{10M}}{10}$ 且 $d=\frac{4}{\sqrt{10}} \cdot \frac{1}{n}\sqrt{M}$ 时成立. 此时 $a_1^2+a_{n+1}^2=M, S=\frac{\sqrt{10}}{2}(n+1)\sqrt{M}.$

综上所述,S 的最大值为 $\frac{\sqrt{10}}{2}(n+1)\sqrt{M}.$

1.2 待定元素

待定元素是待定系数的一种推广,它是待定参数中的一种常见形式. 为了确定某个数学对象,可根据其结构特征,引入若干参数,将相关对象用参数表示. 我们称这样的参数为待定元素参数.

例 1 数列 $\{a_n\}$ 定义如下:对任何正整数 n,都有 $a_{n+1}=a_n^2-na_n+1$. 证明:存在无数个 a_1 的取值,使对一切正整数 n,有 $\sum_{i=1}^{n}\frac{1}{a_i+1}<\frac{1}{2}.$

分析与证明 采用放缩法,引入待定元素参数 b_i($i=1, 2,\cdots,n$),设 $\{b_n\}$ 为等比数列以方便求和. 我们希望 $\frac{1}{a_i+1}<\frac{1}{b_i}$,即 $a_i+1>b_i.$

由熟知的结论 $\sum_{i=1}^{n}\frac{1}{2^i}=\left(1-\frac{1}{2^n}\right)<1$,希望有

$$a_i+1\geqslant 2(a_{i-1}+1). \qquad ①$$

实际上,若式①成立,则可推得 $a_i+1\geqslant 2^{i-1}(a_1+1)$,进而

$$\frac{1}{a_i+1} \leqslant \frac{1}{(a_1+1) \cdot 2^{i-1}},$$

$$\sum_{i=1}^{n} \frac{1}{a_i+1} \leqslant \sum_{i=1}^{n} \frac{1}{2^{i-1}(a_1+1)} = \frac{1}{a_1+1} \sum_{i=1}^{n} \frac{1}{2^{i-1}}$$

$$< \frac{1}{a_1+1} \cdot 2 = \frac{2}{a_1+1}.$$

这样一来,只要有 $a_1 \geqslant 3$,就有 $\sum_{i=1}^{n} \frac{1}{a_i+1} < \frac{2}{a_1+1} \leqslant \frac{1}{2}$,不等式便可获证.

下面证明不等式①,它等价于 $a_n \geqslant 2a_{n-1}+1$.

利用递归关系,发现使 $a_{n+1} = a_n^2 - na_n + 1 = a_n(a_n-n)+1 \geqslant 2a_n+1$ 成立的一个充分条件是 $a_n - n \geqslant 2$,即

$$a_n \geqslant n+2. \qquad ②$$

下面用数学归纳法证明式②.

当 $n=1$ 时,式②成立.设式②对 n 成立,即 $a_n \geqslant n+2$,那么

$$a_{n+1} = a_n^2 - na_n + 1 = a_n(a_n - n) + 1 \geqslant 2a_n + 1$$
$$\geqslant 2(n+2) + 1 = 2n + 5 > 2(n+1) + 1,$$

所以式②对 $n+1$ 成立.

综上所述,原不等式成立.

例 2 求证:存在 n 个正整数 $a_1, a_2, \cdots, a_n$,它们满足:

(1) 其中任何两个数都互质.

(2) 对 $k = 2, 3, \cdots, n$,其中任何 k 个数的和都是合数.

分析与证明 首先注意条件(1)比较容易满足,所以我们先考虑所取的 n 个正整数如何满足条件(2).

为此,将条件(2)改述为:对任何 $k(2 \leqslant k \leqslant n)$,都存在整数 m_k,使

$$a_{i_1} + a_{i_2} + \cdots + a_{i_k} \equiv 0 \pmod{m_k}.$$

为使构造简单,特别地,取 $m_k = k$ 尝试构造,则要求对任何 $k(2 \leqslant k \leqslant n)$,都有

$$a_{i_1}+a_{i_2}+\cdots+a_{i_k}\equiv 0 \pmod{k}.$$

注意到上式左边有 k 项,从而可找这样一个充分条件:对任何 $i(1\leqslant i\leqslant n)$ 及任何 $k(2\leqslant k\leqslant n)$,都有 $a_i\equiv 1\pmod{k}$,即 $a_i-1\equiv 0\pmod{k}$.

这就是说,a_i-1 是 $k=2,3,\cdots,n$ 的公倍数. 显然,取 $a_i=n!+1$ 合乎要求. 但此时所取的数 $a_1,a_2,\cdots,a_n$ 不互异,为了将其"异化",给第 i 个数"非 1"的部分配上一个变化因子 i 即可,此时 $a_i=i\cdot n!+1(i=1,2,\cdots,n)$. 以下我们证明这样的 n 个正整数 $a_1,a_2,\cdots,a_n$ 合乎要求.

首先,对任何 $1\leqslant i<j\leqslant n$,都有
$$(a_i,a_j)=(i\cdot n!+1,j\cdot n!+1)=(i\cdot n!+1,(j-i)\cdot n!).$$
如果 $(a_i,a_j)\neq 1$,则存在质数 p,使 $p|i\cdot n!+1$ 且 $p|(j-i)\cdot n!$.

由 $p|(j-i)\cdot n!$ 知,$p|j-i$ 或 $p|n!$. 而 $1\leqslant j-i\leqslant n-1$,所以不论哪种情况都有 $p|n!$.

又 $p|i\cdot n!+1$,所以 $p|1$,与 p 是质数矛盾,所以 $(a_i,a_j)=1$.

其次,对 $a_1,a_2,\cdots,a_n$ 中的任何 $k(2\leqslant k\leqslant n)$ 个数 $a_{i_1},a_{i_2},\cdots,a_{i_k}(1\leqslant i_1<i_2<\cdots<i_k\leqslant n)$,都有
$$a_{i_1}+a_{i_2}+\cdots+a_{i_k}$$
$$=(i_1\cdot n!+1)+(i_2\cdot n!+1)+\cdots+(i_k\cdot n!+1)$$
$$=(i_1+i_2+\cdots+i_k)\cdot n!+k.$$
因为 $2\leqslant k\leqslant n$,所以 $k|n!$,$k|a_{i_1}+a_{i_2}+\cdots+a_{i_k}$,从而 $a_{i_1}+a_{i_2}+\cdots+a_{i_k}$ 为合数.

例 3(1990 年匈牙利数学奥林匹克竞赛试题) 有 100 盒火柴,标号为 $1,2,\cdots,100$,每次可以询问其中任意 15 个盒子内的火柴数之和的奇偶性,这样至少要问几次,方能确定 1 号盒子里的火柴数的奇偶性?

分析与解 记第 i 盒火柴中火柴数为 $a_i(i=1,2,\cdots,100)$,每一次询问都是 $a_1,a_2,\cdots,a_{100}$ 中若干个数的和.

首先，问 1 次显然是不够的：

设所问的 15 盒火柴中的火柴数的集合为
$$A = \{a_{j_1}, a_{j_2}, \cdots, a_{j_{15}}\},$$
记
$$S(A) = a_{j_1} + a_{j_2} + \cdots + a_{j_{15}}.$$

如果 $a_1 \notin A$，则改变 a_1 的奇偶性，A 中没有数改变奇偶性，从而 $S(A)$ 的奇偶性不变.

如果 $a_1 \in A$，不妨设 $a_1 = a_{j_1}$，此时同时改变 a_1, a_{j_2} 的奇偶性，则 A 中有两个数改变奇偶性，从而 $S(A)$ 的奇偶性不变.

由此可见，不能由 $S(A)$ 的奇偶性确定 a_1 的奇偶性，所以问 1 次是不够的.

进一步发现，问 2 次也是不够的：

设 2 次所问的 15 盒火柴中的火柴数的集合分别为
$$A = \{a_{j_1}, a_{j_2}, \cdots, a_{j_{15}}\}, \quad B = \{a_{k_1}, a_{k_2}, \cdots, a_{k_{15}}\},$$
记
$$S(A) = a_{j_1} + a_{j_2} + \cdots + a_{j_{15}},$$
$$S(B) = a_{k_1} + a_{k_2} + \cdots + a_{k_{15}}.$$

如果 $a_1 \notin A \cup B$，则改变 a_1 的奇偶性，此时 A, B 中都没有数改变奇偶性，从而 $S(A), S(B)$ 的奇偶性都不变.

如果 $a_1 \in A \cup B$，且 $a_1 \notin A \cap B$，则不妨设 $a_1 \in A$，且 $a_1 \notin B$，假定 $a_1 = a_{j_1}$，此时同时改变 a_1, a_{j_2} 的奇偶性，则 A 中有两个数改变奇偶性，B 中没有数改变奇偶性，从而 $S(A), S(B)$ 的奇偶性都不变.

如果 $a_1 \in A \cap B$，则不妨设 $a_1 = a_{j_1} = a_{k_1}$，此时同时改变 a_1, a_{j_2}, a_{k_2} 的奇偶性，则 A, B 中都有两个数改变奇偶性，从而 $S(A), S(B)$ 的奇偶性都不变.

由此可见，不能由 $S(A), S(B)$ 的奇偶性确定 a_1 的奇偶性，所以

问 2 次是不够的.

如果问 3 次,则上面的证明方法失效,这是因为存在这样一种情形:如果改变 a_1 的奇偶性,则含 a_1 的那个集合中必定有另一个数 a_i 改变奇偶性,而 a_i 又属于另一个集合,于是另一个集合中又必定有另一个数 a_j 改变奇偶性……

由此猜想,至少问 3 次,能确定 a_1 的奇偶性:

设 3 次所问的 15 盒火柴中的火柴数的集合分别为
$$A = \{a_{j_1}, a_{j_2}, \cdots, a_{j_{15}}\},$$
$$B = \{a_{k_1}, a_{k_2}, \cdots, a_{k_{15}}\},$$
$$C = \{a_{r_1}, a_{r_2}, \cdots, a_{r_{15}}\},$$

记
$$S(A) = a_{j_1} + a_{j_2} + \cdots + a_{j_{15}},$$
$$S(B) = a_{k_1} + a_{k_2} + \cdots + a_{k_{15}},$$
$$S(C) = a_{r_1} + a_{r_2} + \cdots + a_{r_{15}}.$$

令 $S = S_1 + S_2 + S_3$,则
$$S = p_1 a_1 + p_2 a_2 + \cdots + p_{100} a_{100},$$
其中 $0 \leq p_i \leq 3 (i=1,2,\cdots,100)$ 是第 i 盒火柴被问的次数.

我们希望由 S 的奇偶性确定 a_1 的奇偶性,一个充分条件是 p_1 为奇数,$p_2, p_3, \cdots, p_{100}$ 都是偶数. 最特殊的一种情形是 $p_1 = 1, p_2 = p_3 = \cdots = p_{100} = 0$,即只问一次 a_1 的奇偶性,其他的都不问,这当然可以确定 a_1 的奇偶性.

当然,由题目条件,每次要问 15 个盒子内的火柴数之和的奇偶性,则上述情况是不可能发生的.

另一种简单的情形是 $p_1 = 1, p_j = 0$ 或 $2(j=2,3,\cdots,n)$,这是可以实现.

采用待定参数法:引入参数 p,假定第一次问 $S(A) = a_1 + a_2 + \cdots$

$+a_{15}$,第二次问 $S(B)=a_p+a_{p+1}+\cdots+a_{p+14}(2\leqslant p\leqslant 15)$.通过这 2 次提问后,$a_1,a_2,\cdots,a_{p-1}$ 都被问了 1 次,$a_p,a_{p+1},\cdots,a_{15}$ 都被问了 2 次,$a_{16},a_{17},\cdots,a_{p+14}$ 都被问了 1 次.现在想象第三次提问的是那些除 a_1 外的而又恰好被问了 1 次的火柴数,即 $a_2,a_3,\cdots,a_{p-1},a_{16},a_{17},\cdots,a_{p+14}$,这只需 $(p-2)+(p-1)=15$,解得 $p=9$.

具体的询问方式如图 1.1 所示,共问到 23 盒火柴.

$$1,2,3,\cdots,7,8,9,10,\cdots,15,16,17,18,19,20,21,22,23$$

图 1.1

由此可见,第一次问 $S(A)=a_1+a_2+\cdots+a_{15}$,第二次问 $S(B)=a_9+a_{10}+\cdots+a_{23}$,第三次问 $S(C)=(a_2+a_3+\cdots+a_8)+(a_{16}+a_{17}+\cdots+a_{23})$,则

$$S(A)+S(B)+S(C)=a_1+2(a_2+a_3+\cdots+a_{23})\equiv a_1\pmod{2}.$$

所以 3 次提问后,由 $S(A)+S(B)+S(C)$ 的奇偶性可以确定 a_1 的奇偶性.

综上所述,至少要提问 3 次.

注 本题原解答中的询问方式如图 1.2 所示,共问到 22 盒火柴.

$$1,2,3,\cdots,7,8,9,10,\cdots,15,16,17,18,19,20,21,22,$$

图 1.2

此外,笔者的学生杨杰锋给出的另外一种询问方式如图 1.3 所示,共问到 22 盒火柴.

$$1,2,3,\cdots,7,8,9,10,\cdots,15,16,17,18,19,20,21,22,23$$

图 1.3

例4(第24届全苏数学奥林匹克竞赛试题) 黑板上写有方程: $x^3+\square x^2+\square x+\square=0$. 两人按如下规则做游戏:甲每次任意说出一个数,乙则将甲刚说出的数填入上述方程的一个未填数的空格中作为系数.若最后所得到的方程有3个不同的整数根,则甲获胜;否则乙获胜.问:谁有必胜的策略?

分析与解 本题原解法非常复杂,我们这里的解法比原解法要简单得多.

注意到若能将方程左边的多项式进行因式分解,则容易判断方程的根为何值.显然,方程左边的项数越少,则因式分解越容易,从而甲可最先说出0.下面分别对此进行讨论.

(1) 若乙将0填入第三空(作为常数项),则方程具有形式:$x(x^2+ax+b)=0$,此时甲只需说出两个数 p,q 使 $\{a,b\}=\{p,q\}$,则 x^2+ax+b 就能被分解成两个整系数多项式之积,即 x^2+px+q 与 x^2+qx+p 都能分解成两个整系数多项式之积.

取 $\{p,q\}=\{2,-3\}$,则
$$x^2+2x-3=(x-1)(x+3), \quad x^2-3x+2=(x-1)(x-2),$$
此时甲胜.

(2) 若乙将0填入第二空(作为一次项系数),则方程具有形式 $x^3+ax^2+c=0$,设此方程的3个根为 x_1,x_2,x_3,则

$$x_1+x_2+x_3=-a, \qquad ③$$
$$x_1x_2+x_2x_3+x_3x_1=0, \qquad ④$$
$$x_1x_2x_3=-c. \qquad ⑤$$

甲可尝试一组特殊整数根,讨论 a,c 满足的条件.

由式④,可令 $x_1=-2t, x_2=3t, x_3=6t$,代入式③⑤,得
$$a=-7t, \qquad ⑥$$
$$c=36t^3, \qquad ⑦$$

使式⑥⑦都成立的一个充分条件是:存在整数 k,使方程组

1 待定参数

$k=-7t, k=36t^3$ 有整数解(不论 k 填入 b 位置还是 c 位置).

取 $k=6^2\times 7^3$,则由 $k=-7t$(k 放在 a 处),得 $t=-6^2\times 7^2$,此时 $c=36t^3=-36\cdot(6^2\times 7^2)^3=-6^8\times 7^6$.

由 $k=36t^3$(k 放在 c 处),得 $t=7$,此时 $a=-7t=-49$.

于是甲再说出数 $6^2\times 7^3$,则乙只能得到方程

$$x^3+ax^2+6^2\times 7^3=0 \quad \text{或} \quad x^3+6^2\times 7^3 x^2+c=0.$$

对第一个方程,甲说出 -49;对第二个方程,甲说出 $-6^8\times 7^6$,都是甲胜.

(3) 若乙将 0 填入第一空(作为二次项系数),则方程具有形式: $x^3+bx+c=0$,设此方程的 3 个根为 x_1, x_2, x_3,则

$$x_1+x_2+x_3=0, \qquad ⑧$$
$$x_1x_2+x_2x_3+x_3x_1=b, \qquad ⑨$$
$$x_1x_2x_3=-c. \qquad ⑩$$

由式⑧,可令 $x_1=t, x_2=2t, x_3=-3t$,代入式⑨⑩,得

$$b=-7t^2, \qquad ⑪$$
$$c=6t^3. \qquad ⑫$$

使式⑪⑫都成立的一个充分条件是:存在整数 k,使方程组

$$\begin{cases} k=-7t^2 \\ k=6t^3 \end{cases}$$

有整数解(不论 k 填入 b 位置还是 c 位置).

取 $k=-6^4\times 7^3$,之后甲再说出数 $-6^4\times 7^3$,则乙只能得到方程

$$x^3+ax^2-6^4\times 7^3=0 \quad \text{或} \quad x^3-6^4\times 7^3 x^2+c=0.$$

对第一个方程,甲说出 $6^7\times 7^3$;对第二个方程,甲说出 -7×42^2,都是甲胜.

综上所述,甲有必胜策略.

例5(2003年国家集训队试题) 设正整数 x, y 满足 $x<y$,令

$p = \dfrac{x^3 - y}{1 + xy}$,求 p 能取到的所有整数值的集合.

分析与解 p 能取到的所有整数值的集合是 $\{x \mid x \neq 1, x \in \mathbf{N}\}$.

首先证明 p 能取到上述一些值.

令 $x = 2, y = 8$,则 $p = 0$.

对 $k \geqslant 2, k \in \mathbf{Z}$,假定 p 能取到整数值 k,即 $k = \dfrac{x^3 - y}{1 + xy}$,解得 $y = \dfrac{x^3 - k}{kx + 1}$.

因为 y 是正整数,所以对每一个 k,要寻找正整数 $x = f(k)$,使 $kx + 1 \mid x^3 - k$.

先尝试最简单的情形,即 $x = k$,则
$$y = \dfrac{k^3 - k}{k^2 + 1} = \dfrac{k(k^2 - 1)}{k^2 + 1}.$$

没有成功,但可以修改思路,希望分母是 $k^r + 1$,而分子是 $k(k^{2r} - 1)$,从而可以约去分母 $k^r + 1$.

取待定参数 r,令 $x = k^r$,则
$$y = \dfrac{k^{3r} - k}{k^{r+1} + 1} = \dfrac{k(k^{3r-1} - 1)}{k^{r+1} + 1}.$$

令 $3r - 1 = 2(r + 1)$,得 $r = 3$,此时 $x = k^3, y = k^5 - k$,则有
$$y - x = k^3(k^2 - 1) - k > 0$$

且
$$p = \dfrac{k^9 - (k^5 - k)}{1 + k^3(k^5 - k)} = \dfrac{k^9 - k^5 + k}{k^8 - k^4 + 1} = k,$$

这表明 p 可以取到大于 1 的所有整数 k.

以下证明 p 无法取到其他值.

若 $p < 0$,则 $y > x^3$,从而
$$0 < |x^3 - y| = y - x^3 < y < 1 + xy = |1 + xy|,$$

于是 p 的绝对值小于 1,与 $p \in \mathbf{Z}$ 矛盾.

1 待定参数

若 $p=1$，则

$$x^3-y=1+xy \Rightarrow x^3-1=y(x+1)$$
$$\Rightarrow (x+1)(x^2-x+1)-2=y(x+1),$$

所以 $x+1|2$，从而 $x=1$，代入得 $y=0$，与 x,y 为正整数矛盾！

注 因为 $(y,1+xy)=1$，所以 p 是整数 $\Leftrightarrow yp$ 是整数 $\Leftrightarrow$ $py=\dfrac{x^3y-y^2}{1+xy}=x^2-\dfrac{x^2+y^2}{1+xy}$ 是整数 $\Leftrightarrow \dfrac{x^2+y^2}{1+xy}$ 是整数. 所以此题的本质是求 $x^2+y^2=z(1+xy)$ 的正整数解 $(x,y,z)(1\leqslant x<y)$.

例 6（原创题） $n\times n$ 方格表的每一个方格中有一个非零复数，方格表中的数不全等，且每个方格中的数都等于其邻格（具有公共边）中的数的积，则将该表称为一个 n 阶和谐数表. 问：共有多少种不同的 6 阶和谐数表？其中翻转、旋转后相同的数表只算 1 种.

分析与解 如果存在一条横（纵）向直线 l，使数表关于 l 对称，且数表中任意两个关于 l 对称的格中的数都相等，则称该数表关于横（纵）轴对称；如果存在一条横（纵）向直线 l，使数表关于 l 对称，且数表中任意两个关于 l 对称的格中的数的积为 1，则称该数表关于横（纵）轴反对称.

考察任意一个关于纵轴对称的 6 阶和谐数表：

$$A=\begin{pmatrix} a & b & c & c & b & a \\ x & y & z & z & y & x \\ u & v & w & w & v & u \\ p & q & r & r & q & p \\ e & f & g & g & f & e \\ i & j & k & k & j & i \end{pmatrix}.$$

由

$$a=bx, \quad b=ayc, \quad c=bzc,$$

得

$$x = \frac{a}{b}, \quad y = \frac{b}{ac}, \quad z = \frac{1}{b}.$$

由

$$\frac{a}{b} = a \cdot \frac{b}{ac} \cdot u,$$

$$\frac{b}{ac} = \frac{a}{b} \cdot b \cdot \frac{1}{b} \cdot v,$$

$$\frac{1}{b} = \frac{b}{ac} \cdot c \cdot \frac{1}{b} \cdot w,$$

得

$$u = \frac{ac}{b^2}, \quad v = \frac{b^2}{a^2 c}, \quad w = \frac{a}{b}.$$

由

$$\frac{ac}{b^2} = \frac{a}{b} \cdot \frac{b^2}{a^2 c} \cdot p,$$

$$\frac{b^2}{a^2 c} = \frac{ac}{b^2} \cdot \frac{b}{ac} \cdot \frac{a}{b} \cdot q,$$

$$\frac{a}{b} = \frac{b^2}{a^2 c} \cdot \frac{1}{b} \cdot \frac{a}{b} \cdot r,$$

得

$$p = \frac{a^2 c^2}{b^3}, \quad q = \frac{b^4}{a^3 c}, \quad r = \frac{a^2 c}{b}.$$

由

$$\frac{a^2 c^2}{b^3} = \frac{ac}{b^2} \cdot \frac{b^4}{a^3 c} \cdot e,$$

$$\frac{b^4}{a^3 c} = \frac{a^2 c^2}{b^3} \cdot \frac{b^2}{a^2 c} \cdot \frac{a^2 c}{b} \cdot f,$$

$$\frac{a^2 c}{b} = \frac{b^4}{a^3 c} \cdot \frac{a}{b} \cdot \frac{a^2 c}{b} \cdot g,$$

得

$$e = \frac{a^4 c^2}{b^5}, \quad f = \frac{b^5}{a^3 c^2}, \quad g = \frac{a^2 c}{b^3}.$$

由

$$\frac{a^4c^2}{b^5} = \frac{a^2c^2}{b^3} \cdot \frac{b^5}{a^3c^2} \cdot i,$$

$$\frac{b^5}{a^3c^2} = \frac{a^4c^2}{b^5} \cdot \frac{b^4}{a^3c} \cdot \frac{a^2c}{b^3} \cdot j,$$

$$\frac{a^2c}{b^3} = \frac{b^5}{a^3c^2} \cdot \frac{a^2c}{b} \cdot \frac{a^2c}{b^3} \cdot k,$$

得

$$i = \frac{a^5c^2}{b^7}, \quad j = \frac{b^6}{a^4c^3}, \quad k = \frac{ac}{b^4}.$$

由

$$\frac{a^5c^2}{b^7} = \frac{a^4c^2}{b^5} \cdot \frac{b^6}{a^4c^3},$$

$$\frac{b^6}{a^4c^3} = \frac{a^5c^2}{b^7} \cdot \frac{b^5}{a^3c^2} \cdot \frac{ac}{b^4},$$

$$\frac{ac}{b^4} = \frac{b^6}{a^4c^3} \cdot \frac{a^2c}{b^3} \cdot \frac{ac}{b^4},$$

得

$$b^8 = a^5c^3, \quad b^8 = a^6c^3, \quad b^5 = a^2c^2.$$

所以 $a^5c^3 = a^6c^3$. 于是 $a=1$, 进而 $b^8 = c^3, b^5 = c^2$. 两式相除, 得 $c = b^3$, 代入得 $b = c = 1$, 进而 A 中所有的数都为 1.

由此可见, 关于纵轴对称的 6 阶和谐数表中的数都为 1.

现在, 对任何一种和谐数表, 将其沿右边界线翻转, 得到另一种和谐数表. 将这两种和谐数表重叠, 并将对应格中的数相乘, 便得到一种轴对称的和谐数表. 根据上面的证明, 这种轴对称和谐数表中的数都为 1.

由此可见, 所有和谐数表都是关于横(纵)轴反对称的(对称两个格中的数的积为 1), 于是所有和谐数表只能是如下形式:

$$A = \begin{pmatrix} a & b & c & \dfrac{1}{c} & \dfrac{1}{b} & \dfrac{1}{a} \\ x & y & z & \dfrac{1}{z} & \dfrac{1}{y} & \dfrac{1}{x} \\ u & v & w & \dfrac{1}{w} & \dfrac{1}{v} & \dfrac{1}{u} \\ \dfrac{1}{u} & \dfrac{1}{v} & \dfrac{1}{w} & w & v & u \\ \dfrac{1}{x} & \dfrac{1}{y} & \dfrac{1}{z} & z & y & x \\ \dfrac{1}{a} & \dfrac{1}{b} & \dfrac{1}{c} & c & b & a \end{pmatrix}.$$

由

$$a = bx, \quad b = ayc, \quad c = bz \cdot \dfrac{1}{c},$$

得

$$x = \dfrac{a}{b}, \quad y = \dfrac{b}{ac}, \quad z = \dfrac{c^2}{b}.$$

由

$$\dfrac{a}{b} = a \cdot \dfrac{b}{ac} \cdot u, \quad \dfrac{b}{ac} = \dfrac{a}{b} \cdot b \cdot \dfrac{c^2}{b} \cdot v, \quad \dfrac{c^2}{b} = \dfrac{b}{ac} \cdot c \cdot \dfrac{b}{c^2} \cdot w,$$

得

$$u = \dfrac{ac}{b^2}, \quad v = \dfrac{b^2}{a^2 c^3}, \quad w = \dfrac{ac^4}{b^3}.$$

由

$$\dfrac{ac}{b^2} = \dfrac{a}{b} \cdot \dfrac{b^2}{a^2 c^3} \cdot \dfrac{b^2}{ac},$$

$$\dfrac{b^2}{a^2 c^3} = \dfrac{ac}{b^2} \cdot \dfrac{b}{ac} \cdot \dfrac{ac^4}{b^3} \cdot \dfrac{a^2 c^3}{b^2},$$

$$\dfrac{ac^4}{b^3} = \dfrac{b^2}{a^2 c^3} \cdot \dfrac{c^2}{b} \cdot \dfrac{b^3}{ac^4} \cdot \dfrac{b^3}{ac^4},$$

得
$$b^5 = a^3c^5, \quad b^8 = a^5c^{10}, \quad b^{10} = a^5c^{13}.$$
前两式相除,得 $b^3 = a^2c^5$. 后两式相除,得 $b^2 = c^3$,进而得 $b = a^2c^2$.
所以
$$a^{10}c^{10} = a^3c^5, \quad a^{16}c^{16} = a^5c^{10}, \quad a^{20}c^{20} = a^5c^{13}.$$
任意两式相除,得 $c = \dfrac{1}{a^4}$,代入 $a^{10}c^{10} = a^3c^5$,得 $a^{13} = 1$. 于是
$$b = a^2c^2 = \dfrac{1}{a^6} = a^7, \quad c = \dfrac{1}{a^4} = a^9,$$
故
$$A = \begin{pmatrix} a & a^7 & a^9 & a^4 & a^6 & a^{12} \\ a^7 & a^{10} & a^{11} & a^2 & a^3 & a^6 \\ a^9 & a^{11} & a^3 & a^{10} & a^2 & a^4 \\ a^4 & a^2 & a^{10} & a^3 & a^{11} & a^9 \\ a^6 & a^3 & a^2 & a^{11} & a^{10} & a^7 \\ a^{12} & a^6 & a^4 & a^9 & a^7 & a \end{pmatrix}.$$
其中 $a^{13} = 1$.

因为 a 可取 12 个值,即 $\omega_k (k=1,2,\cdots,12)$,其中 $\omega_k = \cos\dfrac{2k\pi}{13} + \mathrm{i}\sin\dfrac{2k\pi}{13}$,但 $a = \omega_k$ 与 $a = \omega_{13-k}$ 的构造相同,所以共有 6 种不同的 6 阶和谐数表.

1.3 待定极值

在求函数的最值时,有时并不能直接对函数式进行放缩得到最值. 此时一种有效的思考方式是,将最值用一个参数 k 表示,然后将其与函数解析式放在一起,构成一个新的不等式,再通过题设条件,确定使不等式成立的 k 值. 此时我们称 k 为待定极值参数.

例1 设 x,y,z,w 不全为 0,求 $F=\dfrac{xy+2yz+zw}{x^2+y^2+z^2+w^2}$ 的最大值.

分析与解 引入待定极值参数,设 F 的最大值为 k,我们先证明
$$\dfrac{xy+2yz+zw}{x^2+y^2+z^2+w^2} \leqslant k,$$
即
$$k(x^2+y^2+z^2+w^2) \geqslant xy+2yz+zw. \qquad ①$$

容易想到利用局部不等式:
$$x^2+y^2 \geqslant 2xy, \quad y^2+z^2 \geqslant 2yz, \quad z^2+w^2 \geqslant 2zw.$$

为了使这些不等式相加得到的不等式与式①右边一致,先将这3个局部不等式变为
$$\dfrac{1}{2}x^2+\dfrac{1}{2}y^2 \geqslant xy, \quad y^2+z^2 \geqslant 2yz, \quad \dfrac{1}{2}z^2+\dfrac{1}{2}w^2 \geqslant zw,$$

但此时相加得到的不等式左边与式①不一致.

再引入待定系数 p,q,r,将以上3个局部不等式变为
$$\dfrac{p}{2}x^2+\dfrac{y^2}{2p} \geqslant xy, \quad qy^2+\dfrac{z^2}{q} \geqslant 2yz, \quad \dfrac{r}{2}z^2+\dfrac{w^2}{2r} \geqslant zw.$$

以上3个不等式相加,得
$$\dfrac{p}{2}x^2+\left(\dfrac{1}{2p}+q\right)y^2+\left(\dfrac{1}{q}+\dfrac{r}{2}\right)z^2+\dfrac{1}{2r}w^2 \geqslant xy+2yz+zw. \quad ②$$

令
$$\dfrac{p}{2}=\dfrac{1}{2p}+q=\dfrac{1}{q}+\dfrac{r}{2}=\dfrac{1}{2r}=k,$$

解得
$$p=\sqrt{2}+1, \quad q=1, \quad r=\sqrt{2}-1, \quad k=\dfrac{\sqrt{2}+1}{2}.$$

于是由式②,得
$$\dfrac{\sqrt{2}+1}{2}(x^2+y^2+z^2+w^2) \geqslant xy+2yz+zw,$$

1 待定参数

所以

$$\frac{xy+2yz+zw}{x^2+y^2+z^2+w^2} \leqslant \frac{\sqrt{2}+1}{2}.$$

又由

$$(\sqrt{2}+1)x^2=(\sqrt{2}-1)y^2, \quad y^2=z^2, \quad (\sqrt{2}-1)z^2=(\sqrt{2}+1)w^2,$$

可取 $y=z=1$,则 $x=w=\sqrt{2}-1$,此时

$$\frac{xy+2yz+zw}{x^2+y^2+z^2+w^2} = \frac{\sqrt{2}+1}{2}.$$

综上所述,$F=\dfrac{xy+2yz+zw}{x^2+y^2+z^2+w^2}$ 的最大值为 $\dfrac{\sqrt{2}+1}{2}$.

当然,在解题过程中,我们可略去引入待定极值参数的痕迹,直接将

$$\frac{\sqrt{2}+1}{2}x^2 + \frac{y^2}{2(\sqrt{2}+1)} \geqslant xy,$$

$$y^2+z^2 \geqslant 2yz,$$

$$\frac{\sqrt{2}-1}{2}z^2 + \frac{w^2}{2(\sqrt{2}-1)} \geqslant zw$$

3 个不等式相加,即得

$$\frac{\sqrt{2}+1}{2}(x^2+y^2+z^2+w^2) \geqslant xy+2yz+zw.$$

例 2(第 30 届 IMO 备选题) 设 $x^2+y^2+z^2=1, x,y,z \in \mathbf{R}^+$,求 $F=\dfrac{x}{1-x^2}+\dfrac{y}{1-y^2}+\dfrac{z}{1-z^2}$ 的最小值.

分析与解 考察极值式 $\sum \dfrac{x}{1-x^2}$ 时,为了去分母,可对之从整体上配一个因式 $\sum f(x)$,然后对 $\sum f(x) \sum \dfrac{x}{1-x^2}$ 用 Cauchy 不等式.

要去分母，$f(x)$ 应含有因式 $1-x^2$，考虑到每项"开方"后得到 x^2 以利用题设条件，$f(x)$ 应含有因式 x^3，于是所配的因式为 $\sum x^3(1-x^2)$. 由 Cauchy 不等式，有

$$\sum \frac{x}{1-x^2} \sum x^3(1-x^2) \geqslant \left(\sum x^2\right)^2 = 1,$$

即

$$\sum \frac{x}{1-x^2} \geqslant \frac{1}{\sum x^3(1-x^2)}. \qquad ③$$

引入极值参数 k（常数），使

$$\sum x^3(1-x^2) \leqslant k. \qquad ④$$

先移项，将其转化为正系数形式，即 $k + \sum x^5 \geqslant \sum x^3$. 这是"和 $\geqslant$ 和"的形式，为多个均值不等式的叠加. 由于常数 k 是 0 次幂，与 x^5 化积开方不能得到 x^3，所以利用"常值代换" $k = k\sum x^2$，即将其变形为

$$k\sum x^2 + \sum x^5 \geqslant \sum x^3. \qquad ⑤$$

指数分析 若利用二项均值不等式，则 x^2 与 x^5 化积开方不能得到 x^3，所以应适当分拆为三项均值不等式，由 $x^{2+2+5} = x^9$，开立方便得到 x^3.

由于

$$\sum(kx^2+x^5) = \sum\left(\frac{kx^2}{2}+\frac{kx^2}{2}+x^5\right)$$

$$\geqslant \sum 3 \cdot \sqrt[3]{\frac{kx^2}{2} \cdot \frac{kx^2}{2} \cdot x^5} = 3\sqrt[3]{\frac{k^2}{4}}\sum x^3,$$

比较上式与式③，可令 $3\sqrt[3]{\frac{k^2}{4}} = 1$，得 $k = \sqrt{\frac{4}{27}} = \frac{2}{3\sqrt{3}}$，所以

$$\sum \frac{x}{1-x^2} \geqslant \frac{1}{\sum[x^3(1-x^2)]} \geqslant \frac{1}{k} = \frac{3\sqrt{3}}{2}.$$

1 待定参数

其中等号在 $x=y=z=\frac{\sqrt{3}}{3}$ 时成立. 故 F 的最小值为 $\frac{3\sqrt{3}}{2}$.

注 利用对每一个项配一个待定函数，我们得到了本题的一个非常巧妙的解答：

$$\sum \left[\frac{x}{1-x^2}+\frac{9}{4}x(1-x^2)\right] \geqslant 2\sum \sqrt{\frac{x}{1-x^2}\cdot \frac{9}{4}x(1-x^2)}$$

$$= 2\cdot \frac{3}{2}\sum x = 3\sum x,$$

所以

$$\sum \frac{x}{1-x^2} \geqslant \sum \left(\frac{3}{4}x+\frac{9}{4}x^3\right)$$

$$\geqslant 2\sum \sqrt{\frac{3}{4}x\cdot \frac{9}{4}x^3}=\frac{3\sqrt{3}}{2}\sum x^2=\frac{3\sqrt{3}}{2}.$$

例 3（原创题） 设 x, y 为复数，求 $\dfrac{|3x+4y|}{\sqrt{|x|^2+|y|^2+|x^2+y^2|}}$ 的最大值.

分析与解 引入待定参数 c，设

$$\frac{|3x+4y|}{\sqrt{|x|^2+|y|^2+|x^2+y^2|}} \leqslant c \quad (\text{常数}),$$

则

$$|3x+4y|^2 \leqslant c^2(|x|^2+|y|^2+|x^2+y^2|),$$

即

$$|3x+4y|^2-c^2(|x|^2+|y|^2) \leqslant c^2\cdot |x^2+y^2|,$$

即

$$(3x+4y)(3\bar{x}+4\bar{y})-c^2(|x|^2+|y|^2) \leqslant c^2\cdot |x^2+y^2|,$$

即

$$9|x|^2+16|y|^2+12(\bar{x}y+x\bar{y})-c^2(|x|^2+|y|^2) \leqslant c^2\cdot |x^2+y^2|,$$

即

$$(9-c^2)|x|^2+(16-c^2)|y|^2+12(\bar{x}y+x\bar{y}) \leqslant c^2\cdot |x^2+y^2|,$$

即

$$(9-c^2)\left(x\bar{x}+\frac{16-c^2}{9-c^2}y\bar{y}\right)+12(\bar{x}y+x\bar{y})\leqslant c^2\cdot|x^2+y^2|,$$

即

$$(9-c^2)(x\bar{x}+\frac{16-c^2}{9-c^2}y\bar{y})+12(\bar{x}y+x\bar{y})$$

$$\leqslant c^2\cdot(x^2+y^2)(\bar{x}^2+\bar{y}^2). \qquad ⑥$$

注意,$\bar{x}y+x\bar{y}=\bar{x}y+\overline{\bar{x}y}$ 为实数,所以由 Cauchy 不等式,有

$$\left[(9-c^2)\left(x\bar{x}+\frac{16-c^2}{9-c^2}y\bar{y}\right)+12(\bar{x}y+x\bar{y})\right]^2$$

$$\leqslant \left[(9-c^2)^2+144\right]\cdot\left[\left(x\bar{x}+\frac{16-c^2}{9-c^2}y\bar{y}\right)^2+(\bar{x}y+x\bar{y})^2\right]$$

$$=\left[(9-c^2)^2+144\right]\cdot\left[x^2\bar{x}^2+\left(\frac{16-c^2}{9-c^2}\right)^2 y^2\bar{y}^2\right.$$

$$\left.+\bar{x}^2y^2+x^2\bar{y}^2+2\left(\frac{16-c^2}{9-c^2}+1\right)|xy|^2\right]. \qquad ⑦$$

将式⑦右边与式⑥右边比较,可令 $\frac{16-c^2}{9-c^2}=-1$,得 $c^2=\frac{25}{2}$. 将其代入式⑦,得

$$\left[-\frac{7}{2}(x\bar{x}-y\bar{y})+12(\bar{x}y+x\bar{y})\right]^2$$

$$\leqslant \frac{625}{4}(x^2\bar{x}^2+y^2\bar{y}^2+\bar{x}^2y^2+x^2\bar{y}^2)$$

$$=\left(\frac{25}{2}\right)^2(x^2+y^2)(\bar{x}^2+\bar{y}^2).$$

因此 $c^2=\frac{25}{2}$ 时,不等式⑥成立,即

$$\frac{|3x+4y|}{\sqrt{|x|^2+|y|^2+|x^2+y^2|}}\leqslant c=\frac{5\sqrt{2}}{2},$$

等号在 $x=1, y=\frac{4}{3}$ 时成立.

故

$$\frac{|3x+4y|}{\sqrt{|x|^2+|y|^2+|x^2+y^2|}}$$

的最大值为 $\frac{5\sqrt{2}}{2}$.

例 4(原创题) 给定正数 a,b 及正整数 m,n,设 $x>0, y>0$,且 $x^m+y^m=1$,求 $f(x,y)=\dfrac{a}{x^n}+\dfrac{b}{y^n}$ 的最小值.

分析与解 引入参数,令 $p=\dfrac{a}{x^n}+\dfrac{b}{y^n}$,则 $1=\dfrac{a}{px^n}+\dfrac{b}{py^n}$,所以 $m=\dfrac{ma}{px^n}+\dfrac{mb}{py^n}$,所以

$$\begin{aligned}
n+m &= n(x^m+y^m)+\left(\frac{ma}{px^n}+\frac{mb}{py^n}\right) \\
&= \left(nx^m+\frac{ma}{px^n}\right)+\left(ny^m+\frac{mb}{py^n}\right) \\
&\geqslant (n+m)\cdot\sqrt[n+m]{(x^m)^n\left(\frac{a}{px^n}\right)^m} \\
&\quad +(n+m)\cdot\sqrt[n+m]{(y^m)^n\left(\frac{b}{py^n}\right)^m} \\
&= (n+m)\cdot\sqrt[n+m]{\left(\frac{a}{p}\right)^m}+(n+m)\cdot\sqrt[n+m]{\left(\frac{b}{p}\right)^m},
\end{aligned}$$

从而 $p\geqslant (a^{\frac{m}{n+m}}+b^{\frac{m}{n+m}})^{\frac{n+m}{m}}$. 若等号成立,则

$$x^m=\frac{a}{px^n}, \quad y^m=\frac{b}{py^n},$$

两式相除,得 $\left(\dfrac{x}{y}\right)^{n+m}=\dfrac{a}{b}$. 所以当 $\dfrac{x}{y}=\left(\dfrac{a}{b}\right)^{\frac{1}{n+m}}$ 时,不等式等号成立,从而 $f(x,y)=\dfrac{a}{x^n}+\dfrac{b}{y^n}$ 的最小值为 $(a^{\frac{m}{n+m}}+b^{\frac{m}{n+m}})^{\frac{n+m}{m}}$.

习 题 1

1. 设 $x, y, z \in \mathbf{Z}$,且 $7 | 2x+3y-6z$,求证:$7 | 3x-6y+5z$.

2. 设 x, y, z 为整数,且 $16 | 3x+y-7z$,$16 | 6x-4y+z$,求证:$16 | 4x-2y-z$.

3. 设 x, y 为整数,且 $4x-y$ 是 3 的倍数,求证:$4x^2+7xy-2y^2$ 是 9 的倍数.

4. (第 22 届全苏数学奥林匹克竞赛试题)求证:方程 $x-y+z=1$ 有无数个正整数解,使(1) x, y, z 互异;(2) x, y, z 中任何一个整除另两个之积.

5. 求证:方程 $x^2+y^2=z+z^5$ 有无数个正整数解,使 $(x, y)=1$.

6. (1993 年河北省初中数学竞赛试题)判断一个数能否被 7 整除,可用"截尾法":如 2 527 截去末尾的数字 7,得到 252,再减去截掉的数字 7 的 2 倍,得到 238,这样称为一次"截尾".238 再经过一次截尾得到 7.由于 7 被 7 整除,从而 2 527 被 7 整除.证明:上述方法对任何正整数都适用.

7. 一个正整数,若能表示为两个正整数的平方差,则称这个正整数为"智慧数".将所有的"智慧数"由小到大依次排成一列,求第 2009 个位置上的"智慧数".

8. 设
$$x_1 > x_2 > \cdots > x_n > 0, y_1 > y_2 > \cdots > y_n > 0,$$
且
$$x_1 > y_1, x_1+x_2 > y_1+y_2, \cdots,$$
$$x_1+x_2+\cdots+x_n > y_1+y_2+\cdots+y_n.$$
求证:对任何 $a_1 > a_2 > \cdots > a_n > 0$,都有 $x_1^k+x_2^k+\cdots+x_n^k > y_1^k+y_2^k+\cdots+y_n^k$.

9. 是否存在 14 个连续的正整数,使得其中每一个数都能被 $2, 3, \cdots, 11$ 中的一个数整除?

10. 如果一个完全平方数可以写成一个质数与另一个完全平方数的和,则称其为好平方数.如果一个完全平方数不能写成一个质数与另一个完全平方数的和,则称其为坏平方数.求证:好平方数与坏平方数都有无数个.

11. 设 $a_1=1, a_{n+1}=\dfrac{n+2}{n}a_n+1$,求 a_n.

12. 设 $a_1=0, a_{n+1}=\frac{n+2}{n}a_n+\frac{1}{n}$,求 a_n.

13. 求最小的正整数 n,使 n^2 可以表示成奇数个(至少 3 个)连续正整数的平方和.

14. (第 19 届美国数学奥林匹克竞赛试题)设 $p(x)$ 是 n 次多项式,对 $k=0,1,2,\cdots,n$,都有 $p(k)=\frac{k}{k+1}$,求 $p(n+1)$.

15. (2007 中国西部数学奥林匹克竞赛试题)设实数 a,b,c 满足 $a+b+c=3$,求证:
$$\frac{1}{5a^2-4a+11}+\frac{1}{5b^2-4b+11}+\frac{1}{5c^2-4c+11}\leqslant\frac{1}{4}.$$

16. 设 x,y,z 均取正实数,且 $x+y+z=1$,求 3 元函数
$$f(x,y,z)=\frac{3x^2-x}{1+x^2}+\frac{3y^2-y}{1+y^2}+\frac{3z^2-z}{1+z^2}$$
的最小值,并给出证明.

17. (2009 年全国高中数学联赛试题)求函数 $y=\sqrt{x+27}+\sqrt{13-x}+\sqrt{x}$ 的最大值和最小值.

18. (2003 年中国数学奥林匹克协作体训练题)对任意实数 $x_1,x_2,\cdots,x_n$ ($n\geqslant2$),不等式 $x_1x_2+x_2x_3+\cdots+x_{n-1}x_n\leqslant c(n)(x_1^2+x_2^2+\cdots+x_n^2)$ 恒成立,求 $c(n)$ 的最小值.

19. (波兰数学奥林匹克竞赛试题)证明:对任意正整数 n 和每一个实数 $t\in\left(\frac{1}{2},1\right)$,存在实数 $a,b\in(1999,2000)$,使得
$$\frac{1}{2}a^n+\frac{1}{2}b^n<[ta+(1-t)b]^n.$$

20. 求 $F=\frac{xy+2yz+2zx}{x^2+y^2+z^2}$ 的最大值.

21. (2007 年台湾省数学能力竞赛决赛试题)设 a,b,c 为正实数,试证:
$$\frac{a}{\sqrt{a^2+9bc}}+\frac{b}{\sqrt{b^2+9ca}}+\frac{c}{\sqrt{c^2+9ab}}\geqslant\frac{3}{\sqrt{10}}.$$

22. 正数 x,y,z 满足 $x^2+y^2+z^2=1$,求证:

$$\frac{x}{1-x^2}+\frac{y}{1-y^2}+\frac{z}{1-z^2} \geqslant \frac{3}{2}\sqrt{3}.$$

23. (加拿大《Crux》杂志 1992 年征解题)求出所有 $f: \mathbf{N} \to \mathbf{N}$,使 $f[f(n)]+f(n)=2n+6$.

24. 设 $f=z^n+a_{n-1}z^{n-1}+a_{n-2}z^{n-2}+\cdots+a_1z+a_0$ 为复系数多项式,求证:存在复数 z_0,使 $|z_0|=1$,且 $|f(z_0)| \geqslant 1$.

习题 1 解答

1. 引入参数,令
$$m(2x+3y-6z)+n(3x-6y+5z) \equiv 0 (\mathrm{mod}\ 7),$$
其中 $(7,n)=1$,即
$$(2m+3n)x+(3m-6n)y+(-6m+5n)z \equiv 0 (\mathrm{mod}\ 7).$$
再希望
$$2m+3n \equiv 3m-6n \equiv -6n+5m \equiv 0 (\mathrm{mod}\ 7),$$
特别地,可令 x 的系数 $2m+3n=0$,最简单的取法是取 $m=3, n=-2$. 于是由
$$3(2x+3y-6z)-2(3x-6y+5z)=7(3y-4z),$$
知 $7|3x-6y+5z$.

2. 引入参数 m,n,k,使
$$m(3x+y-7z)+n(6x-4y+z)+k(4x-2y-z) \equiv 0 (\mathrm{mod}\ 16),$$
即
$$(3m+6n+4k)x+(m-4n-2k)y+(-7m+n-k)z \equiv 0 (\mathrm{mod}\ 16),$$
再希望
$$3m+6n+4k \equiv m-4n-2k \equiv -7m+n-k \equiv 0 (\mathrm{mod}\ 16),$$
特别地,可令 x 的系数 $3m+6n+4k=0$,最简单的取法是取 $m=2$. 此时 $3m+6n+4k=0$ 变为 $6+6n+4k=0$,即 $3(n+1)=-2k$. 显然,n 为奇数,再试验 $n=5$,此时 $k=-9$ 合乎要求,于是由
$$2(3x+y-7z)+5(6x-4y+z)-9(4x-2y-z)=0,$$
知 $16|4x-2y-z$.

3. **方法 1** $4x^2+7xy-2y^2=(4x-y)(x+2y)$,

因为
$$(x+2y)-(4x-y)=3(y-x),$$
而
$$3\mid 4x-y,\quad 3\mid 3(x-y),$$
所以 $3\mid x+2y$. 再结合 $3\mid 4x-y$, 有 $9\mid (4x-y)(x+2y)$, 即
$$9\mid 4x^2+7xy-2y^2.$$

方法 2 因为 $3\mid 4x-y$, 所以 $9\mid (4x-y)^2$, 即 $9\mid 16x^2+y^2-8xy$. 因为
$$4x^2+7xy-2y^2+2(16x^2+y^2-8xy)=36x^2-9xy,$$
而
$$9\mid 16x^2+y^2-8xy,\quad 9\mid 36x^2-9xy,$$
所以
$$9\mid 4x^2+7xy-2y^2.$$

方法 3 因为 $3\mid 4x-y$, 所以 $3\mid x-y$, 且 $3\mid x^2-y^2$, 从而 $9\mid (x-y)^2$, 且 $9\mid 3(x^2-y^2)$. 而
$$4x^2+7xy-2y^2=(x-y)^2+3(x^2-y^2)+9xy,$$
所以
$$9\mid 4x^2+7xy-2y^2.$$

方法 4 因为 $3\mid 4x-y$, 所以可令 $4x-y=3k(k\in \mathbf{Z})$, 则 $y=4x-3k$, 从而
$$\begin{aligned}4x^2+7xy-2y^2&=4x^2+7x(4x-3k)-2(4x-3k)^2\\&=27kx-18k^2=9(3kx-2k^2),\end{aligned}$$
所以
$$9\mid 4x^2+7xy-2y^2.$$

4. 引入待定参数 m,n,k, 取 $x=mn, y=nk, z=mk$ [先满足条件(2)], 代入方程, 有
$$n(k-m)=mk-1. \qquad\qquad ①$$
我们只需证明方程①有无数个正整数解使 m,n,k 互异, 此时必有 x,y,z 互异.

实际上, 若 $x=y$, 则 $mn=nk$, 所以 $m=k$, 矛盾. 为了使方程①易求解, 试

设 $k-m=1$,则方程①化为 $n=m(m+1)-1$. 于是 $(m,n,k)=[m, m(m+1)-1, m+1]$ 是方程①的正整数解,且 $m<k<n$. 代回原变量,得
$$x=m(m^2+m-1), \quad y=(m+1)(m^2+m-1), \quad z=m(m+1).$$
它们都是原方程的解.

5. 将原方程变为 $x^2+y^2=z[1^2+(z^2)^2]$,联想到 Cauchy 恒等式:
$$(a^2+b^2)(c^2+d^2)=(ab+cd)^2+(ac-bd)^2.$$
令
$$z=a^2+b^2, \quad c=1, \quad d=z^2=(a^2+b^2)^2,$$
$$x=ab+cd=ab+(a^2+b^2)^2,$$
$$y=ac-bd=a-b(a^2+b^2)^2.$$

这样,有
$$(x,y,z)=[ab+(a^2+b^2)^2, a-b(a^2+b^2)^2, a^2+b^2]$$
都是原方程的解. 下面只需从中找到无数个解,使 $(x,y)=1$. 为此,取 $a=1$ 进行试验. 此时
$$(x,y,z)=[b+(1+b^2)^2, 1-b(1+b^2)^2, 1+b^2].$$

下面证明上述解合乎要求,即 $(x,y)=1$. 反设 $(x,y)>1$,则存在质数 p,使 $p|x$,且 $p|y$. 但 $bx+y=b^2+1$,所以 $p|b^2+1$;又 $p|y=1-b(1+b^2)$,所以 $p|1$,矛盾.

6. 对任何正整数 A,令 $A=10x+y(0\leqslant y\leqslant 9, x\in\mathbf{N})$,依题意,我们只需证明:当且仅当 $7|x-2y$ 时,$7|10x+y$. 引入待定系数 m,n,使 $7|m\cdot(10x+y)+n(x-2y)$,特别地,希望 x 的系数 $10m+n=0$. 取 $m=1, n=-10$,得
$$10x+y=10(x-2y)+21y:$$

(1) 当 $7|x-2y$ 时,由 $7|21y$ 知 $7|10x+y$.

(2) 当 $7|10x+y$ 时,由 $7|21y$ 知 $7|10(x-2y)$,又 $(7,10)=1$,所以 $7|x-2y$,故当且仅当 $7|x-2y$ 时,$7|A$.

若希望 y 的系数 $m-2n=0$,取 $m=2, n=1$,则有
$$2(10x+y)+(x-2y)=21x.$$

命题获证.

7. 设 n 为任意正整数.

1 待定参数

(1) 当 $n=2k+1$ (k 为正整数)时,$n=2k+1=(k+1)^2-k^2$,所以每个大于 1 的奇数都是"智慧数".

(2) 当 $n=4k$ (k 为正整数,$k\geqslant 2$)时,$n=4k=(k+1)^2-(k-1)^2$,所以每个大于 4 的被 4 整除的数都是"智慧数".

(3) 当 $n=4k-2$ (k 为正整数)时,设 $n=p^2-q^2$ (p,q 待定),则 $2(2k-1)=n=(p+q)(p-q)$,即 $(p+q)(p-q)$ 为偶数.因为 $p+q,p-q$ 同奇偶,所以 $p+q,p-q$ 都是偶数,$4|(p+q)(p-q)$,从而 $4|2(2k-1)$,即 $2|2k-1$,矛盾.所以每个 $4k-2$ (k 为正整数)型的数都不是"智慧数".

综上所述,除 $1,4$ 及 $4k-2$ (k 为正整数)型的数外,其他数都是"智慧数". 将所有"智慧数"由小到大依次排成一列,除第一个"智慧数" 3 外,其他"智慧数"每 3 个为一组分成若干组:第 1 组为 $(5,7,8)$,第 2 组为 $(9,11,12)$,…,第 k 组为 $(4k+1,4k+3,4k+4)$.因为 $2009-1=3\times 669+1$,所以第 2009 个位置上的"智慧数"是第 670 组的第一个数,为 $4\times 670+1=2\,681$.

8. 仿 1.1 节中例 3,先证明

$$a_1x_1+a_2x_2+\cdots+a_nx_n > a_1y_1+a_2y_2+\cdots+a_ny_n,$$

然后依次取

$$a_i=x_i^{k-1},x_i^{k-2}y_i,x_i^{k-3}y_i^2,\cdots,y_i^{k-1}.$$

代入不等式,得

$$x_1^k+x_2^k+\cdots+x_n^k > x_1^{k-1}y_1+x_2^{k-1}y_2+\cdots+x_n^{k-1}y_n,$$
$$x_1^{k-1}y_1+x_2^{k-1}y_2+\cdots+x_n^{k-1}y_n$$
$$> x_1^{k-2}y_1^2+x_2^{k-2}y_2^2+\cdots+x_n^{k-2}y_n^2,$$
$$x_1^{k-2}y_1^2+x_2^{k-2}y_2^2+\cdots+x_n^{k-2}y_n^2$$
$$> x_1^{k-3}y_1^3+x_2^{k-3}y_2^3+\cdots+x_n^{k-3}y_n^3,$$
$$\cdots,$$
$$x_1y_1^{k-1}+x_2y_2^{k-1}+\cdots+x_ny_n^{k-1} > y_1^k+y_2^k+\cdots+y_n^k.$$

不等式获证.

9. 假定存在合乎条件的 14 个连续正整数,其中的偶数都能被 2 整除. 考察它们中连续的 7 个奇数,设为 $n,n+2,n+4,n+6,n+8,n+10,n+12$.

依题意,这 7 个数都能被 3,5,7,11 中的一个数整除(只需被质数整除). 在这连续的 7 个奇数中,设被 $k(k=3,5,7,11)$ 整除的数的个数为 a_k,则

$$a_3 \leqslant \left[\frac{7}{3}\right]+1=3, \quad a_5 \leqslant \left[\frac{7}{5}\right]+1=2, \quad a_7 \leqslant 1, \quad a_{11} \leqslant 1.$$

所以

$$a_3+a_5+a_7+a_{11} \leqslant 3+2+1+1=7,$$

但 $a_3+a_5+a_7+a_{11} \geqslant 7$(包含所有数),于是不等式等号成立. 所以连续的 7 个奇数中,每个数恰被 3,5,7,11 中的一个数整除,且 $a_3=3, a_5=2, a_7=a_{11}=1$.

考察被 3 整除的 3 个数,只能是 $n, n+6, n+12$;考察被 5 整除的 2 个数,只能是 $n, n+10$ 或 $n+2, n+12$.

如果 $5|n, 5|n+10$,则 $3|n$,且 $5|n$,即 3 和 5 同时整除 n,与上述结论矛盾;如果 $5|n+2, 5|n+12$,则 $3|n+12$,且 $5|n+12$,即 3 和 5 同时整除 $n+12$,与上述结论矛盾. 故合乎条件的 14 个连续的正整数不存在.

10. 设 x^2 是好平方数,为了证明 x 有无数个,希望找到关于 x 的一个通式.

先建立方程:存在正整数 y 及质数 p,使 $x^2=y^2+p$,所以

$$p=x^2-y^2=(x+y)(x-y),$$

而 p 是质数,从而

$$x-y=1, x+y=p,$$

解得 $x=\dfrac{p+1}{2}, y=\dfrac{p-1}{2}$.

要使 x 为正整数,只需 p 为奇质数,从而 $x=\dfrac{p+1}{2}$ 有无数个. 反之,要找到无数个 x,使 x^2 不是好平方数,则要说明 x^2 不能表成 $x^2=y^2+p$ 的形式,也就是说,如果 $x^2=y^2+p$,则导出矛盾,即 $x-y=1, x+y=p$ 可导出矛盾.

两式消去 y,得(找无数个 x,使 p 不是质数,找出矛盾)$p=2x-1$. 我们只需有无数个 x,使 $2x-1$ 不是质数即可. 取 $x=3n+2$,则

$$2x-1=6n+4-1=6n+3=3(2n+1).$$

综上所述,命题获证.

11. 设
$$a_{n+1}+f(n+1)=\frac{n+2}{n}[a_n+f(n)],$$
即
$$a_{n+1}=\frac{n+2}{n}a_n+\frac{n+2}{n}f(n)-f(n+1).$$
比较,得
$$\frac{n+2}{n}f(n)-f(n+1)=1,$$
即
$$(n+2)f(n)-nf(n+1)-n=0 \quad (\text{对任何正整数 } n \text{ 成立}).$$
取一个简单多项式 $f(n)=kn+b$ 进行试验:
$$(n+2)(kn+b)-n(kn+k+b)-n=0,$$
即
$$(k-1)n+2b=0 \quad (\text{对任何正整数 } n \text{ 成立}),$$
得 $k=1, b=0$,即 $f(n)=n$. 于是由递归关系,得
$$a_{n+1}+(n+1)=\frac{n+2}{n}(a_n+n),$$
即
$$\frac{a_{n+1}+n+1}{a_n+n}=\frac{n+2}{n}.$$
由此迭代,得
$$\frac{a_n+n}{a_1+1}=\frac{n+1}{n-1}\cdot\frac{n}{n-2}\cdot\frac{n-1}{n-3}\cdot\cdots\cdot\frac{4}{2}\cdot\frac{3}{1}=\frac{1}{2}n(n+1),$$
所以 $a_n+n=n(n+1)$,故 $a_n=n^2$.

12. **解法 1** 设
$$a_{n+1}+f(n+1)=\frac{n+2}{n}[a_n+f(n)],$$
即
$$a_{n+1}=\frac{n+2}{n}a_n+\frac{n+2}{n}f(n)-f(n+1),$$
与条件比较,得

$$\frac{n+2}{n}f(n)-f(n+1)=\frac{1}{n},$$

即

$$f(n)-f(n+1)+\frac{1}{n}[2f(n)-1]=0.$$

取 $f(n)=f(n+1)=\frac{1}{2}$ 即可. 于是由递归关系,得

$$a_{n+1}+\frac{1}{2}=\frac{n+2}{n}\left(a_n+\frac{1}{2}\right),$$

即

$$\frac{a_{n+1}+\frac{1}{2}}{a_n+\frac{1}{2}}=\frac{n+2}{n}.$$

由此迭代,得

$$\frac{a_n+\frac{1}{2}}{a_1+\frac{1}{2}}=\frac{1}{2}n(n+1),$$

所以

$$a_n+\frac{1}{2}=\frac{1}{4}n(n+1), \quad 即\ a_n=\frac{1}{4}(n^2+n-2).$$

解法 2 由递归关系得

$$(n-1)a_n=(n+1)a_{n-1}+1, \quad (n-2)a_{n-1}=na_{n-2}+1,$$

两式相减(消去常数项"1"),得

$$(n-1)a_n-(n-2)a_{n-1}=(n+1)a_{n-1}-na_{n-2},$$

所以

$$(n-1)a_n=(2n-1)a_{n-1}-na_{n-2},$$

即

$$(n-1)(a_n-a_{n-1})=n(a_{n-1}-a_{n-2}).$$

所以

$$\frac{a_n-a_{n-1}}{n}=\frac{a_{n-1}-a_{n-2}}{n-1}.$$

1 待定参数

迭代,得

$$\frac{a_n-a_{n-1}}{n}=\frac{a_{n-1}-a_{n-2}}{n-1}=\cdots=\frac{a_2-a_1}{2}=\frac{1}{2},$$

即 $a_n-a_{n-1}=\dfrac{n}{2}$,所以

$$a_n=\sum_{k=2}^{n}(a_k-a_{k-1})+a_1=\sum_{k=2}^{n}(a_k-a_{k-1})=\sum_{k=2}^{n}\frac{k}{2}$$
$$=\frac{1}{4}(n^2+n-2).$$

13. 引入待定参数 k,假定 n^2 可以表示成 $2k+1(k\in \mathbf{N}^*)$ 个连续正整数的平方和:

$$n^2=(m+1)^2+(m+2)^2+\cdots+(m+2k+1)^2$$
$$=(2k+1)m^2+[1^2+2^2+\cdots(2k+1)^2]+2[1+2+\cdots+(2k+1)]m$$
$$=(2k+1)m^2+\frac{1}{6}(2k+1)(2k+2)(4k+3)+m(2k+1)(2k+2)$$
$$=(2k+1)\left[(m+k+1)^2+\frac{1}{3}k(k+1)\right]. \qquad ②$$

下面求最小的正整数 n,使方程②有整数解 (m,k),其中 $m\geqslant 0,k\geqslant 1$.

(1) 当 $k=1$ 时,$n^2=3(m+2)^2+2=3m_1^2+2\equiv 2(\bmod 3)$,与平方数的性质矛盾.

(2) 当 $k=2$ 时,$n^2=5[(m+3)^2+2]=5m_1^2+10$,所以 $5|n$.令 $n=5n_1$,则 $m_1^2+2=5n_1^2\equiv 0(\bmod 5)$,所以 $m_1^2\equiv 3(\bmod 5)$,与平方数的性质矛盾.

(3) 当 $k=3$ 时,$n^2=7[(m+4)^2+4]=7m_1^2+28$,所以 $7|n$.令 $n=7n_1$,则 $m_1^2+4=7n_1^2\equiv 0(\bmod 7)$,所以 $m_1^2\equiv 3(\bmod 7)$,与平方数的性质矛盾.

(4) 当 $k=4$ 时,同理可得 $3n_1^2=3m_1^2+2\equiv 2(\bmod 3)$,与平方数的性质矛盾.

(5) 当 $k=5$ 时,同理可得

$$11n_1^2=m_1^2+10. \qquad ③$$

所以 $m_1^2\equiv 1(\bmod 11)$,即 $m_1\equiv \pm 1(\bmod 11)$.

① 若 $m_1=10,12,21$,则代入③,知 n_1 无正整数解.

② 若 $m_1=23$,代入式③,得 $n_1=7$,此时 $n=11n_1=77$,代入②,得 $m=17$,

即 $77^2 = 18^2 + 19^2 + \cdots + 28^2$,所以 $n = 77$ 合乎条件.

③ 若 $m_1 > 23$,由式③,有 $n_1 > 7$,从而 $n = 11n_1 > 77$,于是 $n = 77$ 是 $k \leqslant 5$ 时合乎条件的最小正整数.

下面证明,对其他合乎条件的正整数 n,都有 $n > 77$.

实际上:

① 若 $k = 6$,同理可得 $13n_1^2 = m_1^2 + 4$,由模 4 导出矛盾.

② 若 $k = 7$,同理可得 $5n_1^2 = 3m_1^2 + 56$,由模 8 导出矛盾.

③ 若 $k = 8$,同理可得 $17n_1^2 = m_1^2 + 24$,由模 3 导出矛盾.

④ 若 $k = 9$,同理可得 $19n_1^2 = m_1^2 + 30$,由模 8 导出矛盾.

⑤ 若 $k = 10$,同理可得 $7n_1^2 = 3m_1^2 + 110$,由模 3 导出矛盾.

⑥ 若 $k = 11$,同理可得 $23n_1^2 = m_1^2 + 44$,由模 4 导出矛盾.

⑦ 若 $k = 12$,同理可得 $n_1^2 = m_1^2 + 52$,由模 8 导出矛盾.

⑧ 若 $k \geqslant 13$,则 $n^2 \geqslant 1^2 + 2^2 + 3^2 + \cdots + 27^2 > 77^2$,所以 $n > 77$.

综上所述,n 的最小值为 77.

14. 由 $p(k) = \dfrac{k}{k+1}$ 可知,$0, 1, 2, \cdots, n$ 是方程 $p(x) - \dfrac{x}{x+1} = 0$ 的 $n+1$ 个不同的根. 将方程变形为 $(x+1)p(x) - x = 0$,则 $0, 1, 2, \cdots, n$ 是多项式 $(x+1)p(x) - x$ 的根. 注意到此多项式的次数为 $n+1$,从而可令

$$(x+1)p(x) - x = Ax(x-1)(x-2)\cdots(x-n).$$

现在只需求出待定参数 A,取 $x = -1$ 即可. 此时

$$1 = A(-1)(-2)\cdots(-n-1) = A(-1)^{n+1}(n+1)!,$$

所以 $A = \dfrac{(-1)^{n+1}}{(n+1)!}$,进一步可得

$$p(n+1) = \dfrac{(-1)^{n+1} + n + 1}{n+2}.$$

15. 引入待定参数 a, b,希望对 $(0, 3)$ 中一切实数 x,都有

$$\dfrac{1}{5x^2 - 4x + 11} \leqslant ax + b,$$

且 $\sum (ax + b) = \dfrac{1}{4}$,即 $3a + 3b = \dfrac{1}{4}$,从而希望对 $(0, 3)$ 中一切实数 x,都有

$$\frac{1}{5x^2-4x+11} \leqslant \left(\frac{1}{12}-b\right)x+b.$$

令 $x=1$(因为不等式在 $a=b=c=1$ 时等号成立),得 $\frac{1}{12} \leqslant \left(\frac{1}{12}-b\right)+b$,恒成立,无效. 但可发现其中含因式 $x-1$,因此可将其变形(去分母),得

$$12 \leqslant [(1-12b)x+12b](5x^2-4x+11),$$

即

$$(5-60b)x^3+(108b-4)x^2+(11-180b)x+132b-12 \geqslant 0, \quad ④$$

即

$$(x-1)[(5-60b)x^2+(48b+1)x+12-132b] \geqslant 0.$$

注意到 $0<x<3$,则 x 有可能大于 1,也有可能小于 1,从而希望含有因式 $(x-1)^2$,即希望

$$(5-60b)x^2+(48b+1)x+12-132b$$

含有因式 $x-1$. 令

$$(5-60b)+(48b+1)+12-132b=0,$$

得 $b=\frac{1}{8}$,进而 $a=-\frac{1}{24}$. 此时不等式④变成 $(x-1)^2(9-5x) \geqslant 0$.

由此发现不等式:对 $\left(0, \frac{9}{5}\right]$ 中的一切实数 x,都有

$$\frac{1}{5x^2-4x+11} \leqslant -\frac{1}{24}x+\frac{1}{8}. \quad ⑤$$

于是若 a,b,c 都小于 $\frac{9}{5}$,则由不等式⑤可知,原不等式成立. 而对 a,b,c 中有一个大于 $\frac{9}{5}$ 的情况,补充证明即可.

16. 注意到条件 $x+y+z=1$,引入待定参数 a,b,希望对 $(0,1)$ 中一切实数 x,都有

$$\frac{3x^2-x}{1+x^2} \geqslant ax+b.$$

令 $3x^2=x$,即 $x=\frac{1}{3}$,则 $0 \geqslant \frac{1}{3}a+b$,所以 $a \leqslant -3b$. 不妨尝试 $a=-3b$,即希望对 $(0,1)$ 中一切实数 x,都有

$$\frac{3x^2-x}{1+x^2} \geqslant -3bx+b.$$

一个充分条件是

$$\frac{3x^2}{1+x^2} \geqslant -3bx, \quad \frac{-x}{1+x^2} \geqslant b,$$

即

$$-b = \frac{x}{1+x^2},$$

所以

$$-\frac{1}{b} = x + \frac{1}{x} = f(x) \geqslant f\left(\frac{1}{3}\right) = \frac{10}{3},$$

解得 $b = -\frac{3}{10}, a = \frac{9}{10}$.

由此发现不等式:对 $(0,1)$ 中一切实数 x,都有

$$\frac{3x^2-x}{1+x^2} \geqslant \frac{9}{10}x - \frac{3}{10}. \qquad ⑥$$

实际上,

$$⑥ \Leftrightarrow 3x^2 - 10x \geqslant (9x-3)(1+x^2)$$
$$\Leftrightarrow 3x^2 - 10x \geqslant 9x^3 - 3x^2 + 9x - 3$$
$$\Leftrightarrow 9x^3 - 33x^2 + 19x - 3 \leqslant 0 \Leftrightarrow (3x-1)^2(x-3) \leqslant 0,$$

这显然成立.

同理,有

$$\frac{3y^2-y}{1+y^2} \geqslant \frac{9}{10}y - \frac{3}{10}, \quad \frac{3z^2-z}{1+z^2} \geqslant \frac{9}{10}z - \frac{3}{10},$$

将式⑥和以上2个不等式相加,得

$$\frac{3x^2-x}{1+x^2} + \frac{3y^2-y}{1+y^2} + \frac{3z^2-z}{1+z^2}$$
$$\geqslant \frac{9}{10}x - \frac{3}{10} + \frac{9}{10}y - \frac{3}{10} + \frac{9}{10}z - \frac{3}{10} = 0.$$

当 $x = y = z = \frac{1}{3}$ 时,$f(x,y,z) = 0$,故所求最小值为 0.

17. (1) 定义域显然为 $[0,13]$,先求最小值. 将 $\sqrt{13-x}+\sqrt{x}$ 捆绑,看作

1 待定参数

一个整体,则有
$$(\sqrt{13-x}+\sqrt{x})^2 = 13+2\sqrt{x(13-x)} \geqslant 13,$$
从而
$$y = \sqrt{x+27}+\sqrt{13-x}+\sqrt{x}$$
$$= \sqrt{x+27}+\sqrt{13+2\sqrt{x(13-x)}} \geqslant \sqrt{27}+\sqrt{13} = 3\sqrt{3}+\sqrt{13},$$
又 $x=0$ 时,$y=3\sqrt{3}+\sqrt{13}$,所以 y 的最小值是 $3\sqrt{3}+\sqrt{13}$.

(2) 对最大值,引入待定参数 a,b,c,即可利用 Cauchy 不等式求解:
$$(\sqrt{x+27}+\sqrt{13-x}+\sqrt{x})^2$$
$$= \left(\frac{1}{\sqrt{a}}\sqrt{ax+27a}+\frac{1}{\sqrt{b}}\sqrt{13b-bx}+\frac{1}{\sqrt{c}}\sqrt{cx}\right)^2$$
$$\leqslant \left(\frac{1}{a}+\frac{1}{b}+\frac{1}{c}\right)[(a+c-b)x+27a+13b],$$
希望 $a+c-b=0$,且不等式等号成立,即方程组
$$a^2(x+27)=b^2(13-x)=c^2 x$$
在 $[0,13]$ 中有解. 由 $a^2(x+27)=c^2 x$ 可知 $a<c$,则可取 $a=1,c=2,b=3$,经检验合乎要求. 因此
$$y^2 = (\sqrt{x+27}+\sqrt{13-x}+\sqrt{x})^2$$
$$= \left(\sqrt{x+27}+\frac{1}{\sqrt{3}}\sqrt{39-3x}+\frac{1}{\sqrt{2}}\sqrt{2x}\right)^2$$
$$\leqslant \left(1+\frac{1}{3}+\frac{1}{2}\right)(27+39) = 121,$$
所以 $y\leqslant 11$. 令 $x+27=3(13-x)=4x$,得 $x=9$,所以 $x=9$ 时 $y=11$,故 y 的最大值是 11.

18. 因为
$$x_1 x_2+x_2 x_3+\cdots+x_{n-1}x_n \leqslant c(n)(x_1^2+x_2^2+\cdots+x_n^2), \qquad ⑦$$
所以
$$\frac{x_1 x_2+x_2 x_3+\cdots+x_{n-1}x_n}{x_1^2+x_2^2+\cdots+x_n^2} \leqslant c(n).$$
问题等价于求多元函数

$$f(x_1, x_2, \cdots, x_n) = \frac{x_1 x_2 + x_2 x_3 + \cdots + x_{n-1} x_n}{x_1^2 + x_2^2 + \cdots + x_n^2}$$

的最大值,其中 $x_1, x_2, \cdots, x_n$ 不全为 0.

联想到基本不等式

$$2x_i x_{i+1} \leqslant x_i^2 + x_{i+1}^2, \qquad ⑧$$

令 $i=1,2,\cdots,n-1$,将得到的 $n-1$ 个不等式相加,得

$$2(x_1 x_2 + x_2 x_3 + \cdots + x_{n-1} x_n) \leqslant x_1^2 + 2x_2^2 + \cdots + 2x_{n-1}^2 + x_n^2. \qquad ⑨$$

但不等式⑨右边各平方项的系数不相等,无法变成不等式⑦的形式. 为了使不等式⑨右边各平方项的系数相等,我们在运用基本不等式⑧之前,给每一个 $x_i^2 (i=1,2,\cdots,n-1)$ 配上一个待定系数 $c_i^2 (c_i > 0)$,则有

$$2c_i x_i x_{i+1} \leqslant c_i^2 x_i^2 + x_{i+1}^2,$$

即

$$x_i x_{i+1} \leqslant \frac{c_i}{2} x_i^2 + \frac{1}{2c_i} x_{i+1}^2,$$

令 $i=1,2,\cdots,n-1$,将得到的 $n-1$ 个不等式相加,得

$$x_1 x_2 + x_2 x_3 + \cdots + x_{n-1} x_n \leqslant \frac{c_1}{2} x_1^2 + \left(\frac{1}{2c_1} + \frac{c_2}{2}\right) x_2^2$$

$$+ \left(\frac{1}{2c_2} + \frac{c_3}{2}\right) x_3^2 + \cdots$$

$$+ \left(\frac{1}{2c_{n-2}} + \frac{c_{n-1}}{2}\right) x_{n-1}^2 + \frac{1}{2c_{n-1}} x_n^2. \qquad ⑨$$

为了使不等式⑨右边各平方项的系数相等,令

$$\frac{c_1}{2} = \frac{1}{2c_1} + \frac{c_2}{2} = \frac{1}{2c_2} + \frac{c_3}{2} = \cdots = \frac{1}{2c_{n-2}} + \frac{c_{n-1}}{2} = \frac{1}{2c_{n-1}},$$

即

$$c_1 = \frac{1}{c_1} + c_2 = \frac{1}{c_2} + c_3 = \cdots = \frac{1}{c_{n-2}} + c_{n-1} = \frac{1}{c_{n-1}}.$$

记 $c_1 = \lambda$,则 $c_k = \lambda - \frac{1}{c_{k-1}} (k \geqslant 2)$. 以下用不动点法求 c_n. 设

$$f(u) = \frac{au + b}{cu + b} \quad (c \neq 0, ad - bc \neq 0),$$

$\{u_n\}$ 满足 $u_n = f(u_{n-1}) (n > 1)$,若 f 有两不动点 p, q,则

$$\frac{u_n-p}{u_n-q}=r\cdot\frac{u_{n-1}-p}{u_{n-1}-q}\quad\left(r=\frac{a-pc}{a-qc}\right).$$

利用上述结论,得到$\{c_k\}$的通项公式为

$$c_k=\frac{1}{2}\cdot\frac{(\lambda+\sqrt{\lambda^2-4})^{k+1}-(\lambda-\sqrt{\lambda^2-4})^{k+1}}{(\lambda+\sqrt{\lambda^2-4})^k-(\lambda-\sqrt{\lambda^2-4})^k}.$$

设$\lambda-\sqrt{\lambda^2-4}=x$,则$\lambda+\sqrt{\lambda^2-4}=\dfrac{4}{x}$,$c_k$通项公式可改写为

$$c_k=\frac{1}{2}\cdot\frac{x^{k+1}-\left(\dfrac{4}{x}\right)^{k+1}}{x^k-\left(\dfrac{4}{x}\right)^k}.$$

注意到$c_1=\dfrac{1}{c_{n-1}}$,即$c_{n-1}=\dfrac{1}{c_1}=\dfrac{1}{\lambda}$,又

$$x+\frac{4}{x}=(\lambda-\sqrt{\lambda^2-4})+(\lambda+\sqrt{\lambda^2-4})=2\lambda,$$

所以

$$\frac{1}{\lambda}=\frac{2}{x+\dfrac{4}{x}}=\frac{2x}{x^2+4},$$

从而

$$\frac{1}{2}\cdot\frac{x^n-\left(\dfrac{4}{x}\right)^n}{x^{n-1}-\left(\dfrac{4}{x}\right)^{n-1}}=\frac{2}{x+\dfrac{4}{x}}=\frac{2x}{x^2+4}.$$

整理得$\left(\dfrac{x}{2}\right)^{2n+2}=1$.

所以

$$\frac{x}{2}=\cos\frac{j\pi}{n+1}+\mathrm{i}\sin\frac{j\pi}{n+1}\quad(j=0,1,2,\cdots,2n+1),$$

即

$$x=2\left(\cos\frac{j\pi}{n+1}+\mathrm{i}\sin\frac{j\pi}{n+1}\right)\quad(j=0,1,2,\cdots,2n+1),$$

从而

$$c_k = \frac{1}{2} \cdot \frac{x^{k+1} - \left(\frac{4}{x}\right)^{k+1}}{x^k - \left(\frac{4}{x}\right)^k} = \frac{\sin\frac{(k+1)j\pi}{n+1}}{\sin\frac{kj\pi}{n+1}} \quad (j = 1, 2, \cdots, n-1).$$

但根据最初的约定,对任何 $1 \leqslant k \leqslant n-1$,都有

$$c_k > 0 \Leftrightarrow 0 < kj < n+1 \Leftrightarrow j = 1.$$

这说明仅当 $c_1 = \lambda = 2\cos\frac{\pi}{n+1}$ 时,才能使 $c_1, c_2, \cdots, c_{n-1}$ 均大于 0,代入式⑨,得

$$x_1 x_2 + x_2 x_3 + \cdots + x_{n-1} x_n \leqslant \cos\frac{\pi}{n+1} x_1^2 + \cos\frac{\pi}{n+1} x_2^2$$
$$+ \cdots + \cos\frac{\pi}{n+1} x_{n-1}^2 + \cos\frac{\pi}{n+1} x_n^2$$
$$= \cos\frac{\pi}{n+1}(x_1^2 + x_2^2 + \cdots + x_n^2),$$

等号在

$$\frac{c_i}{2} x_i^2 = \frac{1}{2c_i} x_{i+1}^2, x_{i+1} = c_i x_i (i = 1, 2, \cdots, n-1)$$

时成立,所以有 $f_{\max} = \cos\frac{\pi}{n+1}$,即所求最小的 $c(n)$ 为 $\cos\frac{\pi}{n+1}$.

19. 任给 $n \in \mathbf{N}$ 及 $t \in \left(\frac{1}{2}, 1\right)$,引入待定参数 $\delta > 0$,并令 $a = b + \delta$,则

$$\frac{1}{2}(a^n + b^n) < [ta + (1-t)b]^n \Leftrightarrow b^n + (b+\delta)^n < 2(b+t\delta)^n$$

$$\Leftrightarrow (b+\delta)^n - (b+t\delta)^n < (b+t\delta)^n - b^n$$

$$\Leftrightarrow (1-t)\delta \sum_{k=0}^{n-1}(b+\delta)^k(b+t\delta)^{n-1-k}$$

$$< t\delta \sum_{k=0}^{n-1}(b+t\delta)^k b^{n-1-k}$$

$$\Leftrightarrow \frac{1-t}{t} < \frac{\sum_{k=0}^{n-1}(b+t\delta)^k b^{n-1-k}}{\sum_{k=0}^{n-1}(b+\delta)^k(b+t\delta)^{n-1-k}} \quad (t, b \text{ 为常数}). \quad ⑩$$

注意到,对给定的 $t \in \left(\frac{1}{2}, 1\right)$,有 $\frac{1-t}{t} \in (0, 1)$,而式⑩右边是关于 δ 的

连续函数,并且,当 $\delta \to 0$ 时,式⑩右边 $\to 1$. 所以存在 δ,使得式⑩成立. 因此可令 $b=1999\dfrac{2}{3}$, $a=b+\delta$,这里 δ 使式⑩成立,并且 $\delta \in \left(0, \dfrac{1}{3}\right)$,则 $a,b \in (1999, 2000)$ 为满足条件的实数.

综上可知,命题成立.

20. 引入因子参数 p,q,r,则
$$\dfrac{p}{2}x^2 + \dfrac{y^2}{2p} \geqslant xy, \quad qy^2 + \dfrac{z^2}{q} \geqslant 2yz, \quad rz^2 + \dfrac{x^2}{r} \geqslant 2zx,$$

相加,得
$$\left(\dfrac{p}{2}+\dfrac{1}{r}\right)x^2 + \left(\dfrac{1}{2p}+q\right)y^2 + \left(\dfrac{1}{q}+r\right)z^2 \geqslant xy + 2yz + 2zx,$$

令
$$\dfrac{p}{2}+\dfrac{1}{r} = \dfrac{1}{2p}+q = \dfrac{1}{q}+r = k,$$

且 $p=1$,则由前一方程得 $q=\dfrac{1}{r}$,代入另一方程,得 $\dfrac{1}{2}+\dfrac{1}{r}=2r$,即 $4r^2-r-2=0$. 解得
$$q = \dfrac{\sqrt{33}-1}{4}, \quad r = \dfrac{\sqrt{33}+1}{8}, \quad k = \dfrac{\sqrt{33}+1}{4}.$$

所以
$$\dfrac{\sqrt{33}+1}{4}(x^2+y^2+z^2) \geqslant xy+2yz+2zx,$$

即
$$\dfrac{xy+2yz+2zx}{x^2+y^2+z^2} \leqslant \dfrac{\sqrt{33}+1}{4}.$$

又 $x=y=1, z=\dfrac{\sqrt{33}-1}{4}$ 时,
$$\dfrac{xy+2yz+2zx}{x^2+y^2+z^2} = \dfrac{\sqrt{33}+1}{4},$$

故 $\dfrac{xy+2yz+2zx}{x^2+y^2+z^2}$ 的最大值为 $\dfrac{\sqrt{33}+1}{4}$.

21. 引入参数 t,令

$$\frac{a}{\sqrt{a^2+9bc}} \geqslant \frac{a^t}{a^t+b^t+c^t} \times \frac{3}{\sqrt{10}}$$

$$\Leftrightarrow 10(a^t+b^t+c^t)^2 \geqslant 9a^{2t}+81a^{2t-2}bc$$

$$\Leftrightarrow 10a^{2t}+10b^{2t}+10c^{2t}+20a^tb^t+20b^tc^t+20c^ta^t$$

$$\geqslant 81(a^{42t} \cdot b^{60t} \cdot c^{60t})^{\frac{1}{81}} \geqslant 81a^{2t-2}bc.$$

当 $\frac{42}{81}t=2t-2$,即 $\frac{60}{81}t=1$ 时,不等式恒成立,故

$$\frac{a}{\sqrt{a^2+9bc}} \geqslant \frac{a^{\frac{27}{20}}}{a^{\frac{27}{20}}+b^{\frac{27}{20}}+c^{\frac{27}{20}}} \times \frac{3}{\sqrt{10}},$$

同理

$$\frac{b}{\sqrt{b^2+9ca}} \geqslant \frac{b^{\frac{27}{20}}}{a^{\frac{27}{20}}+b^{\frac{27}{20}}+c^{\frac{27}{20}}} \times \frac{3}{\sqrt{10}},$$

$$\frac{c}{\sqrt{c^2+9ab}} \geqslant \frac{c^{\frac{27}{20}}}{a^{\frac{27}{20}}+b^{\frac{27}{20}}+c^{\frac{27}{20}}} \times \frac{3}{\sqrt{10}}.$$

则

$$\frac{a}{\sqrt{a^2+9bc}}+\frac{b}{\sqrt{b^2+9ca}}+\frac{c}{\sqrt{c^2+9ab}} \geqslant \frac{3}{\sqrt{10}}.$$

22. 易知 $x=y=z=\frac{\sqrt{3}}{3}$ 时,等号成立. 引入待定系数 λ,使得

$$\frac{x}{1-x^2}-\frac{\sqrt{3}}{2} \geqslant \lambda\left(x^2-\frac{1}{3}\right),$$

整理得

$$\frac{(\sqrt{3}x-1)(x+\sqrt{3})}{2(1-x^2)} \geqslant \frac{\lambda}{3}(3x^2-1),$$

两边约去 $\sqrt{3}x-1$,代入 $x=\frac{\sqrt{3}}{3}$,得 $\lambda=\frac{3\sqrt{3}}{2}$,所以

$$\frac{x}{1-x^2}-\frac{\sqrt{3}}{2} \geqslant \frac{3\sqrt{3}}{2}\left(x^2-\frac{1}{3}\right). \quad ⑪$$

同理

$$\frac{y}{1-y^2}-\frac{\sqrt{3}}{2} \geqslant \frac{3\sqrt{3}}{2}\left(y^2-\frac{1}{3}\right), \quad ⑫$$

$$\frac{z}{1-z^2} - \frac{\sqrt{3}}{2} \geqslant \frac{3\sqrt{3}}{2}\left(z^2 - \frac{1}{3}\right), \qquad ⑬$$

⑪~⑬三式相加得

$$\frac{x}{1-x^2} + \frac{y}{1-y^2} + \frac{z}{1-z^2} \geqslant \frac{3}{2}\sqrt{3}.$$

23. **解法1** 记

$$f^1(x) = f(x), f^m(x) = f[f^{m-1}(x)],$$

设 $f(x)$ 是一个合乎题设条件的函数,引入参数 a_m, b_m, c_m,并令

$$f^m(n) = a_m f(n) + b_m n + c_m,$$

则

$$\begin{aligned}
f^{m+1}(n) &= f^m[f(n)] = a_m f[f(n)] + b_m f(n) + c_m \\
&= a_m[2n + 6 - f(n)] + b_m f(n) + c_m \\
&= (b_m - a_m)f(n) + 2a_m n + (6a_m + c_m),
\end{aligned}$$

于是有

$$a_{m+1} = b_m - a_m, \quad b_{m+1} = 2a_m, \quad c_{m+1} = 6a_m + c_m,$$

注意到 $a_1 = 1, b_1 = c_1 = 0$,求得

$$a_m = \frac{1-(-2)^m}{3}, \quad b_m = \frac{2+(-2)^{m+2}}{3}, \quad c_m = \frac{6m-2-(-2)^{m+1}}{3}.$$

因为

$$\left[\frac{1}{2^m} - (-1)^m\right] f(n) + 2\left[\frac{1}{2^m} - (-1)^{m-1}\right] n$$
$$+ \frac{6m}{2^m} - \frac{1}{2^{m-1}} - 2(-1)^{m+1} = \frac{3f^m(n)}{2^m} \geqslant 0.$$

令 m 为奇数,且 $m \to \infty$,可得 $-f(n) + n + 2 \geqslant 0$;令 m 为偶数,且 $m \to \infty$,可得 $f(n) - n - 2 \geqslant 0$. 所以 $f(n) = n + 2$,容易验证 $f(n) = n + 2$ 合乎条件.

解法2 显然 $f(n) = n + 2$ 合乎条件,下面证明没有其他函数合乎条件.

若 $f(k) = t$,则两边取 f,得

$$f(t) = f[f(k)] = 2k + 6 - f(k) = 2k + 6 - t. \qquad ⑭$$

特别地,在式⑭中,令 $k = 0$,得 $f(t) = 6 - t$,所以 $6 - t = f(t) \geqslant 0$,即 $t \leqslant 6$,且 $f(0) \leqslant 6$. 反复利用式⑭:

若 $f(0)=0$,在式⑭中:令 $k=0,t=0$,得 $f(0)=6$,矛盾.

若 $f(0)=1$,在式⑭中:令 $k=0,t=1$,得 $f(1)=5$;令 $k=1,t=5$,得 $f(5)=3$;令 $k=5,t=3$,得 $f(3)=13$;令 $k=3,t=13$,得 $f(13)=-1<0$,矛盾.

若 $f(0)=3$,在式⑭中:令 $k=0,t=3$,得 $f(3)=3$;令 $k=3,t=3$,得 $f(3)=9$,矛盾.

若 $f(0)=4$,在式⑭中:令 $k=0,t=4$,得 $f(4)=2$;令 $k=4,t=2$,得 $f(2)=12$;令 $k=2,t=12$,得 $f(12)=-2<0$,矛盾.

若 $f(0)=5$,在式⑭中:令 $k=0,t=5$,得 $f(5)=1$;令 $k=5,t=1$,得 $f(1)=15$;令 $k=1,t=15$,得 $f(15)=-7<0$,矛盾.

若 $f(0)=6$,在式①中:令 $k=0,t=6$,得 $f(6)=0$;令 $k=6,t=0$,得 $f(0)=18$,矛盾.

所以 $f(0)=2$,由此利用数学归纳法,得
$$f(2k)=2k+2(k\in \mathbf{N}).\qquad ⑮$$

假设 $f(1)=t$,则由式⑭,有 $f(t)=8-t$.如果 t 为偶数,则由式⑮,有 $f(t)=t+2$,因此 $t+2=8-t$,得 $t=3$,为奇数,矛盾,所以 t 为奇数.又由 $8-t=f(t)\geqslant 0$,得 $t\leqslant 8$,所以 $t=1,3,5,7$.反复利用式①:

若 $f(1)=1$,在式⑭中:令 $k=1,t=1$,得 $f(1)=7$,矛盾.

若 $f(1)=5$,在式⑭中:令 $k=1,t=5$,得 $f(5)=3$;令 $k=5,t=3$,得 $f(3)=13$;令 $k=3,t=13$,得 $f(13)=-1<0$,矛盾.

若 $f(1)=7$,在式⑭中:令 $k=1,t=7$,得 $f(7)=1$;令 $k=7,t=1$,得 $f(1)=19$,矛盾.

所以 $f(1)=3$.由此利用数学归纳法,得
$$f(2k+1)=2k+3(k\in \mathbf{N}).\qquad ⑯$$

由式⑮和式⑯可知,$f(n)=n+2$.

24. 证法 1 设 $\omega_0=1,\omega_1,\omega_2,\cdots,\omega_{n-1}$ 是 1 的所有 n 次单位根,其中 $\omega_k=\omega_1^k(k=0,1,2,\cdots,n-1)$.令 $z_k=t\omega_k$,其中 t 为待定常数,且 $|t|=1$.这样,$|z_k|=|t\omega_k|=1$,我们只需证明,存在 ω_k,使 $|t\omega_k|=1$,且 $|f(t\omega_k)|\geqslant 1$ 即可.

当 $n \nmid j$ 时,$\omega_1^j \neq 1$,则

$$\sum_{k=0}^{n-1}\omega_k^j = \sum_{k=0}^{n-1}\omega_1^{kj} = \frac{1-(\omega_1^j)^n}{1-\omega_1^j} = \frac{1-(\omega_1^n)^j}{1-\omega_1^j} = 0.$$

这样,有

$$\sum_{k=0}^{n-1} f(t\omega_k) = \sum_{k=0}^{n-1}\sum_{j=0}^{n} a_j(t\omega_k)^j = \sum_{k=0}^{n-1}\Big[\sum_{j=1}^{n-1} a_j(t\omega_k)^j + a_0 + t^n\Big]$$

$$= \sum_{j=1}^{n-1} a_j t^j \sum_{k=0}^{n-1}\omega_k^j + na_0 + nt^n = na_0 + nt^n \quad (a_n = 1).$$

取 t 满足:t^n 与 a_0 同向($a_0 \neq 0$),而当 a_0 为 0 时,t 可为任何模等于 1 的数,即当 $a_0 \neq 0$ 时,取 $\arg t = \dfrac{\arg a_0}{n}$,则有

$$\sum_{k=0}^{n-1} |f(t\omega_k)| \geqslant \Big|\sum_{k=0}^{n-1} f(t\omega_k)\Big|$$

$$= |na_0 + nt^n| = n|a_0| + n|t^n| \geqslant n|t^n| = n.$$

于是存在 ω_t,使 $|f(t\omega_t)| \geqslant 1$. 又 $|\omega_t| = 1, |t| = 1$,所以 $|t\omega_t| = 1$. 令 $z_0 = t\omega_t$,命题获证.

证法 2 令 $p(z) = zf(z)$,并设 $\omega_0 = 1, \omega_1, \omega_2, \cdots, \omega_n$ 是 1 的所有 $n+1$ 次单位根,其中 $\omega_k = \omega_1^k (k = 0, 1, 2, \cdots, n)$. 当 $(n+1) \nmid t$ 时,$\omega_1^t \neq 1$,则

$$\sum_{k=0}^{n}\omega_k^t = \sum_{k=0}^{n}\omega_1^{kt} = \frac{1-(\omega_1^t)^{n+1}}{1-\omega_1^t} = \frac{1-(\omega_1^{n+1})^t}{1-\omega_1^t} = 0.$$

这样,有

$$p(\omega_k) = \omega_k f(\omega_k) = \omega_k^{n+1} + \sum_{k=0}^{n}\sum_{j=1}^{n} a_{j-1}\omega_k^j,$$

所以

$$\sum_{k=0}^{n} p(\omega_k) = \sum_{k=0}^{n}\omega_k^{n+1} + \sum_{j=1}^{n}\sum_{k=0}^{n} a_{j-1}\omega_k^j$$

$$= \sum_{k=0}^{n}\omega_k^{n+1} + \sum_{j=1}^{n} a_{j-1}\Big(\sum_{k=0}^{n}\omega_k^j\Big) = \sum_{k=0}^{n}\omega_k^{n+1} = \sum_{k=0}^{n} 1 = n+1,$$

从而

$$\sum_{k=0}^{n} |p(\omega_k)| \geqslant \Big|\sum_{k=0}^{n} p(\omega_k)\Big| = n+1.$$

于是存在 ω_t,使 $|p(\omega_t)| \geqslant 1$,即 $|\omega_t f(\omega_t)| \geqslant 1$. 又 $|\omega_t| = 1$,所以 $|f(\omega_t)| \geqslant 1$. 令 $z_0 = \omega_t$,命题获证.

2 容量参数

我们称有限集合中元素的个数为该集合的容量,而所谓的容量参数,就是将某个集合的容量用一个参数 r 表示,进而将题中有关式子转化为关于 r 的函数 $f(r)$ 来处理.

在许多情况下,容量参数就是题设对象中具有某种性质的对象的个数.

引入容量参数可使那些类似于"至多有……""至少有……"等一些范围估计得到精确的表示,且方便参与相关运算. 此外,引入容量参数,还可使含有一些不确定因素的有关对象相对确定.

2.1 实设容量参数

所谓实设容量参数,就是解题过程中需要求出其具体数值的容量参数. 其求解的基本步骤是:先设出容量参数,然后根据相关对象应满足的条件,建立容量参数满足的方程,求出其参数,由此获得相关集合的容量,使问题获解.

例1(1996 年数学通讯比赛试题) 求出所有正整数 n,使存在整数 $a_1, a_2, \cdots, a_n$ 满足:$n = a_1 a_2 \cdots a_n = a_1 + a_2 + \cdots + a_n$.

分析与解 为说明相应的 n 合乎要求,我们只需找一个充分条件,立足于寻找最简单的整数 $a_1, a_2, \cdots, a_n$,使 $n = a_1 a_2 \cdots a_n = a_1 + a_2$

$+\cdots+a_n$.

最简单的整数是 1 和 -1(显然不能含有 0),于是设 $a_1, a_2, \cdots, a_n$ 中含有 a 个 1 和 b 个 -1(a, b 为待定的自然数,且 $a+b<n$),则

$$n = a_1 a_2 \cdots a_t \cdot 1^a \cdot (-1)^b = a_1 + a_2 + \cdots + a_t + a - b,$$

即

$$\begin{cases} a+b+t=n, \\ (-1)^b a_1 a_2 \cdots a_t = n, \\ a_1+a_2+\cdots+a_t+a-b=n. \end{cases}$$

由此求自然数解 $(a_1, a_2, \cdots, a_t, a, b)$.

为简单起见,取 $t=1, 2$ 试验(希望有 $t=1, 2$ 的特解):

若 $t=1$,记 $a_1 = x$,则

$$\begin{cases} a+b+1=n, \\ (-1)^b x = n, \\ x+a-b=n. \end{cases}$$

于是 $x=n$ 或 $-n$,取 $x=n$,方程组变为

$$\begin{cases} a+b+1=n, \\ b \equiv 0 \pmod 2, \\ a-b=0. \end{cases}$$

解得 $a=b=\dfrac{n-1}{2}$,且 b 为偶.

令 $\dfrac{n-1}{2} = 2k$,得 $n=4k+1$,由此可知,$n=4k+1$ 合乎条件. 此时

$$4k+1 = (4k+1) \cdot \underbrace{1 \cdot 1 \cdots 1}_{2k 个} \cdot \underbrace{(-1)(-1) \cdots (-1)}_{2k 个}$$

$$= (4k+1) + \underbrace{1+1+\cdots+1}_{2k 个} + \underbrace{(-1)+(-1)+\cdots+(-1)}_{2k 个}.$$

若 $t=2$,记 $a_1 = x, a_2 = y$,则

$$\begin{cases} a+b+2=n, & \text{①} \\ (-1)^b xy=n, & \text{②} \\ x+y+a-b=n. & \text{③} \end{cases}$$

于是 $x=n$ 或 $-n$. 由式①+式③,得 $x+y+2a=2n$,于是 x,y 同奇偶:

当 x,y 同奇时,n 为奇,但已构造了 $n=4k+1$ 的情形,我们猜想没有其他奇数合乎条件(证明见后),于是取 x,y 同为偶.

当 x,y 同偶时,令 $x=2p,y=2q$,则

$$n=(-1)^b xy \equiv 0 \pmod 4,$$

再令 $n=4k$,则方程组变为

$$\begin{cases} a+b+2=4k, & \text{④} \\ (-1)^b pq=k, & \text{⑤} \\ 2p+2q+a-b=4k. & \text{⑥} \end{cases}$$

解得 $a=b=\dfrac{n-1}{2}$,且 b 为偶.

由式⑤想到取 $p=k$,则 $q=1$,且 b 为偶;或者 $q=-1$,且 b 为奇. 此时方程组变为

$$\begin{cases} a+b+2=4k, & \text{⑦} \\ p=k,q=1,b \text{ 为偶}, & \text{⑧} \\ 2q+a-b=2k. & \text{⑨} \end{cases}$$

或者

$$\begin{cases} a+b+2=4k, & \text{⑩} \\ p=k,q=-1,b \text{ 为奇}, & \text{⑪} \\ 2q+a-b=2k. & \text{⑫} \end{cases}$$

由前者解得 $a=3k-2,b=k$,且 k 为偶,$x=2p=2k,y=2q=2$;由后者解得 $a=3k,b=k-2$,且 k 为奇,$x=2p=2k,y=2q=-2$.

由此可见,若称合乎条件的正整数为好的,则所有好正整数为

2 容量参数

$4k(k\geqslant 2, k\in \mathbf{N})$ 和 $4k+1(k\in \mathbf{N})$. 证明如下:

(1) 先证 $n=4k+1(k\in \mathbf{N})$ 是好的. 实际上, 有

$$4k+1 = (4k+1)\cdot \underbrace{1\cdot 1\cdots 1}_{2k\text{个}}\cdot \underbrace{(-1)(-1)\cdots(-1)}_{2k\text{个}}$$

$$= (4k+1) + \underbrace{1+1+\cdots+1}_{2k\text{个}}$$

$$+ \underbrace{(-1)+(-1)+\cdots+(-1)}_{2k\text{个}},$$

所以 n 是好的.

(2) 再证 $n=4k(k\in \mathbf{N}, k\geqslant 2)$ 是好的.

a. 若 k 为偶数, 则

$$4k+1 = 2k\cdot 2\cdot \underbrace{1\cdot 1\cdots 1}_{3k-2\text{个}}\cdot \underbrace{(-1)(-1)\cdots(-1)}_{k\text{个}}$$

$$= 2k+2+\underbrace{1+1+\cdots+1}_{3k-2\text{个}}$$

$$+\underbrace{(-1)+(-1)+\cdots+(-1)}_{k\text{个}}.$$

b. 若 k 为奇数, 则

$$4k+1 = 2k\cdot(-2)\cdot\underbrace{1\cdot 1\cdots 1}_{3k\text{个}}\cdot\underbrace{(-1)(-1)\cdots(-1)}_{k-2\text{个}}$$

$$= 2k+(-2)+\underbrace{1+1+\cdots+1}_{3k\text{个}}$$

$$+\underbrace{(-1)+(-1)+\cdots+(-1)}_{k-2\text{个}}.$$

所以 n 是好的.

(3) 最后证明, 对一切自然数 k, 正整数 $4k+2, 4k+3$ 都不是好的.

a. 当 $n=4k+2$ 时, 若 n 是好的, 则

$$4k+2 = \prod_{i=1}^{n}a_i = 2(2k+1).$$

所以各 a_i 中只有一个为偶数,有 $4k+1$ 个为奇数,从而
$$n=\sum_{i=1}^{n}a_i\equiv 4k+1\equiv 1(\bmod\ 2),$$
与 n 为偶数矛盾.

b. 当 $n=4k+3$ 时,若 n 是好的,则 $4k+3=\prod_{i=1}^{n}a_i$,此时各 a_i 都是奇数.

设 a_i 中有 a 个数模 4 余 3,有 b 个数模 4 余 1,则
$$4k+3=n=a+b\quad(\text{共 }a+b\text{ 个数}).$$
因此
$$n=\sum_{i=1}^{n}a_i\equiv(3+3+\cdots+3)+(1+1+\cdots+1)$$
$$=3a+b=2a+(a+b)=2a+n(\bmod\ 4),$$
从而 $2a\equiv 0(\bmod\ 4)$,即 a 为偶,所以
$$n=a_1a_2\cdots a_n\equiv 3^a\cdot 1^b\equiv 3^a\equiv 9^{\frac{a}{2}}\equiv 1(\bmod\ 4),$$
与 $n\equiv 3(\bmod\ 4)$ 矛盾.

综上所述,所有合乎要求的正整数为 $4k(k\geqslant 2,k\in\mathbf{N})$ 和 $4k+1(k\in\mathbf{N})$.

注 (1) 也可分类讨论:

若 a 为偶数,则模 4 余 3 的数可以两两配对,每对中两个数的积模 4 余 1,所以
$$n=\prod_{i=1}^{n}a_i\equiv 1(\bmod\ 4),$$
与 $n\equiv-1(\bmod\ 4)$ 矛盾.

若 a 为奇数,设 $a=2t+1$,则 a_i 中有 $a=2t+1$ 个数模 4 余 3,有
$$b=4k+3-(2t+1)=4k+2-2t$$
个数模 4 余 1,所以
$$n=\sum_{i=1}^{n}a_i\equiv 3(2t+1)+(4k-2t+2)$$

$$= 6t+3+4k-2t+2 \equiv 1 \pmod 4,$$

仍与 $n \equiv -1 \pmod 4$ 矛盾.

(2) 当 $n=4k$ 且 k 为奇数时,可分类构造:

a. 若 $\frac{k+1}{2}$ 为偶数,则
$$4k = k \times 2 \times 2 \times 1^{\frac{7k-7}{2}} \times (-1)^{\frac{k+1}{2}},$$
于是
$$4k = 2k+2+2+\underbrace{1+1+\cdots+1}_{\frac{7k-7}{2}\text{个}}+\underbrace{(-1)+(-1)+\cdots+(-1)}_{\frac{k+1}{2}\text{个}}.$$

b. 若 $\frac{k+1}{2}$ 为奇数,则 $\frac{k-1}{2}$ 为偶数,此时
$$4k = k \times 2 \times 1^{\frac{7k-3}{2}} \times (-1)^{\frac{k-3}{2}} \times (-2),$$
因此
$$4k = k+2+\underbrace{1+1+\cdots+1}_{\frac{7k-3}{2}\text{个}}+(-2)+\underbrace{(-1)+(-1)+\cdots+(-1)}_{\frac{k-3}{2}\text{个}}.$$

例 2(2000 年全国高中数学联赛试题) 有 n 个人,已知他们中任意两人至多通电话 1 次,他们中的任意 $n-2$ 个人之间通电话的总次数相等,都是 3^k 次,其中 k 是正整数,求 n 的所有可能值.

分析与解 用 n 个点表示 n 个人,当且仅当两人通了电话时对应点相邻,得到一个简单图 G. 由条件可知,任何 $n-2$ 个点之间的边数为 3^k,由此想到用两种方式计算 $\|G\|$(用 n 表示),以此建立关于 n 的等式.

引入容量参数:设 d_i 为顶点 x_i 引出的边数,$d_{i,j}$ 为顶点 x_i 与 x_j 之间的边数. 一方面,显然有
$$\|G\| = \frac{1}{2}\sum_{i=1}^{n} d_i.$$

另一方面,考察去掉 x_i, x_j 后的 $n-2$ 个人之间通电话的总次数,有
$$\|G\| = 3^k + d_i + d_j - d_{i,j},$$

其中 $d_{i,j}=0$ 或 1(两点之间最多一条边). 所以
$$\frac{1}{2}\sum_{i=1}^{n}d_i = 3^k+d_i+d_j-d_{i,j}.$$

下面只需将 d_i 与 $d_{i,j}$ 用 n 表示. 由于"任何 $n-2$ 个点之间的边数为 3^k",所以我们猜想 G 为正则图. 为证明其猜想,可估计 d_i-d_j. 为简便起见,可估计 d_1-d_2.

在式⑬中分别令 $j=1,2$,得
$$\left.\begin{array}{l}\|G\|=3^k+d_1+d_i-d_{1,i}\\ \|G\|=3^k+d_2+d_i-d_{2,i}\end{array}\right\}\Rightarrow d_2-d_1=d_{2,i}-d_{1,i}, \qquad ⑭$$
$$\Rightarrow |d_1-d_2|=|d_{1,i}-d_{2,i}|\leqslant 1. \qquad ⑮$$

若 $|d_2-d_1|=1$,不妨设 $d_1<d_2$,则 $d_2-d_1=1$,代入式⑭得 $d_{2,i}-d_{1,i}=1$. 又 $d_{2,i},d_{1,i}\in\{0,1\}$,所以 $d_{2,i}=1,d_{1,i}=0$ $(i=2,3,\cdots,n)$. 由此可见,x_i 都与 x_2 相邻,且都与 x_1 不相邻,于是 $d_2\geqslant n-2$, $d_1\leqslant 1$,所以 $d_2-d_1\geqslant n-3$.

注意到 $n-2$ 个点中的边数为 $3^k\geqslant 3$,有 $n-2\geqslant 3$,即 $n\geqslant 5$,所以 $d_2-d_1\geqslant n-3\geqslant 2$,与式⑮矛盾. 所以 $d_2-d_1=0$,即 $d_1=d_2$.

同理可证,对任何 $i\neq j,d_i=d_j$,即 $d_i=d$ 为常数. 代入式⑬可知,$d_{i,j}$ 为常数,所以
$$d_{i,j}=0(i\neq j) \quad 或 \quad d_{i,j}=1(i\neq j).$$
但前者不成立,否则 $\|G\|=0$,矛盾. 所以 $d_{i,j}=1(i\neq j)$,可知 G 是完全图,$d_i=n-1(1\leqslant i\leqslant n)$,进而由式⑬得
$$C_n^2 = 3^k+(n-1)+(n-1),$$
即
$$(n-2)(n-3)=2\times 3^k.$$

注意到 $(n-2,n-3)=1$,所以
$$\begin{cases}n-2=2\times 3^k\\ n-3=1\end{cases} \quad 或 \quad \begin{cases}n-2=3^k,\\ n-3=2.\end{cases}$$

前者无解,后者解为 $n=5$,此时 5 阶完全图 K_5 显然合乎条件,故 n 的取值为 5.

例 3(第 52 届 IMO 预选题) 求满足如下性质的最大正整数 k:正整数集能被分拆成 $A_1, A_2, \cdots, A_k$ 的 k 个子集,且对所有整数 $n(n \geq 15)$,在每个 $A_i(1 \leq i \leq k)$ 中都存在两个不同的元素的和为 n.

分析与解 为方便叙述,我们给出定义:如果对所有整数 $n(n \geq 15)$,在 A 中都存在两个不同的元素的和为 n,则称 A 是可和的.

首先注意的是,如果 k 合乎要求,那么 $1, 2, \cdots, k-1$ 都合乎要求.

实际上,因为 k 合乎要求,所以正整数集能被分拆成 k 个可和的子集 $A_1, A_2, \cdots, A_k$,那么正整数集也能被分拆成 $k-1$ 个可和的子集 $A_1, A_2, \cdots, A_{k-2}, A_{k-1} \bigcup A_k$,由此可见 $k-1$ 合乎要求. 同理可得 $k-2, k-3, \cdots, 2, 1$ 合乎要求.

由此可见,为了求最大的 k,可从 $1, 2, \cdots$ 依次进行试验.

$k=1$ 显然合乎要求.

$k=2$ 时,最容易想到的是奇偶分类,奇数作为一个集合,偶数作为一个集合,但奇数集合和偶数集合都只能表示偶和.

修改 为了使奇数集合能表示奇和,在奇数集合中放入一个偶数 2 即可. 同样,为了使偶数集合能表示奇和,在偶数集合中放入一个奇数 1 即可,于是可令
$$A_1 = \{1\} \bigcup \{2m \mid m \in \mathbf{N}, m \geq 2\},$$
$$A_2 = \{2\} \bigcup \{2m-1 \mid m \in \mathbf{N}, m \geq 2\}.$$
此时对任意整数 $n(n \geq 15)$:

如果 n 为奇数,令 $n=2r+1(r \geq 7)$,则在 A_1 中取 $x=1 \in \{1\}$,
$$y=2r \in \{2m \mid m \in \mathbf{N}, m \geq 2\},$$
有

$$x+y=2r+1=n.$$

在 A_2 中取
$$x=2\in\{2\},\quad y=2r-1\in\{2m-1\mid m\in\mathbf{N},m\geqslant 2\},$$
有 $x+y=2r+1=n$.

如果 n 为偶数,令 $n=2r(r\geqslant 8)$,则在 A_1 中取
$$x=4\in\{2m\mid m\in\mathbf{N},m\geqslant 2\},\quad y=2(r-2)\in\{2m\mid m\in\mathbf{N},m\geqslant 2\},$$
有
$$x+y=2r=n,\quad 且\ y=2r-4\geqslant 16-4=12>4=x.$$

在 A_2 中取
$$x=3\in\{2m-1\mid m\in\mathbf{N},m\geqslant 2\},$$
$$y=2(r-1)-1\in\{2m-1\mid m\in\mathbf{N},m\geqslant 2\},$$
有
$$x+y=2r+1=n,\quad 且\ y=2r-3\geqslant 16-3=13>3=x.$$

$k=3$ 时,注意到 $k=2$ 的奇偶分类便是模 2 的剩余类,于是我们尝试用模 3 的剩余类来构造 A_1,A_2,A_3.

令 $A_1=\{1,2\}\bigcup\{3m\mid m\in\mathbf{N},m\geqslant 3\}$(补余数 1,2),$A_2=\{3,4\}\bigcup\{3m-1\mid m\in\mathbf{N},m\geqslant 3\}$(补余数 0,1),$A_2=\{5,6\}\bigcup\{3m-2\mid m\in\mathbf{N},m\geqslant 3\}$(补余数 0,2). 但这一构造不合乎要求,比如 16 在 A_1 中不可表.

实际上,因为 $16\equiv 1\pmod 3$,从而 16 只能表示为 $16=1+3m_1+3m_2$,即 $m_1+m_2=5$,但 $m_1,m_2\geqslant 3$,有 $m_1+m_2\geqslant 6$,矛盾.

修改 为了使 16 在 A_1 中可表,可在 A_1 中放入一个最小的 3 的倍数 3,此时 $16=1+3\cdot 1+3\cdot 4$ 合乎要求.

令
$$A_1=\{1,2,3\}\bigcup\{3m\mid m\in\mathbf{N},m\geqslant 4\},$$
$$A_2=\{4,5,6\}\bigcup\{3m-1\mid m\in\mathbf{N},m\geqslant 4\},$$
$$A_3=\{7,8,9\}\bigcup\{3m-2\mid m\in\mathbf{N},m\geqslant 4\}.$$

考察任意整数 $n(n \geq 15)$：

如果 $n \equiv 0 \pmod 3$，令 $n=3r(r \geq 5)$，则在 A_1 中取
$$x = 1 \in \{1,2,3\}, \quad y = 2 \in \{1,2,3\},$$
$$z = 3(r-1) \in \{3m \mid m \in \mathbf{N}, m \geq 4\},$$
有 $x+y+z=3r=n$，且 $x<y<z$.

如果 $n \equiv 1 \pmod 3$，令 $n=3r+1(r \geq 5)$，则在 A_1 中取
$$x = 1 \in \{1,2,3\}, \quad y = 3 \in \{1,2,3\},$$
$$z = 3(r-1) \in \{3m \mid m \in \mathbf{N}, m \geq 4\},$$
有 $x+y+z=3r+1=n$，且 $x<y<z$.

如果 $n \equiv 2 \pmod 3$，令 $n=3r+2(r \geq 5)$，则在 A_1 中取
$$x = 2 \in \{1,2,3\}, \quad y = 3 \in \{1,2,3\},$$
$$z = 3(r-1) \in \{3m \mid m \in \mathbf{N}, m \geq 4\},$$
有 $x+y+z=3r+2=n$，且 $x<y<z$.

所以 A_1 是可和的，同样可以验证 A_2，A_3 是可和的.

当 $k=4$ 时，我们找不到合适的构造，从而猜想 $k \leq 3$，用反证法.

如果存在 $k \geq 4$ 合乎要求，那么，由上面所述，$k=4$ 一定合乎要求.

设正整数集能被分拆成 4 个可和的子集 A_1, A_2, A_3, A_4，我们要由 A 的可和性"所有 $n(n \geq 15)$ 都可表"来导出矛盾.

"所有 $n(n \geq 15)$ 都可表"是无法全部使用的，我们适当取若干个"和"，由这些"和"在 A 中可表导出矛盾.

引入容量参数：假定考虑前面 m 个和：$15, 16, \cdots, m+14$. 这些和只能由 $1, 2, \cdots, m+13$ 中的两个数表示. 令 $M=\{1, 2, \cdots, m+13\}$，我们只需考虑 A_1, A_2, A_3, A_4 中属于 M 中的那些数如何表示上述 m 个和.

令
$$B_i = A_i \cap M (i=1,2,3,4),$$

则 B_i 都是有限集合(化有限为无限),且

$$|B_1|+|B_2|+|B_3|+|B_4|=m+13.$$

考察 B_i 中元素最少的那个集合,记为 B,且 $|B|=r$,那么,B 中有 C_r^2 个 2 元组,至多可以表示 C_r^2 个不同的和. 为了便于整体估计,我们希望每个和在 B 中恰有一种表示法,这就要求 $C_r^2=m$,此时考虑 B 中所有 2 元组的总和 S,则有

$$S=15+16+\cdots+(m+14).$$

此外,因为 $|B|=r$,从而 B 中每个数在 $r-1$ 个 2 元组中出现,从而

$$S=(r-1)S(B),$$

其中 $S(B)$ 为 B 中元素的和,因此

$$(r-1)S(B)=S=15+16+\cdots+(C_r^2+14),$$

从而

$$r-1 \mid 15+16+\cdots+(C_r^2+14). \quad ⑯$$

我们来选取适当的 r,使式⑯不成立.

$r=2$ 时,式⑯变为 $1|15$,不矛盾.

$r=3$ 时,式⑯变为 $2|15+16+17$,不矛盾.

$r=4$ 时,式⑯变为 $3|15+16+17+18+19+20$,不矛盾.

$r=5$ 时,式⑯变为 $4|15+16+\cdots+24$,即 $4|195$,矛盾.

于是取 $r=5$,此时 $m=C_5^2=10$. 现在的问题是,要证明此时确实存在 B 使 $|B|=5$.

考虑 10 个和:$15,16,\cdots,24$. 这些和只能由 $1,2,\cdots,23$ 中的两个数表示. 令

$$M=\{1,2,\cdots,23\}, \quad B_i=A_i\cap M(i=1,2,3,4),$$

则 B_i 都是有限集合,且

$$|B_1|+|B_2|+|B_3|+|B_4|=23.$$

考察 B_i 中元素最少的那个集合,记为 B,如果 $|B|\leq 4$,那么,B 中

至多有 $C_4^2=6$ 个 2 元组,至多可以表示 $6<10$ 个不同的和,矛盾. 所以 $|B|\geqslant 5$.

如果 $|B|\geqslant 6$,则所有 $|B_i|\geqslant 6$,此时
$$23=|B_1|+|B_2|+|B_3|+|B_4|\geqslant 6+6+6+6=24,$$
矛盾. 所以 $|B|=5$.

考虑 B 中所有 2 元组的总和 S,则有
$$S=15+16+\cdots+24=195.$$

此外,因为 $|B|=5$,从而 B 中每个数在 4 个 2 元组中出现,从而 $S=4S(B)$,其中 $S(B)$ 为 B 中元素的和,于是 $4S(B)=S=195$,所以 $4|195$,矛盾.

综上所述,$k_{\max}=3$.

例 4(第 33 届 IMO 试题) 对每个正整数 n,用 $s(n)$ 表示满足下列条件的最大整数:对任何正整数 $k\leqslant s(n)$,n^2 可以表成 k 个正整数的平方和.

(1) 求证:$s(n)\leqslant n^2-14(n\geqslant 4)$.

(2) 找出一个 n,使 $s(n)=n^2-14$.

(3) 求证:存在无数个 n,使 $s(n)=n^2-14$.

分析与解 (1) 记 $A=\{1,2,\cdots,n^2-13,\cdots,s(n)\}$,反设 $s(n)\geqslant n^2-13$,我们证明存在正整数 $k_0\in A$,使 n^2 不能表成 k_0 个正整数的平方和.

自然想到取 $k_0=n^2-13$,即证明 n^2 不存在长为 n^2-13 的平方分拆.

再用反证法:假设 $n^2=a_1^2+a_2^2+\cdots+a_k^2$,其中 $k=n^2-13$.

先不妨设 $1\leqslant a_1\leqslant a_2\leqslant a_3\leqslant \cdots \leqslant a_k$,则
$$n^2=a_1^2+a_2^2+\cdots+a_k^2\leqslant ka_k^2=(n^2-13)a_k^2,$$
于是
$$a_k^2\geqslant \frac{n^2}{n^2-13}=1+\frac{13}{n^2-13}>1,$$

此控制为无效控制,因为最大数 $a_k>1$ 是显然的(否则全为1).

从另一个方向控制:保留 a_k,其余统一放缩到常数1,则
$$n^2=a_1^2+a_2^2+\cdots+a_k^2\geq 1+1+\cdots+1+a_k^2$$
$$=(k-1)+a_k^2=(n^2-14)+a_k^2,$$

于是 $a_k^2\leq 14$,所以 $a_k\leq 3$.

由此可见,$a_1,a_2,\cdots,a_k\in\{1,2,3\}$.

引入容量参数:设 $a_1,a_2,\cdots,a_k$ 中有 i 个为1,j 个为2,t 个为3,其中 $i+j+t=k=n^2-13(i,j,t\in\mathbf{N})$,那么
$$n^2=a_1^2+a_2^2+\cdots+a_k^2$$
$$=(1+1+\cdots+1)+(4+4+\cdots+4)+(9+9+\cdots+9)$$
$$=i+4j+9t=(i+j+t)+3j+8t=(n^2-13)+3j+8t,$$

所以 $3j+8t=13$.

此方程无自然数解,实际上,$13=3j+8t\geq 8t$,有 $t\leq 1$:当 $t=0$ 时,$3j=13$,矛盾;当 $t=1$ 时,$3j=5$,亦矛盾.所以当 $k=n^2-13$ 时,使 n^2 不能表成 k 个正整数的平方和,从而 $s(n)\leq n^2-14$.

(2) 要使 $s(n)=n^2-14$,则 n 应满足:对任何正整数 $k=1,2,\cdots,n^2-14$,正整数 n 都可表成 k 个正整数的平方和.

考察其中的任意一个正整数 $k\in\{1,2,\cdots,n^2-14\}$,我们要找到一个 n,使 n^2 存在相应分拆:
$$n^2=a_1^2+a_2^2+\cdots+a_k^2(a_1\leq a_2\leq a_3\leq\cdots\leq a_k).$$

注意到我们只需找到一个 n,从而可找到一种特殊的分拆.由前面的讨论,可考虑所有 $a_i\in\{1,2,3\}$ 的分拆.

引入容量参数:不妨设 $a_1,a_2,\cdots,a_k$ 中有 i 个为1,j 个为2,t 个为3,且 $i+j+t=k(i,j,t\in\mathbf{N})$,我们记 $n^2=a_1^2+a_2^2+\cdots+a_k^2$,且 $a_1,a_2,\cdots,a_k$ 中有 i 个为1,j 个为2,t 个为3 的分拆为 n^2 的一个 $k(i,j,t)$ 型分拆(注意,其中 k 是指 k 个项,即 k-分拆),那么对 n^2 的一个 $k(i,j,t)$ 型分拆,有

$$n^2 = a_1^2 + a_2^2 + \cdots + a_k^2 = i + 4j + 9t = k + 3j + 8t,$$

所以

$$3j + 8t = n^2 - k. \qquad ⑰$$

现在要寻找方程⑰的自然数解(j,t)，且应使$i = k - j - t \geqslant 0$. 于是要寻找方程⑰的满足$j + t \leqslant k$的自然数解$(j, t)$.

易知，对任何$k \in A = \{1, 2, \cdots, n^2 - 14\}$，方程⑰都有自然数解$(j, t)$. 实际上：

若$n^2 - k \equiv 0 \pmod{3}$，令$n^2 - k = 3r (r \geqslant 5)$，则$(j, t) = (r, 0)$是方程⑰的解.

若$n^2 - k \equiv 1 \pmod{3}$，令$n^2 - k = 3r + 1 (r \geqslant 5)$，此时$(j, t) = (r - 5, 2)$是方程⑰的解.

若$n^2 - k \equiv 2 \pmod{3}$，令$n^2 - k = 3r + 2 (r \geqslant 4)$，此时$(j, t) = (r - 2, 1)$是方程⑰的解.

但上述这些解未必满足$j + t \leqslant k$. 下面找k满足的一个充分条件，使方程⑰的解都有$j + t \leqslant k$. 而对其他的不满足这个充分条件的k，再找非其他类型的k-分拆.

注意到不等式$j + t \leqslant k$中，$j + t$具有不确定性，希望将$j + t$扩大到$f(k)$，即$j + t \leqslant f(k)$，则$j + t \leqslant k$的充分条件是$f(k) \leqslant k$. 由此可求出k的范围.

实际上，由方程⑰，有

$$n^2 - k = 3j + 8t \geqslant 3j + 3t,$$

所以

$$j + t \leqslant \frac{n^2 - k}{3},$$

从而使$j + t \leqslant k$的一个充分条件是$\frac{n^2 - k}{3} \leqslant k$，解得$k \geqslant \frac{n^2}{4}$.

这表明，对给定的n：

当 $k \in \left[\dfrac{n^2}{4}, n^2-14\right] (k \in \mathbf{N})$ 时,n^2 都存在 $k(i,j,t)$ 型分拆.

当 $k \in \left[1, \dfrac{n^2}{4}\right) (k \in \mathbf{N})$ 时,也许只能寻找 n^2 的其他形式的 k-分拆.

下面,利用上述结论来寻找一个合乎要求的 n,可从较小的正整数 n 开始一一验证.

首先注意,若 n^2 可以进行 2-分拆,即 $n^2 = a^2 + b^2$,则 a, b, n 是勾股数,所以由本原勾股数公式,可尝试 $n^2 = x^2 + y^2$ (x, y 一奇一偶),比如 $n = 5, 10, 13, \cdots$.

易知,$n=5$ 不合要求. 实际上:

若 $5^2 = a^2 + b^2 + c^2$,则 $a, b, c \in \{1, 2, 3, 4\}$.

若 $a=1$,则 $24 = b^2 + c^2$,无正整数解.

若 $a=2$,则 $21 = b^2 + c^2$,无正整数解.

若 $a=3$,则 $16 = b^2 + c^2$,无正整数解.

若 $a=4$,则 $9 = b^2 + c^2$,无正整数解.

同样可知,$n=10$ 不合要求.

当 $n=13$ 时,$\dfrac{n^2}{4} = \dfrac{13^2}{4} = 42\dfrac{1}{4}$. 所以当 $k \geqslant 43 > \dfrac{n^2}{4}$ 时,n^2 都存在 $k(i,j,t)$ 型分拆. 下面只需证明 13^2 存在长为 $1, 2, 3, \cdots, 42$ 的分拆.

其策略是,在 $13^2 = 12^2 + 5^2$ 的基础上,将其中的项再分拆:

对奇数,分拆有

$$3^2 = 2^2 + 2^2 + 1^2, \quad 5^2 = 3^2 + 4^2,$$
$$13^2 = \underbrace{3^2 + 3^2 + \cdots + 3^2}_{17\text{个}} + 4^2.$$

对偶数,分拆有

$$(2k)^2 = k^2 + k^2 + k^2 + k^2.$$

此外,$3^2 + 12^2 = 5^2 + 8^2 + 8^2$.

首先,

$$13^2 = 12^2 + 5^2, \qquad \text{⑱}$$
$$13^2 = 12^2 + (3^2 + 4^2), \qquad \text{⑲}$$
$$13^2 = (8^2 + 8^2 + 5^2) + 4^2, \qquad \text{⑳}$$
$$13^2 = \underbrace{3^2 + 3^2 + \cdots + 3^2}_{17\text{个}} + 4^2. \qquad \text{㉑}$$

由式⑳,结合 $8^2 = 4^2 + 4^2 + 4^2 + 4^2$(1 变 4,和中有 2 个 8^2,长度可增加 1 个或 2 个 3),$4^2 = 2^2 + 2^2 + 2^2 + 2^2$(1 变 4,和中最多有 8 个 2^2,长度又可增加 $1, 2, \cdots, 8$ 个 3),$2^2 = 1^2 + 1^2 + 1^2 + 1^2$(1 变 4,和中最多有 32 个 2^2,长度又可增加 $1, 2, \cdots, 32$ 个 3). 所以 13^2 可以进行所有长不大于 42 的且长为 $3r + 1$ 型数的分拆.

由式⑳,结合 $5^2 = 4^2 + 3^2$(1 变 2)及上述长为 $3r + 1$ 型数的分拆,可知 13^2 又可进行所有长不大于 42 的且长为 $3r + 2$ 型数的分拆.

再由式⑲,结合 $12^2 = 6^2 + 6^2 + 6^2 + 6^2$(1 变 4,和中有 1 个 12^2,长度可增加 3),$6^2 = 3^2 + 3^2 + 3^2 + 3^2$(1 变 4,和中最多有 4 个 6^2,长度又可增加 $1, 2, \cdots, 4$ 个 3),以及 $4^2 = 2^2 + 2^2 + 2^2 + 2^2$(1 变 4,和中有 1 个 4^2,长度可增加 3),$2^2 = 1^2 + 1^2 + 1^2 + 1^2$(1 变 4,和中最多有 4 个 2^2,长度又可增加 $1, 2, \cdots, 4$ 个 3). 可知 13^2 可以进行所有长不大于 $3 + 2 \cdot 3 + 8 \cdot 3 = 33$ 的且长为 $3r$ 型数的分拆.

最后,在式㉑中选择其中 9 个或 12 个 3^2 分拆为 $3^2 = 2^2 + 2^2 + 1^2$,则 13^2 又可进行 $18 + 2 \times 9 = 36, 18 + 2 \times 12 = 42$ 分拆. 而 $2^2 = 1^2 + 1^2 + 1^2 + 1^2$,$13^2$ 又可进行 $36 + 3 = 39$ 分拆. 于是 13^2 可进行 $1, 2, \cdots, 42$ 分拆.

而对 $k \geq 43$,有 $k \geq \dfrac{13^2}{4}$,由上面的结论知,13^2 可以进行 $k(i, j, t)$ 型分拆,故 $s(13) = 13^2 - 14$.

(3) 如果 $s(n) = n^2 - 14$,则称 n 是好的. 以下用两种方法求解.

解法 1 采用递归构造证明若 n 是好的($n \geq 13$),则 $2n$ 是好的. 因为 n 是好的,即 n^2 可以进行长度为 $1, 2, \cdots, n^2 - 14$ 的分拆. 下

面证明,$(2n)^2$ 可以进行长度为 $1,2,\cdots,4n^2-14$ 的分拆.

由前面的讨论可知,当 $\dfrac{4n^2}{4} \leqslant k \leqslant 4n^2-14$ 时,$4n^2$ 可以进行 $k(i,j,t)$ 型分拆,于是我们只需证明 $4n^2$ 可以进行长度为 $1,2,\cdots,n^2-1$ 的分拆.

因为 $4n^2 = n^2+n^2+n^2+n^2$,而 n^2 可以进行长度为 $k(k\in\{1,2,\cdots,n^2-14\})$ 的分拆:
$$n^2 = a_1^2+a_2^2+\cdots+a_k^2,$$
所以
$$\begin{aligned}4n^2 &= 4a_1^2+4a_2^2+\cdots+4a_k^2 \\ &= (2a_1)^2+(2a_2)^2+\cdots+(2a_k)^2,\end{aligned}$$
从而 $4n^2$ 可以进行长度为 $k(k\in\{1,2,\cdots,n^2-14\})$ 的分拆:
$$\begin{aligned}4n^2 &= n^2+n^2+n^2+n^2 \\ &= (a_1^2+a_2^2+\cdots+a_i^2)+(b_1^2+b_2^2+\cdots+b_j^2) \\ &\quad +(c_1^2+c_2^2+\cdots+c_s^2)+(d_1^2+d_2^2+\cdots+d_t^2),\end{aligned}$$
其中 $1\leqslant i,j,s,t\leqslant n^2-14$,所以
$$4\leqslant i+j+s+t\leqslant 4n^2-56.$$
因此 $4n^2$ 可以进行长度为 $k(k\in\{4,5,\cdots,4n^2-56\})$ 的分拆.

以下证 $4n^2-56\geqslant n^2-1$,即 $3n^2\geqslant 55$,因为 $n\geqslant 13$,所以这显然成立,故 $2n$ 是好的.

解法 2 采用通式构造证明对任何自然数 m,$n=2^m\times 13$ 都是好的.

实际上:
$$n^2 = (2^m\times 13)^2 = 4^t(2^{m-t}\times 13)^2\ (0\leqslant t\leqslant m),$$
因为 13^2 可以进行 $1,2,3,\cdots,155$ 分拆,所以当 $k\in\{1,2,3,\cdots,4^m\times 155\}$ 时,$n^2=(2^m\times 13)^2$ 可以进行 k-分拆.

当 $4^m\times 155\leqslant k\leqslant n^2-14$ 时,因为 $4^m\times 155>\dfrac{1}{4}(2^m\times 13)^2=\dfrac{n^2}{4}$.

由前面的讨论可知,$n^2=(2^m\times 13)^2$可以进行$k(i,j,t)$型的k-分拆.

综上所述,$n^2=(2^m\times 13)^2$可以进行长度为$1,2,\cdots,n^2-14$的分拆,故
$$s(2^m\times 13)=(2^m\times 13)^2-14.$$

2.2 虚置容量参数

所谓虚置容量参数,就是解题过程中无需求出其具体数值的容量参数.有些问题,我们并不需要知道相关集合的具体容量,但其处理过程又与其容量密切相关.这时,我们可以引入虚置容量参数,使有关量能用参数表示,最终通过消除参数使问题获解.

例 1 设各项都是正整数的非严格递增数列$\{a_n\}$满足$a_{29}=67$. 对每个不超过 67 的正整数m,定义$b_m=\min(n|a_n\geqslant m)$,求
$$\sum_{i=1}^{29}a_i+\sum_{j=1}^{67}b_j.$$

分析与解 先用
$$(a_1,a_2,\cdots,a_{29})=(1,2,3,\cdots,28,67),$$
$$(1,1,1,\cdots,1,67),$$
$$(1,1,2,2,3,3,\cdots,14,14,67)$$
进行尝试,发现计算的关键是引入容量参数.设$i(1\leqslant i\leqslant 67)$在数列中出现的次数为$x_i$.

不妨设数列$\{a_n\}$的前 29 项为$1,1,\cdots,1,2,2,\cdots,2,\cdots,67,67,\cdots,67$,其中$i(1\leqslant i\leqslant 67)$在数列中出现$x_i$次$(x_i\in \mathbf{N})$,则
$$\sum_{i=1}^{67}x_i=29,\quad \sum_{i=1}^{29}a_i=\sum_{j=1}^{67}jx_j,$$
且
$$b_1=1,\quad b_m=\min(n\mid a_n\geqslant m)=\sum_{i=1}^{m-1}x_i+1(m\geqslant 2),$$

于是

$$\sum_{i=1}^{29} a_i + \sum_{j=1}^{67} b_j = \sum_{j=1}^{67} j x_j + \left[1 + \sum_{j=2}^{67}\left(\sum_{i=1}^{m-1} x_i + 1\right)\right]$$
$$= (x_1 + 2x_2 + 3x_3 + \cdots + 67x_{67})$$
$$\quad + [1 + (x_1 + 1) + (x_1 + x_2 + 1) +$$
$$\quad \cdots$$
$$\quad + (x_1 + x_2 + \cdots + x_{66} + 1)]$$
$$= (x_1 + 2x_2 + 3x_3 + \cdots + 67x_{67})$$
$$\quad + (67 + 66x_1 + 65x_2 + \cdots + x_{66})$$
$$= 67(x_1 + x_2 + x_3 + \cdots + x_{67}) + 67$$
$$= 67 \cdot 29 + 67 = 67 \cdot 30 = 2\,010.$$

例 2（1991 年全俄数学奥林匹克竞赛试题） 设 $a_1, a_2, \cdots, a_n > 1, |a_{i+1} - a_i| < 1$, 求证: $\sum_{i=1}^{n} \dfrac{a_i}{a_{i+1}} < 2n - 1$.

分析与证明 一种自然的想法是估计通项 $\dfrac{a_i}{a_{i+1}}$ 的范围, 条件中与此相关的信息是 $|a_{i+1} - a_i| < 1$, 需要分 $a_{i+1} \geqslant a_i$ 和 $a_{i+1} < a_i$ 两种情况讨论以去掉绝对值符号:

若 $a_k \leqslant a_{k+1}$, 则 $\dfrac{a_k}{a_{k+1}} \leqslant 1$.

若 $a_k > a_{k+1}$, 则

$$a_k - a_{k+1} = |a_k - a_{k+1}| < 1,$$
$$a_k < 1 + a_{k+1}, \quad \dfrac{a_k}{a_{k+1}} < 1 + \dfrac{1}{a_{k+1}} < 2.$$

所以

$$1 \leqslant \dfrac{a_k}{a_{k+1}} < 2.$$

从而有些 $\dfrac{a_k}{a_{k+1}} \in (0, 1]$, 有些 $\dfrac{a_k}{a_{k+1}} \in (1, 2]$.

引入容量参数:设恰有 r 个 $k(0\leqslant r\leqslant n-1)$,使得 $\frac{a_k}{a_{k+1}}\in(1,2]$,那么

$$\sum_{k=1}^{n}\frac{a_k}{a_{k+1}}=\frac{a_n}{a_1}+\sum_{k=1}^{n-1}\frac{a_k}{a_{k+1}}\leqslant\frac{a_n}{a_1}+2r+(n-r-1).$$

下面估计 $\frac{a_n}{a_1}$,这只需估计 a_n-a_1,利用插点法估计"间隙":因为

$$a_n-a_1=(a_n-a_{n-1})+(a_{n-1}-a_{n-2})+\cdots+(a_2-a_1),$$

此式中共有 $n-1$ 项,由容量参数 r 的意义可知,恰有 $n-r-1$ 项的值为正,且由 $|a_{i+1}-a_i|<1$ 知,每项都小于 1,从而 $a_n-a_1<n-r-1$,即 $a_n<a_1+n-r-1$,所以

$$\frac{a_n}{a_1}<1+\frac{n-r-1}{a_1}<1+(n-r-1)=n-r,$$

故

$$\sum_{k=1}^{n}\frac{a_k}{a_{k+1}}\leqslant\frac{a_n}{a_1}+2r+(n-r-1)$$
$$<(n-r)+2r+(n-r-1)=2n-1.$$

例3(2008 上海交大自主招生试题) 通信工程中常用 n 维的 0,1 向量 $(a_1,a_2,\cdots,a_n)$ 表示信息,其中 $a_i=0$ 或 1.

对两个 n 维的 0,1 向量

$$u=(a_1,a_2,\cdots,a_n),\quad v=(b_1,b_2,\cdots,b_n),$$

定义

$$d(u,v)=|a_1-b_1|+|a_2-b_2|+\cdots+|a_n-b_n|.$$

(1) 若 $u=(0,0,0,0,0)$,问有多少个 5 元数组 $v=(b_1,b_2,\cdots,b_5)$,使 $d(u,v)=1$?

(2) 若 $u=(1,1,1,1,1)$,问有多少个 5 元数组 $v=(b_1,b_2,\cdots,b_5)$,使 $d(u,v)=3$?

(3) 设

$u=(a_1,a_2,\cdots,a_n)$，$v=(b_1,b_2,\cdots,b_n)$，$w=(0,0,\cdots,0)$ 都是 n 维的 0,1 向量，求证：$d(u,w)+d(v,w) \geqslant d(u,v)$.

分析与解 （1）因为 $u=(0,0,0,0,0)$，$d(u,v)=1$，所以数组 v 中恰有一个分量为 1，从而合乎条件的 v 有 $C_5^1=5$ 个.

（2）因为 $u=(1,1,1,1,1)$，$d(u,v)=3$，所以数组 v 中恰有 3 个分量为 0，从而合乎条件的 v 有 $C_5^3=10$ 个.

一般地，对任意给定的 0,1 向量 $u=(a_1,a_2,\cdots,a_n)$，都恰有 C_n^k 个 0,1 向量 $v=(b_1,b_2,\cdots,b_n)$，使 $d(u,v)=k$. 实际上，数组 v 中，恰有 k 个分量 $b_{i_1},b_{i_2},\cdots,b_{i_k}$，使 $b_{i_1}=a_{i_1},b_{i_2}=a_{i_2},\cdots,b_{i_k}=a_{i_k}$，而其他的分量 $b_j=1-a_j(j\neq i_1,i_2,\cdots,i_k)$，从而合乎条件的 v 有 C_n^k 个.

（3）先引入容量参数求 $d(u,v)$.

$d(u,v)$ 就是 u,v 中对应分量不相同的位置的个数. 设 u,v 中有 s 个对应位置上都为 0，有 t 个对应位置上都为 1，则余下 $n-s-t$ 个位置上，u,v 对应分量不相同（一个为 0，一个为 1），则

$$d(u,v)=n-s-t.$$

下面，从整体上计算 $d(u,w)+d(v,w)$.

因为 $w=(0,0,\cdots,0)$，所以 $d(u,w),d(v,w)$ 分别是 u,v 中 1 的个数. 注意到 u,v 中有 t 个对应位置上都为 1，它们对 $d(u,w)+d(v,w)$ 的贡献是 $t+t=2t$. 又 $n-s-t$ 个位置上，u,v 对应分量不相同（一个为 0，一个为 1），它们对 $d(u,w)+d(v,w)$ 的贡献是 $n-s-t$（一个与 w 对应分量的差为 0，另一个与 w 对应分量的差为 1），所以

$$d(u,w)+d(v,w)=2t+n-s-t$$
$$=n-s+t \geqslant n-s-t=d(u,v).$$

例 4（2000 年保加利亚数学奥林匹克竞赛试题） 设 n 是给定的正整数，一个二项序列，如果它的所有项都是 0 或 1，设 A 是所有长为 n 的二项序列的集合，记 $\omega=(0,0,\cdots,0)\in A$，其二项序列 $c=(c_1,c_2,\cdots,c_n)$ 称为某两个二项序列 $a=(a_1,a_2,\cdots,a_n)$ 与 $b=(b_1,b_2,\cdots,b_n)$

的和 $a+b$,如果 $a_i=b_i$,则 $c_i=0$,否则 $c_i=1(i=1,2,\cdots,n)$.

给定一个函数 $f:A\to A$,满足 $f(\omega)=\omega$,且对任何 $a,b\in A$,如果 a,b 恰有 k 个位置的项不相同,那么 $f(a),f(b)$ 也恰有 k 个位置的项不相同.

试证:对 $a,b,c\in A$,如果 $a+b+c=\omega$,那么
$$f(a)+f(b)+f(c)=\omega.$$

分析与证明 本题的难点在于,给定的函数 f 是什么并不知道,只知道它满足的一个性质,这样一来,对 $a=(a_1,a_2,\cdots,a_n)\in A$,我们不知道 $f(a)$ 是什么.

为了确定 $f(a)$ 的表现形式,我们要使 $a=(a_1,a_2,\cdots,a_n)$ 的表现形式相对确定,由题设条件,只知道 $a=(a_1,a_2,\cdots,a_n)$ 由 0 和 1 构成,具体有多少个 0,多少个 1 并不清楚.

为了使 $a=(a_1,a_2,\cdots,a_n)$ 的表现形式相对确定,引入容量参数:不妨假定 $a_1,a_2,\cdots,a_n$ 中有 t 个 1,并假设 $b=(b_1,b_2,\cdots,b_n)=f(a)$. 我们现在来分析 b 中有多少个 1.

由于 f 的性质,只能比较两个函数值,而题目中已经给出了一个函数值 $f(\omega)=\omega$,结合 $f(a)=b$,注意到 a 与 $\omega=(0,0,\cdots,0)$ 恰有 t 个位置的项不相同,利用 f 的性质可知,$f(a)$ 与 $f(\omega)=(0,0,\cdots,0)$ 也恰有 t 个位置的项不相同,从而 $f(a)$ 也恰有 t 个 1.

这表明,函数 f 使得 a 与 $f(a)$ 中 1 的个数相同,即 $f(a)$ 不过是将 a 中的项按新的顺序重新排列而得到的.

特别地,取 $t=1$(恰有一个 1 的序列),对每一个 $i(1\leqslant i\leqslant n)$,都存在 $j(1\leqslant j\leqslant n)$,使 $f(e_i)=e_j$,其中 e_i 是第 i 项为 1 其余项都为 0 的序列.

注意到 $p\neq q$ 时,e_p,e_q 恰有 2 个位置不同,由 f 的性质知,$f(e_p)$,$f(e_q)$ 也恰有 2 个位置不同,从而 $f(e_p)\neq f(e_q)$. 于是 $f(e_1)$,$f(e_2),\cdots,f(e_n)$ 互不相同,所以它们是 $e_1,e_2,\cdots,e_n$ 的一个排列. 不妨

设$f(e_i)=e_{k_i}$,其中$k_1,k_2,\cdots,k_n$是$1,2,\cdots,n$的一个排列.

任取$a=(a_1,a_2,\cdots,a_n)\in A$,并设$a$中有$t$个1,又设$b=(b_1,b_2,\cdots,b_n)=f(a)$,则$b$中有$t$个1.

取定a中的一个1,即$a_i=1$,比较a与e_i,它们第i位都是1,从而a与e_i恰有$t-1$个位置不相同,于是$f(a)$与$f(e_i)$恰有$t-1$个位置不相同,即b与e_{k_i}恰有$t-1$个位置不相同.但b中有t个1,如果$b_{k_i}\neq 1$,则b与e_{k_i}恰有$t+1$个位置不相同,矛盾,所以$b_{k_i}=1$.

同样,取定a中的一个0,即$a_i=0$,则必有$b_{k_i}=0$.这表明,f将a的第i个分量移动到$f(a)$中的第k_i个分量(f已完全确定).

现在,设
$$a=(a_1,a_2,\cdots,a_n),$$
$$b=(b_1,b_2,\cdots,b_n),$$
$$c=(c_1,c_2,\cdots,c_n),$$
$$a+b+c=\omega,$$
即对任何i,都有$a_i+b_i+c_i$为偶数.

考察$f(a),f(b),f(c)$的第k_i个分量,它们分别是a,b,c的第i个分量,而$a_i+b_i+c_i$为偶数,所以根据加法定义,$f(a)+f(b)+f(c)$的第k_i个分量为0.

当k_i取遍$1,2,\cdots,n$时,可知$f(a)+f(b)+f(c)=\omega$.

例5(第29届IMO预选题) 对怎样的正整数n,可在$n\times n$棋盘的方格中填数0,1或-1,使各行元素的和、各列元素的和是$2n$个不同的整数?

分析与解 首先,假设存在合乎要求的数表,设表中第i行的和为$a_i(i=1,2,\cdots,n)$,第j列的和为$b_j(j=1,2,\cdots,n)$,则显然有$|a_i|,|b_j|\leqslant n$.

因为$a_i,b_j(i,j=1,2,\cdots,n)$是$2n$个不同的整数,可设
$$\{a_1,a_2,\cdots,a_n,b_1,b_2,\cdots,b_n\}=M\setminus\{x\},$$

其中 $M=\{0,\pm 1,\pm 2,\cdots,\pm n\}, x\in M$.

从整体上考察 $S=\sum_{i=1}^{n}|a_i|+\sum_{j=1}^{n}|b_j|$,则:

一方面,
$$S=0+2(1+2+\cdots+n)-|x|$$
$$\geqslant 2(1+2+\cdots+n)-n=n^2.$$

另一方面,注意到 M 中有 $n+1$ 个非负数,也有 $n+1$ 个非正数,所以各 $\{a_1,a_2,\cdots,a_n,b_1,b_2,\cdots,b_n\}$ 中至少有 n 个非负数,也至少有 n 个非正数.

引入容量参数:不妨设
$$a_1,a_2,\cdots,a_k\geqslant 0,$$
$$a_{k+1},a_{k+2},\cdots,a_n\leqslant 0 \quad (0\leqslant k\leqslant n),$$
那么各自中至少有 $n-k$ 个 b_j 非负,也至少有 k 个 b_j 非正(图 2.1),所以不妨设
$$b_1,b_2,\cdots,b_{n-k}\geqslant 0, \quad b_{n-k+1},b_{n-k+2},\cdots,b_n\leqslant 0,$$
那么
$$S=\sum_{i=1}^{n}|a_i|+\sum_{j=1}^{n}|b_j|=\sum_{i=1}^{k}a_i-\sum_{i=k+1}^{n}a_i+\sum_{j=1}^{n-k}b_j-\sum_{j=n-k+1}^{n}b_j.$$

如图 2.1 所示,将棋盘分成 A,B,C,D 四块,则
$$S=[S(A)+S(B)]-[S(C)+S(D)]$$
$$+[S(A)+S(C)]-[S(B)+S(D)]$$
$$=2S(A)-2S(D)\leqslant 2|S(A)|+2|S(D)|$$
$$\leqslant 2\cdot k(n-k)\cdot 1+2\cdot k(n-k)\cdot 1=4k(n-k).$$

其中 $S(A)$ 表示 A 中各数的和,所以 $n^2\leqslant S\leqslant 4k(n-k)$,由此得 $(n-2k)^2\leqslant 0$,从而 $n-2k=0$,即 $n=2k$,故 n 为偶数.

其次,当 n 为偶数时,我们可按要求进行填数.从特例出发,当 $n=2$ 时,填数是很容易的,如图 2.2 所示,此时

$$\{a_1, a_2, b_1, b_2\} = \{-1, 0, 1, 2\}.$$

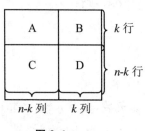

图 2.1　　　　　　　图 2.2

由此可猜想,一般情况下,可构造

$$\{a_1, a_2, \cdots, a_n, b_1, b_2, \cdots, b_n\} = M \setminus \{-n\}.$$

当 $n=4$ 时,设法构造

$$\{a_1, a_2, \cdots, a_4, b_1, b_2, \cdots, b_4\} = M \setminus \{-4\}.$$

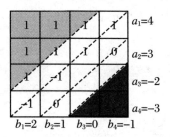

先猜想 $a_1=4$,不妨设第 1 行为 4 个 1,再猜想 $a_2=3$,不妨设第 2 行为 3 个 1 和 1 个 0,剩下 4 个格都填 -1 即可. 此时构造比较复杂(图 2.3).

图 2.3

更换角度,猜想 $b_1=3$,不妨设第 1 列为 3 个 1 和 1 个 0,再猜想 $a_2=2$,不妨设第 2 行为 3 个 1 与 1 个 -1,进而猜想 $b_2=1$,不妨设第 2 列为 2 个 1,1 个 0 和 1 个 -1,剩下 4 个格都填 -1 即可. 此时构造较简单(图 2.4).

如果猜想 $b_2=2$,不妨设第 2 列为 3 个 1 与 1 个 -1,进而猜想 $a_2=1$,不妨设第 2 行为 2 个 1,1 个 0 和 1 个 -1,剩下 4 个格都填 -1 即可. 此构造如图 2.5 所示.

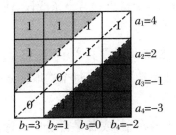
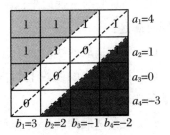

图 2.4 　　　　　　　　　图 2.5

以上 3 种构造都可得到一般情况的构造,但其中以第二种构造最简单.

一般地,构造这样的数表:对角线上方的数都是 1,对角线下方的数都是 -1,对角线上位于上半部的 $\frac{n}{2}$ 个数都是 1,位于下半部的 $\frac{n}{2}$ 个数都是 0(图 2.6).

此时各行的和为

$$n, n-2, n-4, \cdots, 2, -1, -3, \cdots, -(n-1),$$

各列的和为

$$n-1, n-3, n-5, \cdots, 1, 0, -2, -4, \cdots, -(n-2),$$

它们合乎题意.

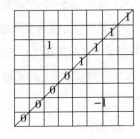
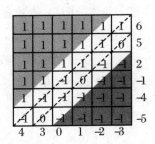

图 2.6

综上所述,所求 n 为所有正偶数.

例6(原创题) 选取坐标平面上55个格点和若干条线段,使它们同时满足:

(1) 每条选取的线段的端点都是格点且线段上恰有5个格点.

(2) 每条选取的线段上的格点都是选取的点,每个选取的点都在某条选取的线段上.

(3) 每条选取的线段或者平行于坐标轴,或者平行于两坐标轴夹角的平分线.

(4) 任何两条选取的线段至多有一个公共格点.

称满足上述条件的选取的点和线段构成一种状态. 现允许对该状态进行如下操作:选取一个新的格点和一条新的线段,使它们和原来的点和线段一起仍构成一种状态. 试问:是否可以通过有限次操作,使坐标平面上选取的格点达到2 015个?

分析与解 答案是否定的. 显然,状态中格点个数与线段条数之差为常数,记为 d.

假定经过若干次操作之后得到状态 A,引入容量参数:设 A 中共选取了 a 个格点,这些格点分布在 s 条平行于 x 轴的直线 $y=y_i(i=1,2,\cdots,s)$ 上,并设直线 $y=y_i$ 上有 b_i 个选取的格点($b_1+b_2+\cdots+b_s=a$)和 c_i 条选取的线段.

由于这 c_i 条线段同向,依题意,它们中任何两条至多在端点处相交,如果去掉每条线段的左端点,则这 c_i 条"半开"线段两两不相交,且直线 $y=y_i$ 上至少去掉了一个被选取的格点(最左边那个一定被去掉),所以 $y=y_i$ 上剩下的格点数为 $4c_i \leqslant b_i-1$. 于是平行于 x 轴的线段条数为

$$L_1 = \sum_{i=1}^{s} c_i \leqslant \sum_{i=1}^{s} \frac{b_i-1}{4} = \frac{a-s}{4}.$$

又设选取的格点分布在 t 条平行于 y 轴的直线上,同理,平行于 y 轴的线段条数为 $L_2 \leqslant \dfrac{a-t}{4}$. 于是平行坐标轴的线段条数为

$$L_1 + L_2 \leqslant \frac{a-s}{4} + \frac{a-t}{4} = \frac{2a-s-t}{4}$$

$$\leqslant \frac{2a-2\sqrt{st}}{4} = \frac{a-\sqrt{st}}{2} \leqslant \frac{a-\sqrt{a}}{2}.$$

将坐标轴旋转 $45°$，则平行于两坐标轴夹角的平分线上的线段变成平行于新坐标轴 x', y' 上的线段（刻度扩大到原来的 $\sqrt{2}$ 倍），同样，状态 A 中平行于新坐标轴的线段的条数为

$$L_3 + L_4 \leqslant \frac{a-\sqrt{a}}{2},$$

所以线段总条数为

$$a - d = L_1 + L_2 + L_3 + L_4 \leqslant \frac{a-\sqrt{a}}{2} + \frac{a-\sqrt{a}}{2} = a - \sqrt{a},$$

所以 $a \leqslant d^2$.

又设最初有 r 条选取的线段，这些线段上共有 $5r$ 个选取的点，它们应覆盖最初的 55 个格点，所以 $5r \geqslant 55$，从而 $r \geqslant 11$. 于是 $d = 55 - r \leqslant 55 - 11 = 44$，所以 $a \leqslant d^2 \leqslant 44^2 = 1\,936 < 2\,015$.

例 7（原创题） 求最大的正整数 p，使方程

$$\sum_{i=1}^{p} x_i^2 - \frac{(2\sum_{i=1}^{p} x_i)^2}{4p+1} = 1$$

有整数解.

分析与解 p 的最大值为 6.

首先，当 $p = 6$ 时，方程有整数解 $(1, 1, 1, 1, 1, 0)$. 下面证明 $p > 6$ 时方程无整数解.

设 $p > 6$，将方程两边同时乘以 $4p + 1$，得

$$4p + 1 = (4p+1)\sum_{i=1}^{p} x_i^2 - 4(\sum_{i=1}^{p} x_i)^2$$

$$= 4\left[p\sum_{i=1}^{p} x_i^2 - (\sum_{i=1}^{p} x_i)^2\right] + \sum_{i=1}^{p} x_i^2$$

$$= 4\sum_{1\leqslant i<j\leqslant p}(x_i-x_j)^2+\sum_{i=1}^{p}x_i^2. \quad ①$$

设 $x_1,x_2,\cdots,x_p$ 中有 m_1 个为 t_1，m_2 个为 t_2，$\cdots$，m_k 个为 t_k，其中 $k\in\mathbf{N}^+$，$k\leqslant p$，$m_1+m_2+\cdots+m_k=p$，$t_1,t_2,\cdots,t_k$ 互异，则由式①得

$$4p+1=4\sum_{1\leqslant i<j\leqslant k}m_im_j(t_i-t_j)^2+\sum_{i=1}^{k}m_it_i^2, \quad ②$$

所以

$$4p+1\geqslant 4\sum_{1\leqslant i<j\leqslant k}m_im_j(t_i-t_j)^2$$

$$\geqslant 4\sum_{1\leqslant i<j\leqslant k}m_im_j \quad (\text{因 } t_i \text{ 互异}), \quad ③$$

即

$$4p+1\geqslant 2\Big[\Big(\sum_{i=1}^{k}m_i\Big)^2-\sum_{i=1}^{k}m_i^2\Big]=2\Big(p^2-\sum_{i=1}^{k}m_i^2\Big),$$

从而

$$\sum_{i=1}^{k}m_i^2\geqslant p^2-2p-\frac{1}{2}.$$

易知，$\sum_{i=1}^{k}m_i^2$ 在 $(m_1,m_2,\cdots,m_k)=(1,1,\cdots,1,p-k+1)$ 时达到最大值（利用调整法即可），所以

$$\sum_{i=1}^{k}m_i^2\leqslant k-1+(p-k+1)^2.$$

于是

$$p^2-2p-\frac{1}{2}\leqslant \sum_{i=1}^{k}m_i^2\leqslant k-1+(p-k+1)^2,$$

$$f(k)=2k^2-(4p+2)k+(8p+1)\geqslant 0.$$

但二次函数 $f(k)$ 为凸函数，且

$$f(3)=-4p+13<0 \quad (\text{因为 } p>6),$$

$$f(p)=-2p^2+6p+1<0 \quad (\text{因为 } p>6),$$

所以 $f(k)<0$（对任何 $k\in[3,p]$）. 但 $f(k)\geqslant 0$，且 $k\leqslant p$，所以 $k<3$，

于是 $k=1$ 或 2.

当 $k=1$ 时,由式②得
$$4p+1 = m_1 t_1^2 = pt_1^2,$$
所以 $p \mid 4p+1$, $p \mid 1$,矛盾.

当 $k=2$ 时,由式③得
$$4p+1 \geqslant 4\sum_{1 \leqslant i < j \leqslant 2} m_i m_j = 4m_1 m_2,$$
其中 $m_1+m_2=p$. 所以
$$m_1 m_2 \leqslant p + \frac{1}{4} < 2(p-2) \quad (因为 p>6),$$
从而 $\{m_1, m_2\} = \{1, p-1\}$.

不妨设 $m_1=1, m_2=p-1$,则由式②得
$$\begin{aligned}
4p+1 &= 4\sum_{1 \leqslant i<j \leqslant 2} m_i m_j (t_i-t_j)^2 + \sum_{i=1}^{2} m_i t_i^2 \\
&= 4(p-1)(t_1-t_2)^2 + t_1^2 + (p-1)t_2^2 \\
&\geqslant 4(p-1) + t_1^2 + (p-1)t_2^2,
\end{aligned}$$
所以
$$t_1^2 + (p-1)t_2^2 \leqslant 5 < p-1 \quad (因为 p>6),$$
即 $t_2=0$,于是
$$4p+1 = 4(p-1)t_1^2 + t_1^2 = (4p-3)t_1^2,$$
从而
$$4p-3 \mid 4p+1, \quad 4p-3 \mid 4, \quad 4p-3 \leqslant 4,$$
与 $p>6$ 矛盾.

综上所述,p 的最大值为 6.

例8(2000年俄罗斯数学奥林匹克竞赛试题改编) 给定正整数 n,在 $2n \times 2n$ 棋盘中放有若干只白色棋子和若干只黑色棋子,其中每个方格至多放1只棋子. 首先,考察棋盘的每一行,如果该行中有白色棋子,则去掉该行中所有黑色棋子. 然后,考察棋盘的每一列,如果

该列中有黑色棋子,则去掉该列中所有白色棋子.

求最后剩下的棋子较少的那种颜色的棋子数目的最大值.

分析与解 先研究操作结束后棋盘中棋子分布的特征. 容易发现,每一行每一列的棋子都同色. 为叙述问题方便,我们称所有棋子都为黑色的行(列)为黑色行(列),反之(包括没有棋子)为白色行(列).

为了估算黑(白)色棋子的数目,只需估算黑(白)色行与黑色列的数目,因为黑(白)色棋子只能在黑色行与黑色列的交叉位置出现.

此外,注意到是求最值,从而可引入参数建立有关等式(目标函数),然后借助不等式放缩得到最值.

引入容量参数:设黑色行、黑色列、白色行、白色列的数目分别为 r_b, c_b, r_w, c_w,则

$$r_b + c_b + r_w + c_w = 4n. \qquad ④$$

以下估算黑色的交叉格个数. 我们有

$$S_黑 \leqslant r_b c_b \leqslant \left(\frac{r_b + c_b}{2}\right)^2 \quad (靠近条件式 ④).$$

为了使估算精确,应使右边尽可能小,可对式④进行平均值估算. 由于黑色、白色是对称的,据条件式④,不妨设 $r_b + c_b \leqslant 2n$,那么,黑色的棋子数为

$$S_黑 \leqslant r_b c_b \leqslant \left(\frac{r_b + c_b}{2}\right)^2 \leqslant \left(\frac{2n}{2}\right)^2 = n^2.$$

上式表明,棋子较少的那种颜色的棋子数目 $S_少 \leqslant n^2$.

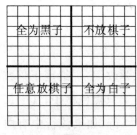

图 2.7

此外,将 $2n \times 2n$ 棋盘划分为 4 个象限,每个象限都是一个 $n \times n$ 棋盘(图 2.7).

假定第一象限的 $n \times n$ 棋盘不放棋子,第二象限的 $n \times n$ 棋盘全放黑色棋子,第三象限的 $n \times n$ 棋盘任意放黑色、白色棋子,第四象限的 $n \times n$ 棋盘全放白色棋子. 第一

次操作拿走第三象限的 $n\times n$ 棋盘中的黑色棋子,第二次操作拿走第三象限的 $n\times n$ 棋盘中的白色棋子,则恰好剩下 n^2 只黑色棋子和 n^2 只白色棋子. 此时 $S_{少}=n^2$.

综上所述,最后剩下的棋子较少的那种颜色的棋子数目的最大值为 n^2.

例 9(第 33 届 IMO 试题) 设 S 是空间有限点集,S 在 YOZ,ZOX,XOY 平面上的射影的集合为 S_x,S_y,S_z,求证:$|S|^2 \leqslant |S_x| \cdot |S_y| \cdot |S_z|$.

分析与证明 为计算 $|S|$,可一层层计算,其中每一层都是平行于 XOY 的平面. 设共有 n 层,即过 S 中的每一个点作平行于 XOY 的平面,共有 n 个平面:$\alpha_1,\alpha_2,\cdots,\alpha_n$(图 2.8).

引入容量参数:设平面 α_i 内有 S 中的 t_i 个点,那么 $|S|=\sum_{i=1}^{n} t_i$,不等式变为

$$\left(\sum_{i=1}^{n} t_i\right)^2 \leqslant |S_x| \cdot |S_y| \cdot |S_z|.$$

下面需要建立 t_i 与 $|S_x|,|S_y|,|S_z|$ 之间的关系. 注意到 $|S_x|$,$|S_y|,|S_z|$ 分别是 S 中的点在 3 个坐标平面上的投影点的个数,于是对每一个 $i(1\leqslant i\leqslant n)$,可考虑平面 α_i 上的 t_i 个点在 3 个坐标平面上的投影,以此建立 t_i 与 $|S_x|,|S_y|,|S_z|$ 之间的关系.

首先,显然有 $|t_i|\leqslant |S_z|$,这是因为可能有其他层上的点投影到 XOY 平面上.

此外,因为平面 α_i 在 ZOX,ZOY 上的射影都是直线,设平面 α_i 内 t_i 个点在这两条直线上的投影个数分别为 p_i,q_i,则

$$|S_y|=\sum_{i=1}^{n} p_i, \quad |S_z|=\sum_{i=1}^{n} q_i.$$

至此,我们只需建立 p_i,q_i 与 t_i 的关系. 如果将第 i 层平面看成是 XOY 平面,则 p_i,q_i 与 t_i 的关系就是平面上点的个数 t_i 与这些点在 x,

y 轴上的投影个数 p_i, q_i 之间的关系(图 2.9).

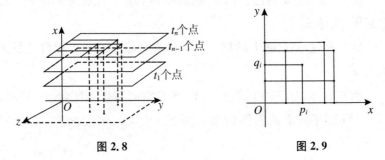

图 2.8　　　　　　　　图 2.9

过 x 轴上每一个投影点作 y 轴的平行线,过 y 轴上每一个投影点作 x 轴的平行线,得到一个"矩形网络",则平面上每一个已知点必定是该"矩形网络"的结点(横向线与纵向线的交点),注意结点并不一定是已知点.由于共有 $p_i q_i$ 个结点,所以 $p_i q_i \geq t_i (i=1,2,\cdots,n)$,于是(从右边复杂的入手)有

$$|S_x| \cdot |S_y| \cdot |S_z| = \sum_{i=1}^{n} p_i \sum_{i=1}^{n} q_i |S_z|$$

$$\geq \left(\sum_{i=1}^{n} \sqrt{p_i q_i}\right)^2 |S_z| \quad \text{(Cauchy 不等式)}$$

$$\geq \left(\sum_{i=1}^{n} \sqrt{t_i}\right)^2 |S_z| = \left(\sum_{i=1}^{n} \sqrt{|t_i| \cdot |S_z|}\right)^2$$

$$\geq \left(\sum_{i=1}^{n} \sqrt{|t_i| \cdot |t_i|}\right)^2 = \left(\sum_{i=1}^{n} |t_i|\right)^2 = |S|^2.$$

例 10（第 29 届 IMO 预选题）　设 $Z_{m,n}$ 是有序对 $(i,j)(i=1,2,\cdots,m; j=1,2,\cdots,n)$ 的集合,$a_{m,n}$ 是 $Z_{m,n}$ 中这种子集的个数(包括空集),对这种子集中的任何两个有序对 $(i_1,j_1) \neq (i_2,j_2)$,都有 $|i_1-i_2|+|j_1-j_2| \neq 1$,求证:$a_{m,2k}^2 \leq a_{m,2k-1} \cdot a_{m,2k+1}$.

分析与证明　先理解定义.题中的 $Z_{m,n}$ 实质上是一个 $m \times n$ 点阵,而 $|i_1-i_2|+|j_1-j_2| \neq 1$ 等价于两点 $(i_1,j_1), (i_2,j_2)$ 不相邻,从

而题设子集中任何两个点不相邻.此外,注意题中 $a_{m,n}$ 的第一下标 m 一直不变,而第二下标 n 有 $2k, 2k-1, 2k+1$ 等几种变化,于是可将 $a_{m,n}$ 简记为 a_n.这样,目标变为

$$a_{2k}^2 \leqslant a_{2k-1} \cdot a_{2k+1},$$

其中 a_t 是 $m \times t$ 点阵中无相邻点的子集(简称好集)的个数.

我们来计算 a_{t+1},先固定 a_{t+1} 中的第一列,此列中有若干个好子集.

对此列中的任何一个好子集 A,要将 A 扩充为 a_{t+1} 的好子集,只需在其余 t 列中找到一个好子集,使之与 A 没有相邻的点.

引入容量参数:设好集 A 有 $f_t(A)$ 种方式扩充为 a_{t+1} 的好子集,那么 a_{t+1} 的所有好集个数为

$$a_{t+1} = \sum_A f_t(A), \qquad ⑤$$

其中求和 $\sum_A$ 取遍固定那列中的所有好集 A.

因为目标中含有 $a_{2k}^2, a_{2k-1}, a_{2k+1}$,我们利用式⑤来建立 a_{2k}^2, a_{2k-1}, a_{2k+1} 之间的关系.

对 a_{2k+1},取定第 $k+1$ 列,对此列中任何一个好集 A,前 k 列构成的 $m \times k$ 点阵及后 k 列构成的 $m \times k$ 点阵各有 $f_k(A)$ 个合乎条件的好集可以扩充(图 2.10),于是

$$a_{2k+1} = \sum_A [f_k(A)]^2.$$

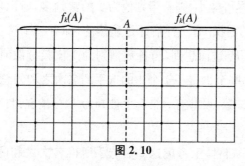

图 2.10

类似地,对 a_{2k-1}, a_{2k},都取定第 k 列,有

$$a_{2k-1} = \sum_A [f_{k-1}(A)]^2, \quad a_{2k} = \sum_A f_{k-1}(A)f_k(A),$$

由 Cauchy 不等式,有

$$a_{2k}^2 = \left[\sum_A f_{k-1}(A)f_k(A)\right]^2$$

$$\leqslant \sum_A [f_{k-1}(A)]^2 \sum_A [f_k(A)]^2 = a_{2k+1}a_{2k-1}.$$

命题获证.

2.3 穷举容量参数

所谓穷举容量参数,就是解题过程中需要根据容量参数的不同取值对问题进行分类处理.有些问题,我们并不能确定相关集合的具体容量,但其处理过程中又必须要知道其容量,这时候,我们可穷举容量参数的所有可能值,使问题获解.

例1(全苏第 2 届数学奥林匹克竞赛试题) 已知 20 名体操运动员表演后,9 名裁判分别给他们判定 1 到 20 的名次.已知,每一名选手得到的 9 个名次中,最大名次与最小名次至多相差 3.现将各人得到的名次的和排列为 $c_1 \leqslant c_2 \leqslant \cdots \leqslant c_{20}$,求 c_1 的最大值.

分析与解 首先注意解题目标为 $c_1 \leqslant P$,等价于存在一个 i,使得 $c_i \leqslant P$,因为由任何一个选手的名次估计都可得到 c_1 的名次估计.

要使名次尽可能小,则希望判他为 1 的裁判多,所以可估计被判 1 最多的选手的名次.有一种估计是显然的,即有一个选手得了 9 个 1,此时 $c_1 = 9 \leqslant P$.进而想到,当各裁判判的 1 比较分散时,应利用整体估计,考察那些至少得了 1 个 1 的选手的名次之和的总和.

引入容量参数:设共有 r 个选手被判为 1,分情况讨论如下:

(1) $r = 1$,则 $c_1 = 9$.

(2) $r = 2$,从整体上考虑这 2 名选手所得名次之和的总和 S.他

们共得到 9 个 1,而他们所得的另外 9 个名次中的每个名次至多为 4(因为最大名次与最小名次至多相差 3),而且最多有 9 个都是 4,所以

$$S \leqslant 9 + 9 \times 4 = 45, \quad c_1 \leqslant \frac{45}{2} \leqslant 23.$$

或者,因有 9 个 1,所以至少有一个选手 A 得到 5 个 1. 由于同一个选手所得到的各个名次相差不超过 3,从而 A 的另 4 个名次中的任何一个都不超过 4. 于是 A 的名次之和不多于 $5 + 4 \times 4 = 21$,所以 $c_1 \leqslant 21$.

(3) $r = 3$,从整体上考虑这 3 名选手所得名次之和的总和 S. 他们共得到 9 个 1,而他们所得的另外 18 个名次中的每个名次至多为 4(因为最大名次与最小名次至多相差 3),而且最多有 9 个 4,9 个 3,所以

$$S \leqslant 9 + 9 \times 4 + 9 \times 3 = 72, \quad c_1 \leqslant \frac{72}{3} = 24.$$

(4) $r = 4$,同样估计此 4 名选手所得名次之和的总和 S,有 $S \leqslant 90$,所以

$$c_1 \leqslant \left[\frac{90}{4}\right] = 22.$$

(5) $r \geqslant 5$,此 r 名选手共得到 $9r \geqslant 9 \times 5 = 45$ 个名次,且每个名次均不多于 4. 但 9 名裁判判定的 1 到 4 的名次至多有 $9 \times 4 = 36$ 个,矛盾.

综上所述,不论哪种情况,都有 $c_1 \leqslant 24$.

最后,$c_1 = 24$ 是可能的. 实际上,通过上述估计,使 c_1 达到 24 的情形有 $r = 3$,且这 3 名选手的名次中恰有 9 个 4,9 个 3,各选手的名次和都是 24,所以每名选手的名次都是 3 个 1,3 个 4,3 个 3. 将其中每 3 个为一组进行轮换,得到这 3 个选手的名次构造.

现在,要使其他选手的名次之和大于 24,先考虑得 2 的选手(其他选手显然合乎要求),他的名次不能都是 2,否则名次之和为 2×9

$=18<24$,矛盾.但他的其他名次至多是 5,而 1,3,4 都已用完,于是他的名次只能是 2 和 5,至少要有 4 个 5 才能使名次之和大于 24. 由此可得各裁判对各选手所判名次如表 2.1 所示.

表 2.1

名次\裁判 选手	1	2	3	4	5	6	7	8	9	…	20
1	1	3	4	2	5	6	7	8	9	…	20
2	1	3	4	2	5	6	7	8	9	…	20
3	1	3	4	2	5	6	7	8	9	…	20
4	3	4	1	2	5	6	7	8	9	…	20
5	3	4	1	2	5	6	7	8	9	…	20
6	3	4	1	5	2	6	7	8	9	…	20
7	4	1	3	5	2	6	7	8	9	…	20
8	4	1	3	5	2	6	7	8	9	…	20
9	4	1	3	5	2	6	7	8	9	…	20
名次和	24	24	24	30	33	54	63	72	81	…	180

此时
$$c_1 = c_2 = c_3 = (1+1+1) + (3+3+3) + (4+4+4) = 24,$$
$$c_4 = (2+2+2+2+2) + (5+5+5+5) = 30,$$
$$c_5 = (2+2+2+2) + (5+5+5+5+5) = 33,$$
而
$$c_i = i+i+i+i+i+i+i+i+i = 9i$$
$$\geqslant 9 \times 6 = 54 \quad (i=6,7,8,\cdots,20),$$
故 c_1 的最大值为 24.

例 2 将正整数 N 接在任何一个正整数的右边,得到的数都能被 N 整除(比如,2 接在 35 的右边得到的数为 352,它被 2 整除),那么 N 称为魔术数,求出所有的魔术数.

2 容量参数

分析与解 设 p 是魔术数,为了确定将 p 接在一个正整数 q 的右边,得到的数是怎样的数,需要引入容量参数:设 p 是一个 m 位数.任取一个正整数 q,构造新数 $\overline{qp}=q \cdot 10^m + p$. 由 $p \mid q \cdot 10^m + p$ 得

$$p \mid q \cdot 10^m \quad (q \in \mathbf{N}).$$

特别地,取 $q=1$,得 $p \mid 10^m$.

反之,若 $p \mid 10^m$,则对任何 $q \in \mathbf{N}, p \mid q \cdot 10^m$. 于是 p 是 m 位魔术数,当且仅当 $p \mid 2^m \cdot 5^m$. 所以 $p = 2^s \cdot 5^t (0 \leqslant s, t \leqslant m,$ 且 p 是 m 位数). 现在需要确定 s, t,使得 p 为 m 位数.

解法 1 穷举 s, t 的可能值.

(1) 当 $m=1$ 时,$p \mid 10$,且 p 为 1 位数,所以 p 有如下 3 个值:

$$2^0 \cdot 5^0 = 1, \quad 2^0 \cdot 5^1 = 5, \quad 2^1 \cdot 5^0 = 2.$$

(2) 当 $m=2$ 时,$p \mid 10^2$,即 $p \mid 2^2 \cdot 5^2$,且 p 为 2 位数,所以 p 有如下 4 个值:

$$2^0 \cdot 5^2 = 25, \quad 2^1 \cdot 5^1 = 1 \cdot 10^1,$$
$$2^2 \cdot 5^1 = 2 \cdot 10^1, \quad 2^1 \cdot 5^2 = 5 \cdot 10^1.$$

(3) 当 $m \geqslant 3$ 时,p 有如下 5 个值:

$$p = 2^{m-3} \cdot 5^m, \quad 2^{m-2} \cdot 5^m,$$
$$2^{m-1} \cdot 5^m, \quad 2^{m-1} \cdot 5^{m-1}, \quad 2^m \cdot 5^{m-1}.$$

实际上,若 $t=m$,则 $p=2^s \cdot 5^m$.

当 $s=m$ 时,$2^m \cdot 5^m = 10^m$ 是 $m+1$ 位数,不合乎条件.

当 $s=m-1$ 时,$p=2^{m-1} \cdot 5^m = 5 \cdot 10^{m-1}$ 是 m 位数,合乎条件.

当 $s=m-2$ 时,$p=2^{m-2} \cdot 5^m = 25 \cdot 10^{m-2}$ 是 m 位数,合乎条件.

当 $s=m-3$ 时,$p=2^{m-3} \cdot 5^m = 125 \cdot 10^{m-3}$ 是 m 位数,合乎条件.

而 $s \leqslant m-4$ 时,$p \leqslant 2^{m-4} \cdot 5^m = 625 \cdot 10^{m-4}$ 是 $m-1$ 位数,不

合乎条件.

所以 $s=m-1, m-2, m-3$. 故
$$(s,t)=(m-1,m),(m-2,m) \text{ 或 }(m-3,m).$$

若 $t=m-1$,则 $p=2^s \cdot 5^{m-1}$.

当 $s=m$ 时,$p=2^m \cdot 5^{m-1}=2 \cdot 10^{m-1}$ 是 m 位数,合乎条件.

当 $s=m-1$ 时,$p=2^{m-1} \cdot 5^{m-1}=1 \cdot 10^{m-1}$ 是 m 位数,合乎条件.

当 $s \leqslant m-2$ 时,$p \leqslant 2^{m-2} \cdot 5^{m-1}=5 \cdot 10^{m-2}$ 是 $m-1$ 位数,不合乎条件.

所以 $s=m, m-1$. 故
$$(s,t)=(m,m-1) \text{ 或 }(m-1,m-1).$$

若 $t \leqslant m-2$,则 $p=2^s \cdot 5^t \leqslant 2^m 5^{m-2}=4 \cdot 10^{m-2}$($m-1$ 位数),不合乎条件.

以上各种情况可概括如下(凑 10 的幂):

由 $p=2^{m-3} \cdot 5^m=125 \cdot 10^{m-3}$ ($m \geqslant 3$) 知,p 可取 $125 \cdot 10^k$,其中 $k \in \mathbf{N}$.

由 $p=2^{m-2} \cdot 5^m=25 \cdot 10^{m-2}$ ($m \geqslant 3$) 及 (2) 中 $p=25$ 知,p 可取 $25 \cdot 10^k$,其中 $k \in \mathbf{N}$.

由 $p=2^{m-1} \cdot 5^m=5 \cdot 10^{m-1}$ ($m \geqslant 3$) 及 (1)(2) 中 $p=5$ 与 $p=5 \cdot 10^1$ 知,p 可取 $5 \cdot 10^k$,其中 $k \in \mathbf{N}$.

由 $p=2^{m-1} \cdot 5^{m-1}=1 \cdot 10^{m-1}$ ($m \geqslant 3$) 及 (1)(2) 中 $p=1$ 与 $p=1 \cdot 10^1$ 知,p 可取 $1 \cdot 10^k$,其中 $k \in \mathbf{N}$.

由 $p=2^m \cdot 5^{m-1}=2 \cdot 10^{m-1}$ ($m \geqslant 3$) 及 (1)(2) 中 $p=2$ 与 $p=2 \cdot 10^1$ 知,p 可取 $2 \cdot 10^k$,其中 $k \in \mathbf{N}$.

综上所述,所求的 p 为 $a \cdot 10^k$,其中 $a=1,2,5,25,125, k \in \mathbf{N}$.

解法 2 先分离常量 10^a.

当 $s>t$ 时,

2 容量参数

$$2^s \cdot 5^t = 2^{s-t} \cdot 2^t \cdot 5^t = 2^{s-t} \cdot 10^t = 2^r \cdot 10^t.$$

当 $s \leqslant t$ 时,

$$2^s \cdot 5^t = 2^s \cdot 5^s \cdot 5^{t-s} = 5^{t-s} \cdot 10^s = 5^r \cdot 10^s.$$

当 $p = 2^r \cdot 10^t$ 时,设 2^r 的位数为 $k(k \leqslant m)$,而 p 是 m 位数,所以 $t = m - k$. 注意到 $r + t \leqslant m$,即 $r + (m - k) \leqslant m$,解得 $r \leqslant k$,即 2^r 的位数不小于 r.

经试验,这样的 r 只能为 0 和 1. 这是因为 $r = 2$ 时,$2^r = 2^2 = 4$ 的位数不足 2 位.

当 $r = 0$ 时,2^0 是 1 位数,即 $k = 1, t = m - 1$. 此时 $p = 10^{m-1}$.

当 $r = 1$ 时,2^1 是 1 位数,即 $k = 1, t = m - 1$. 此时 $p = 2 \cdot 10^{m-1}$.

当 $p = 5^r \cdot 10^s$ 时,设 5^r 的位数为 $k(k \leqslant m)$,而 p 是 m 位数,所以 $s = m - k$. 注意到 $r + s \leqslant m$,即 $r + (m - k) \leqslant m$,解得 $r \leqslant k$,即 5^r 的位数不小于 r.

经试验,这样的 r 只能为 $0, 1, 2, 3$. 这是因为 $r = 4$ 时,$5^r = 5^4 = 625$ 的位数不足 4 位.

当 $r = 0$ 时,5^0 是 1 位数,即 $k = 1, t = m - 1$. 此时 $p = 10^{m-1}$.

当 $r = 1$ 时,5^1 是 1 位数,即 $k = 1, t = m - 1$. 此时 $p = 5 \cdot 10^{m-1}$.

当 $r = 2$ 时,5^2 是 2 位数,即 $k = 2, t = m - 2$. 此时 $p = 5^2 \cdot 10^{m-2}$.

当 $r = 3$ 时,5^3 是 3 位数,即 $k = 3, t = m - 3$. 此时 $p = 5^3 \cdot 10^{m-3}$.

综上所述,所求的 p 为 $a \cdot 10^k$ ($a = 1, 2, 5, 25, 125; k \geqslant 0$ 且 $k \in \mathbf{Z}$).

注 并非所有整除 10^m 的数都是魔术数. 比如,$625 \times 16 = 10^4$,但 625 是 3 位数,而 625 不整除 10^3,所以 625 不是魔术数.

例 3 对任何凸 n 边形,都存在一条对角线,此对角线所在的直线与多边形的每一条边所在的直线都相交,求 n 的所有可能取值.

分析与解 首先,当 n 为奇数时,正 n 边形不合乎条件,从而 n 为偶数.

其次,当 n 为偶数时,我们证明:对任何凸 n 边形($n \geqslant 4$),都存在一条对角线,此对角线所在的直线与多边形的每一条边所在的直线都相交.

实际上,设 $n = 2k(k \geqslant 2)$,则每个点都引出 $2k-3$ 条对角线,从而 $2k$ 个顶点共引出 $2k(2k-3)$ 条对角线,但每条对角线被计算 2 次,于是凸 $n = 2k$ 边形中共有 $k(2k-3)$ 条对角线.

考察凸 $2k$ 边形的任意一条边 AB,显然,所有与 AB 平行的对角线都互相平行.

引入容量参数:设有 t 条对角线同时与 AB 平行,而每条对角线对应多边形的 2 个顶点,t 条对角线对应 $2t$ 个顶点,这 $2t$ 个顶点互不相同,所以 $2t \leqslant 2k-2$,即 $t \leqslant k-1$.

若 $t = k-1$,则除 A,B 外的每个顶点都引出一条与 AB 平行的对角线,取其中的一条对角线 l_1,考察 l_1 不含 A,B 那一侧的顶点,设有 p_1 个. 如果 $p_1 \geqslant 3$,则这 p_1 个顶点的每一个都引出一条与 AB 平行的对角线,取其中的一条对角线 l_2,考察 l_2 不含 A,B 那一侧的顶点,设有 p_2 个,……如此下去,必存在一条对角线 l_r,其不含 A,B 那一侧的顶点个数 $p_r \leqslant 2$. 因为 l_r 是对角线(不是边),所以 $p_r \geqslant 1$,显然,这 p_r 个顶点都不引出与 AB 平行的对角线,矛盾.

所以 $t \leqslant k-2$,即每条边至多与 $k-2$ 条对角线平行,$2k$ 条边至多与 $2k(k-2)$ 条对角线平行,从而至少有 $k(2k-3) - 2k(k-2) = k$ 条对角线不与任何边平行,这样的对角线所在的直线与多边形的每一条边所在的直线都相交.

综上所述,所求 n 为所有大于 2 的偶数.

习 题 2

1.(第 2 届美国数学邀请赛试题)一次考试中有 30 个选择题,答对 1 题得 5 分,答错得 0 分,不答的题每题得 1 分. 甲的考试得分多于 80,他把分数告诉了乙,则乙能推算出甲答对了几道题,如果甲的得分少些,但仍大于 80,则乙就无法推算了,问此次考试甲得了多少分?

2. (第 22 届俄罗斯数学奥林匹克竞赛试题)桌子上放着两堆重量和相等的硬币,第一堆硬币的个数是 n,第二堆硬币的个数是 m,记 $S=\min(m,n)$.

对任意的不大于 S 的自然数 k,按硬币重量自大至小的顺序,第一堆前 k 个较重的硬币的重量和都不大于第二堆中前 k 个较重的硬币的重量和.

求证:对任意的正数 x,如果把两堆中每一个重量不小于 x 的硬币的重量都按 x 计算,那么算出来的第一堆硬币的重量和都不小于第二堆中的硬币的重量和.

3. 将 1986 个球分给甲、乙、丙 3 人,每次按固定的球数 m,n,p 分成 3 份 ($1<m<n<p$),3 人各取其中 1 份,共分 k 次恰好分完($k>3$).已知甲得 332 个,乙得 337 个.若第一次甲、乙、丙依次取 m,n,p 个,最后一次乙取 p 个,求 m,n,p.

4. 设 $x_1,x_2,\cdots,x_5$ 是自然数,且 $x_1+x_2+\cdots+x_5=x_1x_2\cdots x_5$,求 x_5 的最大值.

5. 设 $a_i,b_i\in\mathbf{R}(1\leqslant i\leqslant n),b_1\geqslant b_2\geqslant\cdots\geqslant b_n\geqslant 0,S_j=a_1+a_2+\cdots+a_j,M=\max(S_j),m=\min(S_j)$,求证:$mb_1\leqslant\sum_{i=1}^{n}a_ib_i\leqslant Mb_1$.

6. 设 G 是 $n(n>2)$ 阶简单图,若对所有不相邻的两个顶点 u,v,都有 $d(u)+d(v)\geqslant n$,试证:G 中有哈氏圈.

7. 将正三角形 ABC 各边分成 n 等份,过各分点作它两边的平行线,将其分成 n^2 个小正三角形.将这些小正三角形的顶点染红,蓝,黄三色之一,并且 AB 上的点不染红色,BC 上的点不染蓝色,CA 上的点不染黄色.求证:存在一个小正三角形,它的三个顶点两两异色.

8. (第 52 届莫斯科数学奥林匹克竞赛试题)在 n 个人中,其中至少有两个人互为朋友,求证:可以将这 n 个人分为两组,使得同一组中的朋友总对数小于异组之间的朋友总对数.

9. 给定球面上的一个地图,此地图上的国家由 n 个大圆确定(即它们所围成的区域),其中任何 3 个大圆不共点,求证:若大圆的个数 n 是 4 的倍数,

那么人们不能走遍所有国家,使每个国家恰通过 1 次.(这里,人们的行走路线不能沿边界走,也不能通过边界的交叉点跨越边界,即从一个国家到另一个国家,只能从公共边界处跨越.)

10. (1988 年 IMO 试题)空间给定一个点 O 及总长度为 1 988 的有限条线段组成的集合 M,求证:存在一个不与集合 M 相交的平面,它到 O 的距离不大于 574.

11. (第 21 届全俄数学奥林匹克竞赛试题)能否将正方形分割为若干个全等的含有锐角为 $30°$ 的直角三角形?

12. (1978 年罗马尼亚数学竞赛试题)集合 X 被划分成 n 个两两不交的子集 $A_1, A_2, \cdots, A_n$,又划分成两两不交的子集 $B_1, B_2, \cdots, B_n$,对任何两个 A_i,B_j,若 $A_i \cap B_j = \varnothing$,则 $|A_i \cup B_j| \geq n$,求 $|X|$ 的最小值.

13. 求具有如下性质的最小自然数 n:把正 n 边形 S 的任何 5 个顶点染红色时,总有 S 的一条对称轴 L,使每一红点关于 L 的对称点都不是红点,即任何两个红点关于 L 不对称,且红点不在 L 上.

14. (第 28 届美国数学奥林匹克竞赛试题)对给定的正整数 $n(n>3)$,存在实数 $a_1, a_2, \cdots, a_n$,满足 $a_1 + a_2 + \cdots + a_n \geq n$,且 $a_1^2 + a_2^2 + \cdots + a_n^2 \geq n^2$,求 $\max(a_1, a_2, \cdots, a_n)$ 的最小值.

15. 对 $1, 2, \cdots, 10$ 的一个排列 $p = (x_1, x_2, \cdots, x_{10})$,定义 $S(p) = \sum_{k=1}^{10} |2x_k - 3x_{k+1}|$,约定其中 $x_{11} = x_1$,试求:

(1) $S(p)$ 的最大值与最小值.

(2) 使 $S(p)$ 达到最大值的所有排列 p 的个数.

(3) 使 $S(p)$ 达到最小值的所有排列 p 的个数.

16. (2010 年中国数学奥林匹克竞赛试题)我们对放置于点 $A_1, A_2, \cdots, A_n(n \geq 3)$ 及点 O 处的卡片进行操作.所谓 1 次操作是指:

(1) 若某个点 A_i 处的卡片数目不少于 3,则可从中取出 3 张,在点 A_{i-1},A_{i+1} 及 O 处各放 1 张(这里 $A_0 = A_n$,$A_{n+1} = A_1$).

(2) 若点 O 处的卡片数目不少于 n,则可从中取出 n 张,在点 A_1,$A_2, \cdots, A_n$ 处各放 1 张.

求证:只要放置于这 $n+1$ 个点处的卡片总数不少于 n^2+3n+1,则总能通过若干次操作,使每个点处的卡片数目均不少于 $n+1$.

17. (2005 年中国国家集训队测试题)在区间 $(0,1)$ 中任取 $n(n \geqslant 2)$ 个互不相同的分数,求证:这些分数的分母之和不小于 $\frac{1}{3}n^{\frac{3}{2}}$.

18. (2009 年福建省高中数学竞赛试题)设 $x_i \in \{\sqrt{2}-1, \sqrt{2}+1\}$ ($i=1$, $2, \cdots, 2\,010\}$. 令 $S = x_1 x_2 + x_2 x_3 + \cdots + x_{2\,009} x_{2\,010}$.

(1) S 能否等于 $2\,010$? 证明你的结论.

(2) S 能取到多少个不同的整数值?

19. (第 25 届加拿大数学奥林匹克竞赛试题)若干个学校参加网球比赛,同一学校之间的选手不比赛,每 2 个学校的每 2 个选手都要比赛一场. 在 2 个男孩或 2 个女孩之间进行的比赛称为单打;1 个男孩和 1 个女孩之间的比赛称为混合单打. 男孩的人数与女孩的人数至多相差 1,单打的场数和混合单打的场数也至多相差 1. 问:有奇数个选手的学校至多有几个?

20. 有 30 人围圆桌而坐,他们中间的每 1 个人或为可靠者,或为不可靠者. 已知后者的总数不超过 F,在一次会面中都被提问:"你的右邻是可靠者还是不可靠者?"可靠者如实回答,不可靠者的回答则或真或假. 试问:能根据 30 个人的回答,从这些人中确定一个可靠者的最大 F 数是多少?

21. 在 2005 张卡片的背面分别写有 2 005 个不同的实数,每一次提问可以得到任意 3 张卡片上 3 个数的集合,试问:最少可以通过多少次提问,就一定能了解清楚每张卡片背后的数字?

22. 在 $m \times n$ 的方格中,每一格染红白两色之一,已知对任意的 i,j,在第 i 行与第 j 列的 $m+n-1$ 个方格中,与方格 (i,j)(第 i 行及第 j 列交叉的方格)同色的方格数目,小于另一种颜色的方格数,求证:mn 是 4 的倍数.

23. (第 16 届全俄数学奥林匹克竞赛试题)有 r 个人参加象棋比赛,每 2 人都比 1 局,每局胜者得 2 分,负者得 0 分,平局每人得 1 分. 比赛结束后,恰有 1 人胜的局数最少,且只有他的得分最高,求 r 的最小值.

习题 2 解答

1. 引入容量参数：设 x, y, z 是甲答对、不答、答错的题数，则甲的得分为
$$S = 5x + y + 0 \cdot z = 5x + y.$$
显然有
$$x + y + z = 30, \quad x, y, z \geqslant 0,$$
于是
$$x + y = 30 - z \leqslant 30.$$
又因为存在比 S 小的大于 80 的数，所以
$$5x + y = S \geqslant 82,$$
所以
$$5x \geqslant S - y \geqslant 82 - (30 - x) = 52 + x,$$
从而 $x \geqslant 13$. 现在要求出最小的 $S > 80$，使方程 $S = 5x + y$ 满足 $x + y \leqslant 30$，$x \geqslant 13, y \geqslant 0$ 的解是唯一的.

假定由 S 可推断甲答对、不答的题数分别为 x, y，记为 (x, y)，则由 S 也可推断 $(x-1, y+5)$，还可推断 $(x+1, y-5)$，因为它们都是方程 $S = 5x' + y'$ 满足 $x' + y' \leqslant 30, x' \geqslant 13, y' \geqslant 0$ 的解. 于是要使 S 唯一，必须使 $(x-1, y+5), (x+1, y-5)$ 都不存在. 因为 $(x-1, y+5)$ 不存在，所以 $x-1 < 13$ 或 $(x-1)+(y+5) > 30$. 但 $x \geqslant 13$，所以只能是 $x = 13$ 或 $(x-1)+(y+5) > 30$. 若 $x = 13$，则 $y \leqslant 17$，于是
$$S = 5x + y = 65 + y \leqslant 65 + 17 = 82,$$
不等式等号成立，得 $x = 13, y = 17$，但此时 $(x+1, y-5) = (14, 12)$ 也合乎要求，无法推断甲答对了几题，矛盾. 所以只能是
$$(x-1) + (y+5) > 30,$$
即
$$x + y \geqslant 27. \qquad ①$$
因为 $(x+1, y-5)$ 不存在，所以 $y - 5 < 0$ 或 $(x+1) + (y-5) > 30$. 但 $x + y \leqslant 30$，有 $(x+1) + (y-5) < 30$，所以只能是 $y - 5 < 0$，于是
$$y \leqslant 4. \qquad ②$$
所以由式①②，得

$$S = 5x + y = 5(x+y) - 4y \geq 5 \times 27 - 4y \geq 5 \times 27 - 16 = 119.$$

反之,当 $S=119$ 时,同时满足

$$119 = 5x + y, \quad x \geq 13, \quad y \geq 0, \quad x + y \leq 30$$

的 (x,y) 是唯一的,只能是 $x=23, y=4$. 故 $S=119$.

2. 记第一堆硬币的重量依次为 $x_1 \geq x_2 \geq \cdots \geq x_n$,第二堆硬币的重量依次为 $y_1 \geq y_2 \geq \cdots \geq y_m$,引入容量参数 s, t,设

$$x_1 \geq x_2 \geq \cdots \geq x_s \geq x \geq x_{s+1} \geq \cdots \geq x_n,$$
$$y_1 \geq y_2 \geq \cdots \geq y_t \geq x \geq y_{t+1} \geq \cdots \geq y_m.$$

如果没有不轻于 x 的硬币,则两堆重量相等,结论显然成立. 这样,我们只需证明:

$$xs + x_{s+1} + \cdots + x_n \geq xt + y_{t+1} + \cdots + y_m.$$

设

$$x_1 + x_2 + \cdots + x_n = y_1 + y_2 + \cdots + y_m = A,$$

则只需证明:

$$xs + [A - (x_1 + \cdots + x_s)] \geq xt + [A - (y_1 + \cdots + y_t)],$$

即

$$x_1 + \cdots + x_s + x(t-s) \leq y_1 + \cdots + y_t.$$

若 $t \geq s$,则

$$x_1 + \cdots + x_s + x(t-s)$$
$$= x_1 + \cdots + x_s + (x + x + \cdots + x)$$
$$\leq (y_1 + \cdots + y_s) + (y_{s+1} + \cdots + y_t),$$

结论成立.

若 $t < s$,则

$$x_1 + \cdots + x_s \leq y_1 + \cdots + y_s$$
$$= (y_1 + \cdots + y_t) + (y_{t+1} + \cdots + y_s)$$
$$\leq y_1 + \cdots + y_t + (x + x + \cdots + x),$$

结论成立.

3. 依题意得

$$k(m+n+p) = 1986 = 1 \times 1986$$
$$= 2 \times 993 = 3 \times 662 = 6 \times 331.$$

注意到 $k > 3, m+n+p \geq 2+3+4 = 9$,所以
$$k = 6, \quad m+n+p = 331. \qquad ③$$

再考察甲、乙、丙每次取的棋子数(引入参数):设甲 6 次取的棋子数分别是 $m, x_2, x_3, \cdots, x_6$;乙 6 次取的棋子数分别是 n, y_2, y_3, y_4, y_5, p;丙 6 次取的棋子数分别是 $p, z_2, z_3, \cdots, z_6$. 则

$$m + x_2 + x_3 + \cdots + x_6 = 332, \qquad ④$$
$$n + y_2 + y_3 + y_4 + y_5 + p = 337, \qquad ⑤$$
$$p + z_2 + z_3 + \cdots + z_6 = 1317. \qquad ⑥$$

注意到 $x_i, y_i, z_i \geq m$,由式⑤有
$$337 = n + y_2 + y_3 + y_4 + y_5 + p$$
$$\geq n + m + m + m + m + p = 331 + 3m,$$

所以 $m \leq 2$. 又 $m \geq 2$,所以 $m = 2, n+p = 329$,且不等式等号成立,得
$$y_2 = y_3 = y_4 = y_5 = 2.$$

再考察式④,因为式⑤中占有 4 个"2",从而式④和⑥中至多 2 个.

又 $\{x_6, z_6\} = \{2, n\}$,其中恰有一个 2,且 $x_1 = 2$,于是 $x_2, x_3, \cdots, x_5$ 中没有 2,即 $x_2, x_3, \cdots, x_5 = n, p$. 若 $x_2, x_3, \cdots, x_5$ 中有 1 个为 p,则甲取的棋子数 $\geq 2 + p + 4 \times n > 4 \times 2 + n + p = $ 乙取的棋子数,矛盾. 所以 $x_2 = x_3 = \cdots = x_5 = n$. 从而

$$甲 = (2, n, n, n, n, 2),$$
$$乙 = (n, 2, 2, 2, 2, p),$$
$$丙 = (p, p, p, p, p, n)$$

或

$$甲 = (2, n, n, n, n, n),$$
$$乙 = (n, 2, 2, 2, 2, p),$$
$$丙 = (p, p, p, p, p, 2).$$

于是
$$4 + 4n = 332, \quad n + p = 329,$$

或
$$2+5n=332, \quad n+p=329.$$
解得
$$(m,n,p)=(2,82,247),(2,66,263).$$

4. 不妨设 $x_1 \leqslant x_2 \leqslant \cdots \leqslant x_5$. 如果 $x_1=0$, 则
$$x_1+x_2+\cdots+x_5=x_1x_2\cdots x_5=0,$$
此时 $x_1=x_2=\cdots=x_5=0$(非最大). 设 $x_1>0$, 那么
$$5x_1 \leqslant x_1+x_2+\cdots+x_5 \leqslant 5x_5,$$
所以
$$5x_1 \leqslant x_1x_2\cdots x_5 \leqslant 5x_5,$$
即
$$x_1x_2x_3x_4 \leqslant 5 \leqslant x_2x_3x_4x_5.$$

引入容量参数:设 x_1,x_2,x_3,x_4 中有 k 个为 1,因为 $x_1x_2x_3x_4 \leqslant 5$,所以 $k \geqslant 2$.

(1) 若 $k=2$,则 $x_1=x_2=1, x_3>1$. 此时由 $x_3x_4 \leqslant 5$ 可知 $x_3 \leqslant 2$,所以 $x_3=x_4=2$,代入原方程得 $x_5=2$.

(2) 若 $k \geqslant 3$,则 $x_1=x_2=x_3=1$. 此时 $x_4 \leqslant 5$,代入原方程得
$$3+x_4+x_5=x_4x_5,$$
即
$$(x_4-1)(x_5-1)=4,$$
所以
$$x_5-1 \leqslant 4, \quad x_5 \leqslant 5.$$

综上所述,不论哪种情况,都有 $x_5 \leqslant 5$. 又
$$(x_1,x_2,\cdots,x_5)=(1,1,1,2,5)$$
时,$x_5=5$. 所以 x_5 的最大值为 5.

注 本题可求出所有解.

当 $k=2$ 时,解答中实际上已求得
$$(x_1,x_2,\cdots,x_5)=(1,1,2,2,2).$$

当 $k \geqslant 3$ 时,我们有

$$(x_4-1)(x_5-1)=4.$$

若 $x_4=x_5$,则
$$x_4-1=x_5-1=2, \quad x_4=x_5=3,$$
$$(x_1,x_2,\cdots,x_5)=(1,1,1,3,3).$$

若 $x_4<x_5$,则
$$x_4-1=1, \quad x_5-1=4, \quad x_4=2, \quad x_5=5,$$
$$(x_1,x_2,\cdots,x_5)=(1,1,1,2,5).$$

5. 引入容量参数:假定 $a_1,a_2,\cdots,a_n$ 中有 k 个非负,设为
$$a_{i_1},a_{i_2},\cdots,a_{i_k}\geqslant 0, \quad a_{i_{k+1}},a_{i_{k+2}},\cdots,a_{i_n}<0,$$
则
$$M=a_{i_1}+a_{i_2}+\cdots+a_{i_k}, m=a_{i_{k+1}}+a_{i_{k+2}}+\cdots+a_{i_n}.$$
于是
$$\sum_{i=1}^n a_i b_i=\sum_{t=1}^n a_{i_t}b_{i_t}\geqslant \sum_{t=k+1}^n a_{i_t}b_{i_t}.$$
因为 $i\geqslant k+1$ 时,$a_{i_t}<0$,而 $b_{i_t}\leqslant b_1$,所以
$$a_{i_t}b_{i_t}\geqslant a_{i_t}b_1,$$
从而
$$\sum_{i=1}^n a_i b_i\geqslant \sum_{t=k+1}^n a_{i_t}b_{i_t}\geqslant \sum_{t=k+1}^n a_{i_t}b_1=b_1\sum_{t=k+1}^n a_{i_t}=mb_1.$$
此外
$$\sum_{i=1}^n a_i b_i=\sum_{t=1}^n a_{i_t}b_{i_t}\leqslant \sum_{t=1}^k a_{i_t}b_{i_t}\leqslant \sum_{t=1}^k a_{i_t}b_1=b_1\sum_{t=1}^k a_{i_t}=Mb_1.$$
综上所述,
$$mb_1\leqslant \sum_{i=1}^n a_i b_i\leqslant Mb_1.$$

6. 用反证法.反设 G 中无哈氏圈,则 G 不是完全图,于是 G 中至少有两个点 u,v 不相邻.将 u,v 用一条边连接,得到图 G_1,若 G_1 中仍无哈氏圈,则 G_1 中必存在两个不相邻的顶点 u_1,v_1,再用一条边连接,得到图 G_2.如此下去,由于 n 阶完全图中必有哈氏圈,若干步以后,得到一系列的图 $G_1,G_2,\cdots,G_{r-1},G_r$,使 G_{r-1} 中无哈氏圈,而 G_r 中有哈氏圈.

我们证明：G_{r-1} 中有长为 $n-1$（n 个点）的路. 实际上，设 G_{r-1} 中增加一条边 xy 后得到 G_r，则 x,y 在 G_{r-1} 中不相邻. 因为 G_{r-1} 中无哈氏圈，而 G_r 中有哈氏圈，于是 G_r 中的哈氏圈必包含边 xy，将此边去掉，便得到 G_{r-1} 中的一条哈氏路 L，此路以 x,y 为两个端点. 设路 L 的各个顶点依次为

$$x = u_1, u_2, \cdots, u_{n-1}, u_n = y,$$

在路 L 中，若存在 $i>1$，使 x 与 u_i 相邻，且 y 与 u_{i-1} 相邻，则 G_{r-1} 中有哈氏圈

$$u_1 u_i u_{i+1} \cdots u_n u_{i-2} \cdots u_1,$$

此圈不经过边 $u_{i-1} u_i$，矛盾. 所以若 x 与 u_i 相邻，则 y 与 u_{i-1} 不相邻.

引入容量参数：设 $d(x) = k$，且设 x 与 $u_{i_1}, u_{i_2}, \cdots, u_{i_k}$ 相邻，则 y 不与 $u_{i_1-1}, u_{i_2-1}, \cdots, u_{i_k-1}$ 及 y 相邻，所以

$$d(y) \leqslant n-1-k,$$

从而

$$d(x) + d(y) \leqslant k + (n-1-k) \leqslant n-1 < n.$$

由于 x,y 在 G_{r-1} 中不相邻，必在 G_0 中不相邻，与条件矛盾.

7. 由于 AB 上无红点，从而 A 非红；AC 上无黄点，从而 A 非黄. 所以 A 为蓝点. 同理，B 为黄点，C 为红点. 如果一条线段的两个端点异色，则称为奇异线段，一个三角形中的奇异线段的条数称为三角形的奇异度. 以下计算所有小正三角形的奇异度之和 S：

一方面，设 3 个顶点 3 种颜色的小正三角形有 x 个，这样的三角形奇异度为 3；设 3 个顶点 2 种颜色的小正三角形有 y 个，这样的三角形奇异度为 2；设 3 个顶点 1 种颜色的小正三角形有 z 个，这样的三角形奇异度为 0，则 $S = 3x + 2y$.

另一方面，当一条奇异线段在三角形 ABC 的内部时，它同时属于两个不同的小正三角形，它对 S 的贡献为 2；当它位于三角形 ABC 的边上时，它对 S 的贡献为 1. 设 AB, BC, CA 上分别有 p, q, r 条奇异线段，大三角形内部有 t 条奇异线段，则

$$S = p + q + r + 2t,$$

于是

$$p + q + r + 2t = S = 3x + 2y.$$

若 $x=0$，则 $p+q+r+2t=2y$ 为偶数，即 $p+q+r$ 为偶数。考察 AB 上的异色线段，因为点 A 为蓝色，点 B 为黄色，又 AB 上只有蓝、黄两种颜色，于是从 A 到 B 共改变奇数次颜色，即 p 为奇数。同样，q,r 都为奇数，所以 $p+q+r$ 为奇数，矛盾。故至少有一个奇异三角形，证毕。

8. 用点代表人，当且仅当两个人是朋友，对应的点连线得到一个简单图 G，由条件知，G 中至少有一条边。将 G 中的点 2-染色，使同一组的人对应的点同色，则问题转化为适当对 G 中的点染色，使两个端点同色的边少于两个端点异色的边。

对 n 归纳，当 $n=2$ 时，G 中至少有 1 条边，设为 AB，将 A 染红色，B 染蓝色，则 AB 是异色边，G 中无同色边，结论成立。设结论对小于 n 的自然数成立，考察 n 个人的情形，G 中至少有 1 条边，设为 AB。令 M 是含有点 A,B 的 $n-1$ 个点及它们之间的边构成的图，则 M 是至少有 1 条边的图，由归纳假设，M 中的点可按要求 2-染色。再考察剩下的 1 个点 X 的染色。

引入容量参数：设 X 向 M 中的红色点连了 p 条边，向蓝色点连了 q 条边，不妨设 $0 \leqslant p \leqslant q$。将 X 染红色（使增加的边中异色边多些），则同色边增加了 p 条，异色边增加了 q 条，于是异色边比同色边多增加 $q-p \geqslant 0$ 条，所以将 X 染红色后，G 中异色边数仍大于同色边数，结论成立。

9. 将每个国家所在区域 2-染色，使具有公共边界的国家不同色。

引入容量参数：设有 p 个 1 色的区域，q 个 2 色的区域。若能走遍所有国家，使每个国家恰通过 1 次，而每次跨越边界改变 1 次颜色，从而
$$|p-q| \leqslant 1. \qquad ⑦$$

下面证明 $|p-q|>1$，从而导出矛盾。

首先，由大圆的对称性，每一个国家都有另一个国家与之关于球心对称。对两个关于球心对称的区域 A,B，则 A,B 位于任何一个大圆的两侧，假定从区域 A 走到区域 B，则要经过所有的 n 个大圆，但 n 为偶数，从一个区域出发，跨越 n 次边界后必回到同色的区域，所以对称的两个区域同色。由此可见，每一种颜色的区域都是成对出现的，所以每种颜色的区域都有偶数个，即 p,q 都为偶数。

设共有 $f(n)$ 个国家，则易知

$$f(n) = n(n-1) + 2.$$

又 $4|n$,所以 $f(n) \equiv 2 \pmod 4$. 若 $p=q$,则由 p 为偶数,有

$$f(n) = p + q = p + p = 2p \equiv 0 \pmod 4,$$

矛盾. 所以 $p \neq q$,从而 $|p-q| > 0$,而 $|p-q|$ 为偶数,则 $|p-q| > 1$,与式⑦矛盾. 证毕.

10. 引入容量参数:设 M 中共有 n 条线段:

$$A_iB_i (i = 1, 2, \cdots, n),$$

且线段 A_iB_i 在 3 个坐标轴上的投影分别为 a_i, b_i, c_i,那么

$$|A_iB_i| = \sqrt{a_i^2 + b_i^2 + c_i^2},$$

利用 Cauchy 不等式,有

$$1988^2 = \left(\sum_{i=1}^n |A_iB_i|\right)^2$$

$$= \left(\sum_{i=1}^n \sqrt{a_i^2 + b_i^2 + c_i^2}\right)^2$$

$$= \sum_{i=1}^n \sqrt{a_i^2 + b_i^2 + c_i^2} \sum_{j=1}^n \sqrt{a_j^2 + b_j^2 + c_j^2}$$

$$= \sum_{i=1}^n \sum_{j=1}^n \sqrt{a_i^2 + b_i^2 + c_i^2} \sqrt{a_j^2 + b_j^2 + c_j^2}$$

$$\geq \sum_{i=1}^n \sum_{j=1}^n \sqrt{(a_ia_j + b_ib_j + c_ic_j)^2}$$

$$= \sum_{i=1}^n \sum_{j=1}^n (a_ia_j + b_ib_j + c_ic_j)$$

$$= \sum_{i=1}^n a_i \sum_{j=1}^n a_j + \sum_{i=1}^n b_i \sum_{j=1}^n b_j + \sum_{i=1}^n c_i \sum_{j=1}^n c_j$$

$$= \left(\sum_{i=1}^n A_i\right)^2 + \left(\sum_{i=1}^n b_i\right)^2 + \left(\sum_{i=1}^n c_i\right)^2.$$

不妨设

$$\sum_{i=1}^n a_i \leq \sum_{i=1}^n b_i \leq \sum_{i=1}^n c_i,$$

则

$$\left(\sum_{i=1}^{n} a_i\right)^2 \leqslant \frac{1\,998^2}{3},$$

于是 $\sum_{i=1}^{n} a_i < 1\,184$. 据抽屉原理,不妨设 M 在 x 轴的正半轴上的投影长小于 574,取点 $P(574,0,0)$,则线段 OP 上必存在一点 A,使 M 在点 A 处无投影,于是过 A 作垂直于 x 轴的平面即合乎要求.

11. 答案是否定的. 若存在合乎条件的分割,则不妨设直角三角形中较短的一条直角边长为 1,则较长一条直角边长为 $R=\sqrt{3}$,斜边长为 2,直角三角形的面积为 $\frac{R}{2}$.

引入容量参数:设正方形的边长为 a,此边上放置的斜边、短直角边和长直角边的条数分别为 m,n,k,则 $a=mR+n+2k$,其中 m,n,k 为自然数,且 $m^2+n^2+k^2>0$. 令 $t=n+2k$,则 $a=mR+t$,其中 t 为自然数,于是正方形的面积为 $a^2=3m^2+t^2+2mtR$.

此外,正方形所面积为 $\frac{sR}{2}$,其中 s 是直角三角形的个数. 所以

$$3m^2+t^2+2mtR=\frac{sR}{2},$$

即

$$3m^2+t^2=\left(\frac{s}{2}-2mt\right)R=\left(\frac{s}{2}-2mt\right)\sqrt{3}.$$

注意到
$$3m^2+t^2=3m^2+(n+2k)^2$$
$$\geqslant 3m^2+n^2+(2k)^2 \geqslant m^2+n^2+k^2 \neq 0,$$

所以
$$\frac{s}{2}-2mt \neq 0,$$

于是
$$\sqrt{3}=\frac{6m^2+2n^2}{s-4mn}.$$

此式右边是有理数,而左边是无理数,矛盾.

12. 为了估计 $|X|$,自然想到一行行地求元素个数. 设第 i 行中元素个数

为$|A_i|$,不妨设
$$p = |A_1| = \min(|A_i|, |B_j|).$$

(1) 若$p \geq \dfrac{n}{2}$,则$|X| \geq \dfrac{n^2}{2}$.

(2) 若$p < \dfrac{n}{2}$,引入容量参数:不妨设A_1中有k个项,则$k \leq p < \dfrac{n}{2}$,记这k个项为$a_{11}, a_{12}, \cdots, a_{1k}$.

我们从列的角度估计S:由于每个A_i恰属于一个B_j,从而最多有k个B_j,使$A_1 \cap B_j \neq \varnothing$,设它们分别为$B_1, B_2, \cdots, B_m (m \leq k)$,而对$B_{m+1}, B_{m+2}, \cdots, B_n$,都有$A_1 \cap B_j = \varnothing$. 但$|A_1 \cup B_j| \geq n$,即$|A_1| + |B_j| \geq n$,所以
$$|B_j| \geq n - |A_1| = n - k \quad (j = m+1, m+2, \cdots, n).$$
另外,由$|A_1|$的最小性,有
$$|B_i| \geq |A_i| = k \quad (i = 1, 2, \cdots, m),$$
所以
$$|X| = |B_1| + |B_2| + \cdots + |B_n| \geq mk + (n-m)(n-k)$$
$$= \dfrac{n^2}{2} + \dfrac{1}{2}(n-2m)(n-2k) \geq \dfrac{n^2}{2}.$$

注意到$|X|$为整数,所以
$$|X| \geq \left[\dfrac{n^2+1}{2}\right].$$

最后,不难构造使$|X| = \left[\dfrac{n^2+1}{2}\right]$的集合:

当n为奇数时,令$n = 2k+1$,此时
$$\left[\dfrac{n^2+1}{2}\right] = k^2 + \dfrac{k+1}{2}.$$

令某$k+1$个$|A_i| = k+1$,某k个$|A_i| = k$;某$k+1$个$|B_j| = k+1$,某k个$|B_j| = k$. 则$A_i \cap B_j = \varnothing$时,
$$|A_i \cup B_j| = (k+1) + k = n.$$
构造两个数表,一个为$(k+1) \times (k+1)$数表:
$$(a_{ij})_{(k+1) \times (k+1)},$$
另一个为$k \times k$数表:

$$(b_{ij})_{k\times k},$$

两个表中共有 $2k+1$ 行、$2k+1$ 列,第 i 行中的数构成 A_i,第 j 列中的数构成 B_j. 当 n 为偶数时,令 $n=2k$,此时

$$\left[\frac{n^2+1}{2}\right]=2k^2.$$

令

$$|A_i|=|B_j|=\frac{n}{2}=k,$$

则当 $A_i\cap B_j=\varnothing$ 时,

$$|A_i\cup B_j|=\frac{n}{2}+\frac{n}{2}=n.$$

构造两个 $k\times k$ 数表:$(a_{ij})_{k\times k}$,$(b_{ij})_{k\times k}$. 两个表中的共有 $2k$ 行、$2k$ 列,第 i 行中的数构成 A_i,第 j 列中的数构成 B_j.

综上所述,

$$|X|_{\min}=\left[\frac{n^2+1}{2}\right].$$

13. **解法 1** 当 $n\leqslant 9$ 时,任取 5 个顶点染红色,则不存在合乎条件的对称轴.

当 $n=10,11,12$ 时,取顶点 A_1,A_2,A_4,A_6,A_7 染红色,则不存在合乎条件的对称轴.

实际上,可逐一验证:将图中的对称轴旋转 $\dfrac{k\pi}{12}(k=0,1,2,\cdots,11)$,不合乎条件的红点(对)依次为

$(1,2),2,(1,4),(2,4),(1,6),4,(2,7),(4,6),(4,7),6,(6,7),7,$

于是不存在合乎条件的对称轴.

当 $n=13$ 时,取顶点 A_1,A_2,A_3,A_7,A_{10} 染红色,则不存在合乎条件的对称轴.

实际上,可逐一验证:将图中的对称轴旋转

$$\frac{k\pi}{13}\quad(k=0,1,2,\cdots,12),$$

不合乎条件的红点(对)依次为

$1,(1,2),2,(2,3),3,10,(1,7),(2,7),(3,7),(1,10),(2,10),(3,10),7$,
于是不存在合乎条件的对称轴,所以 $n \geqslant 14$.

当 $n=14$ 时,不过正 14 边形任何顶点的对称轴有 7 条,记这 7 条直线的集合为 Ω. 我们证明:无论如何染色,都存在 Ω 中的一条直线 l 合乎条件.

反设存在 5 个顶点 $A_{i_1}, A_{i_2}, \cdots, A_{i_5}$ 染红色,使 Ω 中的所有直线 l 都不合乎条件. 此时 Ω 中的每条直线 l 都对应 1 个红点对 (A_i, A_j),其中 A_i, A_j 关于 l 对称,且 $A_i \neq A_j$. 由 14 为偶数知,下标 i, j 不同奇偶,于是共得到 7 个下标 i, j 不同奇偶的红点对 (A_i, A_j).

此外,引入容量参数:设 5 个红点中有 x 个下标是奇数,y 个下标是偶数,其中 $x+y=5$,则两端点下标不同奇偶的红边条数为

$$xy \leqslant \left(\frac{x+y}{2}\right)^2 < 7,$$

矛盾. 故 $n_{\min}=14$.

解法 2 设正 n 边形为 $A_1 A_2 \cdots A_n$,它有 n 条对称轴. 将过边 $A_1 A_n$ 的中点的对称轴记为 L_1,过点 A_1 的对称轴记为 L_2,过边 $A_1 A_2$ 的中点的对称轴记为 L_3,过点 A_2 的对称轴记为 L_4,$\cdots$,过边 $A_{\left[\frac{n}{2}\right]} A_{\left[\frac{n+1}{2}\right]}$ 的中点的对称轴记为 L_n (其中 $A_{\left[\frac{n}{2}\right]}$ 与 $A_{\left[\frac{n+1}{2}\right]}$ 可能重合).

易知,A_i 与 A_j 关于 L_m 对称,等价于 $i+j \equiv m \pmod{n}$ (规定 $A_{n+i}=A_i$). 对任意集合

$$X = \{a_1, a_2, \cdots, a_t\},$$

定义

$$X^* = \{a_i + a_j \mid 1 \leqslant i < j \leqslant t\}.$$

对

$$k \in \{3, 4, 5, \cdots, 13\},$$

将正 k 边形的 5 个顶点 A_1, A_2, A_4, A_6, A_7 染红色(其中下标按模 k 理解,且当互异顶点的个数少于 5 时,将任意若干个点染红色,使之共有 5 个红点). 令

$$P = \{1, 2, 4, 6, 7\},$$

则

$$P^* = \{2, 3, 4, \cdots, 14\},$$

所以 P^* 中含有模 k 的完系(含有 k 个连续自然数,各数模 k 理解),于是对任意 $m(1 \leqslant m \leqslant k)$,$P^*$ 中必有某个 $x \equiv m \pmod{k}$,即存在 $i+j \equiv m \pmod{k}$ $(i,j \in P)$. 于是 A_i, A_j 是关于 L_m 对称的两个点. 所以对任何 $k \in \{3,4,5,\cdots,13\}$ 都不合乎要求,即 $n \geqslant 14$.

此外,对正 14 边形,将它的任意 5 个顶点 $A_{i_1}, A_{i_2}, \cdots, A_{i_5}$ 染红色,令 $P = \{i_1, i_2, \cdots, i_5\}$,设 P 中有 r 个奇数,$5-r$ 个偶数,则 P^* 中奇数的个数为

$$r(5-r) \leqslant \left[\left(\frac{5}{2}\right)^2\right] = 6 \quad (P, P^* \text{ 的数按模 14 理解}).$$

于是 $\{1,3,5,7,9,11,13\}$ 中必有一个奇数 m,使 $m \notin P^*$,即对任何 $i,j \in P$,都有 $i+j \notin P^*$,所以 $i+j \not\equiv m \pmod{14}$,则任何两个红点关于 L_m 不对称,故 $n_{\min} = 14$.

14. 取 $n=4, a_1 = a_2 = a_3 = a_4 = 2$,则
$$a_1 + a_2 + a_3 + a_4 = 8 \geqslant 4, \quad a_1^2 + a_2^2 + a_3^2 + a_4^2 = 16 \geqslant 4^2,$$
所以 a_1, a_2, a_3, a_4 合乎题目条件. 此时
$$\max(a_1, a_2, \cdots, a_n) = 2.$$

下面证明:对任何满足
$$a_1 + a_2 + \cdots + a_n \geqslant n,$$
$$a_1^2 + a_2^2 + \cdots + a_n^2 \geqslant n^2$$
的实数 $a_1, a_2, \cdots, a_n (n>3)$,都有 $\max(a_1, a_2, \cdots, a_n) \geqslant 2$.

假设
$$\max(a_1, a_2, \cdots, a_n) < 2,$$

引入容量参数:设 $a_1, a_2, \cdots, a_n$ 中有 i 个非负数,记为 $x_1, x_2, \cdots, x_i$,有 j 个负数,记为 $-y_1, -y_2, \cdots, -y_j$,其中 $y_1, y_2, \cdots, y_j > 0, i \geqslant 0, j \geqslant 0, i+j = n$,那么由假设,有
$$\max(x_1, x_2, \cdots, x_i) < 2.$$

因为
$$x_1 + x_2 + \cdots + x_i + [(-y_1) + (-y_2) + \cdots + (-y_j)] \geqslant n,$$
所以
$$x_1 + x_2 + \cdots + x_i \geqslant n + y_1 + y_2 + \cdots + y_j.$$

又
$$\max(x_1, x_2, \cdots, x_i) < 2, \quad y_1, y_2, \cdots, y_j > 0,$$

于是
$$2i = 2 + 2 + \cdots + 2 > x_1 + x_2 + \cdots + x_i$$
$$\geqslant n + y_1 + y_2 + \cdots + y_j = (i+j) + y_1 + y_2 + \cdots + y_j,$$

移项,得
$$i - j > y_1 + y_2 + \cdots + y_j,$$

所以
$$(i-j)^2 > (y_1 + y_2 + \cdots + y_j)^2 \geqslant y_1^2 + y_2^2 + \cdots + y_j^2$$
$$= n^2 - (x_1^2 + x_2^2 + \cdots + x_i^2) > n^2 - (2^2 + 2^2 + \cdots + 2^2)$$
$$\geqslant n^2 - 4i^2 = (i+j)^2 - 4i^2,$$

从而
$$4i^2 > (i+j)^2 - (i-j)^2 = 4ij,$$

则 $j<1$,即 $j=0$,故 $a_1, a_2, \cdots, a_n$ 都是非负数.

可得
$$0 \leqslant a_i < 2 \quad (i = 1, 2, \cdots, n),$$

所以
$$4n > a_1^2 + a_2^2 + \cdots + a_n^2 \geqslant n^2,$$

解得 $n<4$,与条件 $n>3$ 矛盾. 又取
$$a_1 = a_2 = \cdots = a_{n-1} = 2, \quad a_n = 2 - n,$$

则
$$a_1 + a_2 + \cdots + a_n = n, \quad a_1^2 + a_2^2 + \cdots + a_n^2 = n^2,$$

所以 $a_1, a_2, \cdots, a_n$ 合乎题目条件,此时
$$\max(a_1, a_2, \cdots, a_n) = 2.$$

综上所述,$\max(a_1, a_2, \cdots, a_n)$ 的最小值为 2.

15. (1) $\quad S(p) = \sum\limits_{k=1}^{10} |2x_k - 3x_{k+1}|$

$$= \sum_{k=1}^{9} |2x_k - 3x_{k+1}| + |2x_{10} - 3x_1|$$

$$\geqslant \sum_{k=1}^{9}(3x_{k+1}-2x_k)+|2x_{10}-3x_1|$$

$$=\sum_{k=1}^{10}x_k+(2x_{10}-3x_1)+|2x_{10}-3x_1|$$

$$=55+(2x_{10}-3x_1)+|2x_{10}-3x_1|\geqslant 55+2(2x_{10}-3x_1).$$

由 S 的轮换对称性，不妨设 $x_1=1$，则 $x_{10}\geqslant 2$，于是

$$S(p)\geqslant 55+2(2x_{10}-3x_1)\geqslant 55+2(2\cdot 2-3\cdot 1)=57.$$

又当

$$x_1=1, \quad x_k=12-k \quad (k=2,3,\cdots,10)$$

时 $S(p)=57$，故 $S_{\min}=57$. 再引入变参数去绝对值符号，有

$$S(p)=\sum_{k=1}^{10}|2x_k-3x_{k+1}|$$

$$=\sum_{k=1}^{10}a_k(2x_k-3x_{k+1})=2\sum_{k=1}^{10}a_kx_k-3\sum_{k=1}^{10}a_kx_{k+1}$$

$$=2\sum_{k=1}^{10}a_kx_k+3\sum_{k=1}^{10}(-a_k)x_{k+1},$$

其中 $a_k=\pm 1$. 注意到目标 $S(p)\leqslant A$，自然想到其中正项绝对值越大越好，负项绝对值越小越好．

引入容量参数：设 $a_1,a_2,\cdots,a_{10}$ 中有 t 个数为正，则

$$S(p)=2\sum_{k=1}^{10}a_kx_k+3\sum_{k=1}^{10}(-a_k)x_{k+1}$$

$$\leqslant 2[10+9+\cdots+(11-t)]-2[1+2+\cdots+(10-t)]$$
$$+3[10+9+\cdots+(t+1)]-3(1+2+\cdots+t)$$

$$=-5t^2+39t+55=f(t),$$

又 $f(t)$ 的对称轴为 $t=3.9$，所以

$$S(p)\leqslant f(t)\leqslant f(4)=131.$$

当 $x_1,x_2,\cdots,x_{10}$ 分别为 $8,1,5,10,2,6,9,4,7,3$ 时，$S(p)=131$，故 $S_{\max}=131$.

(2) 若 S 达到最大值，由(1)中等号成立的条件知，将 S 去绝对值符号后的正项为

$$2\times 10,2\times 9,2\times 8,2\times 7,3\times 10,3\times 9,3\times 8,3\times 7,3\times 6,3\times 5,$$

负项为

$-3\times1, -3\times2, -3\times3, -3\times4, -2\times1, -2\times2, -2\times3, -2\times4, -2\times5, -2\times6.$

通过穷举可得 S 去绝对值符号后的正项和负项就是这些项的充分必要条件是：如果将 10 个数按顺时针方向排成一圈，则 $1,2,3,4$ 两两不相邻，且分别在 $1,2,3,4$ 的逆时针方向上和它们紧邻的数恰是 $7,8,9,10$.

为了得到一个使 S 最大的排列，第一步先将 $1,2,3,4$ 排在圆周上，使没有两个数相邻，这种排法共有 600 种：先确定 1 的位置，并不考虑 $2,3,4$ 的顺序，穷举可得有 10 种方法，而 1 有 10 个可能位置，故共有 $10\times10\times3!=600$ 种方法；第二步将 $7,8,9,10$ 排在 $1,2,3,4$ 的逆时针方向上和它们紧邻的空位中，有 $4!=24$ 种方法；第三步，将 $5,6$ 排在剩下的空位中，有 $2!=2$ 种方法．故使 S 最大的排列有 $600\times24\times2=28\,800$ 个．

(3) 设 S 达到最小值．不妨设 $x_1=1$，由(1)中等号成立的条件知，此时 $x_{10}=2$，且

$$2x_k \leqslant 3x_{k+1} \quad (k=1,2,\cdots,9). \tag{8}$$

由 $2x_9 \leqslant 3\times 2$ 得 $x_9=3$，由 $2x_8 \leqslant 3\times 3$ 得 $x_8=4$，所以

$$\{x_2, x_3, \cdots, x_7\} = \{5, 6, \cdots, 10\}.$$

由 $2x_7 \leqslant 3\times 4$ 得 $x_7=5$ 或 6．

a. $x_7=5$，此时由 $2x_6 \leqslant 3\times 5$ 得 $x_6=6$ 或 7．若 $x_6=6$，则

$$\{x_2, x_3, x_4, x_5\} = \{7, 8, 9, 10\}.$$

从反面去掉不满足 $2x_k \leqslant 3x_{k+1}$ 的坏排列，也就是含有 $2x_k > 3x_{k+1}$ 的排列．显然，此时的坏排列只能是 $x_5=10$，故此时有 $4!-3!=18$ 个排列．若 $x_6=7$，则

$$\{x_2, x_3, x_4, x_5\} = \{6, 8, 9, 10\}.$$

显然，此时的坏排列只能是 $(x_k, x_{k+1})=(10,6)$，选取相邻数组 (x_k, x_{k+1}) 有 3 种方法，安排 10,6 有 1 种方法，其余两数排列有 $2!$ 种方法，故此时有 $4!-3\times2=18$ 个排列．

b. $x_7=6$，此时由 $2x_6 \leqslant 3\times 6$ 得 $x_6=5,7,8,9$．

若 $x_6=5$，则由 $2x_5 \leqslant 3\times 5$ 得 $x_5=7$，此时 $\{x_2, x_3, x_4\}=\{8,9,10\}$，且式 ⑧ 总是成立，此时有 $3!=6$ 个排列．

若 $x_6=7$,则只能有 $x_2=5$,此时式⑧总是成立的,故有 $3!=6$ 个排列.
对 $x_6=8$,则
$$\{x_2,x_3,x_4,x_5\}=\{5,7,9,10\}.$$
显然,此时的坏排列只能是
$$(x_k,x_{k+1})=(9,5),(10,5).$$
选取相邻数组 (x_k,x_{k+1}) 有 3 种方法,安排 $x_k=9,10$ 有 2 种方法,其余两数排列有 $2!$ 种方法,故此时有 $4!-3\times2\times2=12$ 个排列. 对 $x_6=9$,则
$$\{x_2,x_3,x_4,x_5\}=\{5,7,8,10\}.$$
显然,此时的坏排列只能是
$$(x_k,x_{k+1})=(8,5),(10,5),$$
选取相邻数组 (x_k,x_{k+1}) 有 3 种方法,安排 $x_k=8,10$ 有 2 种方法,其余 2 数排列有 $2!$ 种方法,故此时有 $4!-3\times2\times2=12$ 个排列.

考虑到轮换对称性,本题答案为 $10(18+18+6+6+12+12)=720$.

16. 只需考虑卡片总数等于 n^2+3n+1 的情况. 我们采取如下策略:如果有某个点 A_i 处的卡片数不少于 3,则对点 A_i 处的卡片进行(1)操作. 这样的 1 次操作使得点 O 处的卡片数增加 1,于是经过有限次(1)操作后,将不能再进行(1)操作. 这时每个点 A_i 处的卡片数不超过 2,点 O 处的卡片数不少于 n^2+n+1. 然后对点 O 处的卡片进行 $n+1$ 次(2)操作,这样每个点 A_i 处的卡片数不少于 $n+1$. 下面我们在保持每个点 A_i 处的卡片数不少于 $n+1$ 的情况下,使点 O 处的卡片数增加到至少 $n+1$.

设想 $A_1,A_2,\cdots,A_n$ 顺次排列在以点 O 为圆心的圆周上. 连续相邻的若干个点的集合
$$G=\{A_i,A_{i+1},\cdots,A_{i+t-1}\}\quad(1\leqslant i\leqslant n,1\leqslant t\leqslant n)$$
称为一个团,这里若有下标 $j>n$,则 $A_j=A_{j-n}$. 一个团 G 称为好团,如果对 G 中每点处的卡片都做 1 次(1)操作后,G 中每点处的卡片数仍然不少于 $n+1$.

设 $a_1,a_2,\cdots,a_n$ 分别为点 $A_1,A_2,\cdots,A_n$ 处的卡片数,$a_i\geqslant n+1,i=1,2,\cdots,n$. 好团需满足如下的充要条件:一个点的团 $G=\{A_i\}$ 是好团当且仅当 $a_i\geqslant n+4$;两个点的团 $G=\{A_i,A_{i+1}\}$ 是好团,当且仅当 $a_i,a_{i+1}\geqslant n+3$;

$t(3\leqslant t\leqslant n-1)$ 个点的团 $G=\{A_i, A_{i+1}, \cdots, A_{i+t-1}\}$ 是好团,当且仅当 $a_i, a_{i+t-1}\geqslant n+3$ 且 $a_j\geqslant n+2 (i+1\leqslant j\leqslant i+t-2)$;最后全部 n 个点的团 $G=\{A_1, A_2, \cdots, A_n\}$ 是好团,当且仅当 $a_j\geqslant n+2, 1\leqslant j\leqslant n$. 下面证明当点 O 处的卡片数少于 $n+1$ 时,或等价地,$a_1+a_2+\cdots+a_n\geqslant n^2+2n+1$ 时,必存在好团.

假设不存在好团,于是每个 $a_i\in\{n+1, n+2, n+3\}$,否则会有某个点 A_i 处的卡片数 $a_i\geqslant n+4$, $G=\{A_i\}$ 是一个好团.

引入容量参数:设 $a_1, a_2, \cdots, a_n$ 中有 x 个 $n+1$, y 个 $n+2$, z 个 $n+3$. 下面说明一定有 $x\geqslant z$.

由于 $n^2+2n+1>n(n+2)$,所以 $z\geqslant 1$. 若 $z=1$,则有 $x\geqslant 1$,否则所有 $a_i\geqslant n+2$,则 $G=\{A_1, A_2, \cdots, A_n\}$ 是一个好团. 若 $z\geqslant 2$,有 $n+3$ 张卡片的 z 个点将圆周分成 z 段圆弧,由于不存在好团,这 z 个点没有两点相邻,且每段圆弧上都存在一个点只有 $n+1$ 张卡片. 于是 $x\geqslant z$,这样点 $A_1, A_2, \cdots, A_n$ 处的卡片总数为

$$x(n+1)+y(n+2)+z(n+3)\leqslant (x+y+z)(n+2)$$
$$=n(n+2)<n^2+2n+1,$$

矛盾. 这样我们证明了当点 O 处的卡片数少于 $n+1$ 时,点 $A_1, A_2, \cdots, A_n$ 中总存在好团. 于是每次都对一个好团中的每个点做(1)操作,直至点 O 处的卡片数不少于 $n+1$,而点 $A_1, A_2, \cdots, A_n$ 处的卡片数也不少于 $n+1$. 证毕.

17. 设 n 个分数为 $0<\dfrac{a_1}{b_1}<\cdots<\dfrac{a_n}{b_n}<1$.

引入待定参数 t:将 n 个分数分成两部分,一部分的分母不大于 t,另一部分的分母大于 t. 显然,第一部分的数不超过 t^2 个.

再引入容量参数:设第二部分的数有 m 个,并记 $N=\sum\limits_{i=1}^{n}b_i$,则

$$N=\sum_{i=1}^{n}b_i>\sum_{b_i>t}b_i>t\sum_{b_i>t}1=tm,$$

即 $m<\dfrac{1}{t}N$,于是

$$n\leqslant t^2+\dfrac{1}{t}N.$$

取 $t=N^{\frac{1}{3}}$，得 $n\leqslant 2N^{\frac{1}{3}}$，故

$$N\geqslant n^{\frac{3}{2}}\left(\frac{1}{2}\right)^{\frac{3}{2}}>\frac{1}{3}n^{\frac{3}{2}}.$$

18. (1) 因为

$$(\sqrt{2}-1)^2 = 3-2\sqrt{2},$$
$$(\sqrt{2}+1)^2 = 3+2\sqrt{2},$$
$$(\sqrt{2}-1)(\sqrt{2}+1) = 1,$$

所以

$$x_{2i-1}x_{2i} \in \{3-2\sqrt{2}, 3+2\sqrt{2}, 1\}.$$

引入容量参数：设和式 S 中有 a 个 $3+2\sqrt{2}$，b 个 $3-2\sqrt{2}$，c 个 1，则 a,b,c 是非负整数，且 $a+b+c=1\,005$.

$$S = \sum_{i=1}^{1\,005} x_{2i-1}x_{2i} = (3+2\sqrt{2})a + (3-2\sqrt{2})b + c$$
$$= 3a+3b+c+2\sqrt{2}(a-b).$$

若 $S=2\,010$，则 $a=b$，此时

$$S = 6a+c = 6a+(1\,005-a-a) = 4a+1\,005$$

是一个奇数，所以 S 不可能等于 $2\,010$.

(2) 由(1)可知，若 S 是整数，则 $a=b$，$S=4a+1\,005$. 由于

$$a+b+c = 2a+c = 1\,005, \quad 0\leqslant a\leqslant 502,$$

所以 S 可以取到 503 个不同的整数值.

19. 引入容量参数：设有 n 个学校，第 i 个学校派出 x_i 个男选手、y_i 个女选手 $(i=1,2,\cdots,n)$. 由题意，有

$$\left|\sum_{i=1}^n x_i - \sum_{i=1}^n y_i\right| = \left|\sum_{i=1}^n (x_i-y_i)\right| \leqslant 1.$$

单打比赛有 $\sum_{1\leqslant i<j\leqslant n}(x_ix_j+y_iy_j)$ 场，混合单打比赛有 $\sum_{1\leqslant i<j\leqslant n}(x_iy_j+y_ix_j)$ 场. 由题意，有

$$\left|\sum_{1\leqslant i<j\leqslant n}(x_ix_j+y_iy_j-x_iy_j-y_ix_j)\right| \leqslant 1,$$

即

2 容量参数

$$\left|\sum_{1\leqslant i<j\leqslant n}(x_i-y_i)(x_j-y_j)\right|\leqslant 1.$$

因此

$$\sum_{i=1}^{n}(x_i-y_i)^2=\left[\sum_{i=1}^{n}(x_i-y_i)\right]^2-2\sum_{1\leqslant i<j\leqslant n}(x_i-y_i)(x_j-y_j)\leqslant 1+2=3.$$

所以在$(x_i-y_i)(i=1,2,\cdots,n)$中至多只有3项不为零,而且这$n$项都应为1. 这就是说,至多3个学校的人数$x_i+y_i$为奇数.如果只有3个学校,其中2个各派1名男孩,另1个学校派1名女孩,那么题目中的条件全满足,而奇数个选手的学校恰好为3个.

20. F 的最大值为8.

若$F=0$,则任何一个人都是可靠者.设$F\neq 0$,将连续若干个可靠者称为一个可靠人组,连续若干个不可靠者称为一个不可靠人组,所有的人依邻座可分成若干个非空的可靠者组与不可靠者组.由于是圆排列,可靠者组和不可靠者组个数相等,设都有k个,则共有$2k$个组.

引入容量参数:设第i个可靠者组及不可靠者组的人数分别为w_i, $f_i(i=1,2,\cdots,k)$,则有

$$w_1+w_2+\cdots+w_k+f_1+f_2+\cdots+f_k=30,$$
$$f_1+f_2+\cdots+f_k=F.$$

现在考虑回答为"可靠"的围坐者的序列.设这样回答的最后一人为x.从有w_i个可靠者组得到的这样的序列中,若长度不小于w_i-1,则x肯定是可靠者.此外,若x是不可靠者,且位于第i个不可靠者组,则此序列的长度不大于f_i-1.因此,若我们有$\max(w_i)>\max(f_i)$,则可断定:在最长一个回答为"可靠者"的序列中,被称为可靠者的最后一人肯定是可靠者.由于

$$\max(w_i)\geqslant\frac{1}{k}[30-(f_1+f_2+\cdots+f_k)]\geqslant\frac{1}{k}(30-F),$$
$$\max(f_i)\leqslant(f_1+f_2+\cdots+f_k)-k+1\leqslant F-k+1.$$

所以若

$$\frac{1}{k}(30-F)>f-k+1$$

对一切1到F的k都满足,则可从中指出1个可靠者.此不等式等价于

$$k^2 - (F+1)k + 30 - F > 0.$$

当
$$\Delta = (F+1)^2 + 4(F-30) < 0,$$
即
$$F < -3 + \sqrt{128} < -3 + 12 = 9$$

时,上述不等式对一切 k 成立.所以 $F \leqslant 8$ 时,可以根据回答指出一个可靠者.

当 $F=9$ 时,则不一定能指出一个可靠者.用 w 表示回答"右邻可靠"的人,f 表示回答"右邻不可靠"的人,30 个人的排列为

$$wfwffwfwffwfwffwfwffwfwffwfwff.$$

将此图分别依顺时钟方向旋转 $60°, 120°, 180°, 240°, 300°, 360°$,则不难发现,对其中某一个具体位置,既可安排可靠者,也可安排不可靠者,使上述回答的序列不变.所以此种坐法无法确定其中一个可靠者.

21. 假设提问 N 次,则每张卡片至少被提问 1 次,将所有只被提问 1 次的卡片涂上红色.

引入容量参数:设有 k 张红色卡片,$k \leqslant N$,其余卡片至少被提问 2 次,所以
$$k + 2(2\,005 - k) \leqslant 3N,$$
得到
$$4\,010 - N \leqslant 4\,010 - k \leqslant 3N,$$
从而 $N \geqslant 1\,003$.

当 $N = 1\,003$ 时,我们可以这样提问:将前 2 004 张卡片每 6 张一组进行分组,对第一组的前 6 张卡片按 $(1,2,3), (3,4,5), (5,6,1)$ 的方式提问,类似地提问其他各组,可以通过 1 002 次提问了解 1~2 004 张卡片上的所有的实数,最后对 $(1, 2, 2\,005)$ 提问 1 次,共提问 1 003 次,所以至少提问 1 003 次.

22. 不妨设方格表中的红格数目 $L \geqslant$ 白格的数目,则 $L \geqslant \dfrac{mn}{2}$.引入容量参数:设第 i 行中红格数目为 x_i,第 j 列的红格数为 y_j,若方格 (i,j) 为红色,则由条件有

$$x_i + y_j - 1 < (n - x_i) + (m - y_j),$$

所以

$$x_i + y_j < \frac{m+n+1}{2}.$$

若 $m+n$ 为偶数,则

$$x_i + y_j \leqslant \frac{m+n}{2},$$

若 $m+n$ 为奇数,则也有

$$x_i + y_j \leqslant \frac{m+n}{2}.$$

故总有

$$x_i + y_j \leqslant \frac{m+n}{2}. \qquad ⑨$$

将式⑨中不等式对所有的 L 个红格 (i,j) 求和,则每个 x_i 出现 x_i 次,每个 y_j 出现 y_j 次,$\frac{m+n}{2}$ 出现 L 次,得到

$$\sum_{i=1}^{m} x_i^2 + \sum_{j=1}^{n} y_j^2 \leqslant \frac{m+n}{2} \cdot L. \qquad ⑩$$

此外,由 Cauchy 不等式得

$$上式左边 \geqslant \frac{1}{m} \left(\sum_{i=1}^{m} x_i \right)^2 + \frac{1}{n} \left(\sum_{j=1}^{n} y_j \right)^2 = \frac{L^2}{m} + \frac{L^2}{n}.$$

综合式⑩得

$$\frac{L}{m} + \frac{L}{n} \leqslant \frac{m+n}{2},$$

故 $L \leqslant \frac{mn}{2}$,因此由 $L \geqslant \frac{mn}{2}$ 知,$L = \frac{mn}{2}$,从而 mn 为偶数.

上述不等式均化为等式,特别地,由式⑨得

$$x_i + y_j = \frac{m+n}{2},$$

所以 $m+n$ 为偶数,即 m,n 的奇偶性相同. 因为 mn 为偶数,故 m,n 都是偶数,所以 mn 为 4 的倍数.

23. 先考虑条件:恰有1人胜的局数最少,且只有他的得分最高.设此人为 A.

为了计算 A 的得分,可引入容量参数:设 A 胜 n 局,平 m 局,则 A 的得分为 $2n+m$. 再考虑目标: $r\geqslant$?. 显而易见的不等式是:人数 $r\geqslant(m+n)+1$(A 胜 n 个人,平 m 个人,"1"代表 A 本人). 因此,为了估计 r 的范围,可分别估计 m,n 的范围.为了利用"A 得分最多",应计算其他人的得分,这就要知道其他人的胜、负局数,这正好利用条件:A 胜的局数最少.对 A 以外的任何人而言,至少胜 $n+1$ 场,至少得分 $2n+2$,于是 $2n+2<2n+m,m>2$,即 $m\geqslant 3$.这个估计虽不是最优的,但由此可找到得分更高的人,这是因为 $m\geqslant 3$ 表明,至少有3个人与 A 打成平局.设其中的一个人为 B,那么 B 至少得 $(2n+2)+1=2n+3$ 分. 于是 $2n+3<2n+m,m>3$,即 $m\geqslant 4$.

以下证 $n>0$.

实际上,若 $n=0$,即 A 一局都未胜,则 A 的得分 $S(A)\leqslant r-1$. 但 r 个人的得分总和为 $2C_r^2=r(r-1)$,每个人平均可得 $r-1$,而 A 的得分最多,结合 $S(A)\leqslant r-1$,只能是 $S(A)=r-1$. 这样,每个人都得 $r-1$ 分,矛盾.

综上,$r\geqslant (m+n)+1\geqslant 6$.

最后,$r=6$ 是可能的(题23答案图),其中每一行的数据表示一个选手与其他选手比赛的得分,故 r 的最小值为6.

	A	B	C	D	E	F	总分
A		1	1	1	1	2	6
B	1		2	0	0	2	5
C	1	0		0	2	2	5
D	1	2	2		0	0	5
E	1	2	0	2		0	5
F	0	0	0	2	2		4

题 23 答案图

3 位置参数

为了研究某种状态的性质,通常需要确定状态中某些关键元素在状态中的位置. 如果这些元素在状态中的位置并不确定,则可引入适当的参数,使这些元素在状态中的位置相对确定,由此探索状态具有的某些性质. 我们称这样的参数为位置参数.

3.1 序号参数

序号参数是位置参数中最简单的一种情形,即通过约定状态中各元素位置的排列顺序,得到各元素在状态中的序号,然后用一些参数表示相关元素的序号.

例 1(原创题) 有 n 个人围着圆桌讨论某个数学问题,休息一段时间后,他们又围在圆桌旁继续讨论. 如果不论如何安排座位,总有 2 个人(记为 x,y)在休息前后从 x 开始,按逆时针方向走到 y,跨过的人数是相等的,求所有合乎要求的正整数 n.

分析与解 将 n 个位置按逆时针方向编号为 $1,2,3,\cdots,n$. 引入位置序号参数:设休息前坐在第 $i(1\leqslant i\leqslant n)$ 号位置的人休息后坐在第 $t_i(1\leqslant i\leqslant n)$ 号位置. 显然,从第 i 号位置按逆时针方向走到第 j 号位置,越过的位置数为 $j-i-1\pmod{n}$.

考察任意两个人 x, y，设他们在休息前分别在第 i 号位与第 j 号位，则休息前后从 x 开始，按逆时针方向走到 y，跨过的人数相等，等价于 $i-j \equiv t_i - t_j \pmod{n}$。由此可见，如果 n 不合乎要求，则对任何 $i, j (1 \leqslant i < j \leqslant n)$，都有

$$i - j \not\equiv t_i - t_j \pmod{n},$$

也就是

$$i - t_i \not\equiv t - t_j \pmod{n}.$$

这表明，所有 $i - t_i (i = 1, 2, 3, \cdots, n)$ 关于模 n 互不同余，即 $1 - t_1, 2 - t_2, \cdots, n - t_n$ 构成模 n 的完系，所以

$$(1 - t_1) + (2 - t_2) + \cdots + (n - t_n)$$
$$\equiv 0 + 1 + 2 + \cdots + (n-1) = \frac{1}{2}n(n-1) \pmod{n}.$$

又

$$(1 - t_1) + (2 - t_2) + \cdots + (n - t_n)$$
$$\equiv (1 + 2 + \cdots + n) - (t_1 + t_2 + \cdots + t_n) \equiv 0 \pmod{n},$$

所以

$$\frac{1}{2}n(n-1) \equiv 0 \pmod{n},$$

从而

$$n \mid \frac{1}{2}n(n-1),$$

进而 $2 \mid n - 1$，即 n 为奇数。

上述结果说明，如果 n 不合乎要求，则 n 为奇数，所以 n 为偶数时合乎要求。

反之，当 n 为奇数时，我们证明 n 不合乎要求。

我们需要构造休息前后的两种排列 A 和 B，使任何两个人休息前后坐在他们之间的人数是不同的。

令 $n = 2k + 1$，设休息前的排列为

3 位置参数

$$P = (1, 2, 3, \cdots, 2k+1),$$

休息后的排列为

$$Q = (a_1, a_2, \cdots, a_{2k+1}).$$

我们要构造排列 Q,使对任何 $1 \leqslant i < j \leqslant n$,都有 $i - j \not\equiv t_i - t_j \pmod{n}$.

从特例入手：

当 $k=1$ 时,$n=3$,此时令 $Q=(1,3,2)$ 即可.

当 $k=2$ 时,$n=5$,此时不妨设 1 仍在 1 号位上(否则要适当旋转),则 1 的右侧不能是 2,先考虑 1 的右侧为 3 的情形.

由于 3 的右侧不能是 4,只有 2 种可能：$(1,3,2)$,$(1,3,5)$. 分别在右边扩充 4,5 及 2,4,得到 2 个合乎要求的排列 $(1,3,2,5,4)$ 及 $(1,3,5,2,4)$(其他排列不合乎要求),所以 $n=5$ 不合乎条件.

显然,$n=5$ 的 2 个排列中 $(1,3,5,2,4)$ 的规律是：奇数在前面递增排列,偶数在后面递增排列.

由此可见,一般地,对奇数 n,令 $Q=(1,3,5,\cdots,n,2,4,6,\cdots,n-1)$. 我们证明排列 Q 合乎上述要求.

考察任意两个人 i,j $(1 \leqslant i < j \leqslant n)$,休息后他们的位置序号分别为 a_i, a_j.

(1) 如果 i, j 都为奇数,令 $i = 2p-1, j = 2q-1$,则

$$j - i = (2q - 1) - (2p - 1) = 2(q - p).$$

又 $2p-1, 2q-1$ 在新排列 Q 中的序号为

$$t_{2p-1} = p, \quad t_{2q-1} = q,$$

于是

$$t_{2q-1} - t_{2p-1} = q - p.$$

若

$$j - i \equiv t_j - t_i \pmod{n},$$

则

$$2(q - p) \equiv q - p \pmod{n},$$

即
$$q - p \equiv 0 \pmod{n}.$$

由 $1 \leqslant i < j \leqslant n$,有 $1 \leqslant p < q < n$,从而 $q - p \not\equiv 0 \pmod{n}$,矛盾.

(2) 如果 i, j 都为偶数,令 $i = 2p, j = 2q$,则
$$j - i = 2q - 2p = 2(q - p).$$

又 $2p, 2q$ 在新排列 Q 中的序号为
$$t_{2p} = \frac{n+1}{2} + p, \quad t_{2q} = \frac{n+1}{2} + q,$$

于是
$$t_{2q} - t_{2p} = q - p.$$

若
$$j - i \equiv t_j - t_i \pmod{n},$$

则
$$2(q - p) \equiv q - p \pmod{n},$$

即
$$q - p \equiv 0 \pmod{n}.$$

由 $1 \leqslant i < j \leqslant n$,有 $1 \leqslant p < q < n$,从而 $q - p \not\equiv 0 \pmod{n}$,矛盾.

(3) 如果 i 为奇数,j 为偶数,令 $i = 2p - 1, j = 2q$,则
$$j - i = 2q - (2p - 1) = 2(q - p) + 1.$$

又 $2p - 1, 2q$ 在新排列 Q 中的序号为
$$t_{2p-1} = p, \quad t_{2q} = \frac{n+1}{2} + q,$$

于是
$$t_{2q} - t_{2p-1} = \frac{n+1}{2} + q - p.$$

若 $j - i \equiv t_j - t_i \pmod{n}$,则
$$2(q - p) + 1 \equiv \frac{n+1}{2} + q - p \pmod{n},$$

即
$$q - p \equiv \frac{n+1}{2} - 1 = \frac{n-1}{2} (\bmod n),$$
所以
$$2(q - p) \equiv n - 1 \equiv -1 (\bmod n),$$
即
$$2(q - p) + 1 \equiv 0 (\bmod n).$$

由 $1 \leqslant i < j \leqslant n$,得 $2q = j \leqslant n$,得 $q \leqslant \frac{n}{2}$,但 n 为奇数,所以 $q \leqslant \frac{n-1}{2}$. 于是
$$1 \leqslant p \leqslant q \leqslant \frac{n-1}{2},$$
即
$$2 \leqslant 2p \leqslant 2q \leqslant n - 1,$$
所以
$$0 \leqslant 2q - 2p \leqslant n - 3,$$
从而
$$1 \leqslant 2q - 2p + 1 \leqslant n - 2,$$
进而
$$2(q - p) + 1 \not\equiv 0 (\bmod n),$$
矛盾.

(4) 如果 i 为偶数,j 为奇数,令 $i = 2p, j = 2q - 1$,则
$$j - i = 2q - 1 - 2p = 2(q - p) - 1.$$
又 $2p, 2q - 1$ 在新排列 Q 中的序号为
$$t_{2p} = \frac{n+1}{2} + p, \quad t_{2q-1} = q,$$
于是
$$t_{2q-1} - t_{2p} = q - \left(\frac{n+1}{2} + p\right) = -\frac{n+1}{2} + q - p.$$

若 $j-i \equiv t_j - t_i \pmod{n}$，则

$$2(q-p) - 1 \equiv -\frac{n+1}{2} + q - p \pmod{n},$$

即

$$q - p \equiv 1 - \frac{n+1}{2} \equiv -\frac{n-1}{2} \pmod{n},$$

所以

$$2(q-p) \equiv 1 - n \equiv 1 \pmod{n},$$

即

$$2(q-p) - 1 \equiv 0 \pmod{n}.$$

由 $1 \leqslant i < j \leqslant n$，得 $2q - 1 = j \leqslant n$，所以 $q \leqslant \frac{n+1}{2}$，于是有

$$1 \leqslant p < q \leqslant \frac{n+1}{2},$$

即

$$2 \leqslant 2p < 2q \leqslant n+1,$$

所以

$$0 < 2q - 2p \leqslant n - 1,$$

从而

$$0 \leqslant 2q - 2p - 1 \leqslant n - 2.$$

于是只能是 $2(q-p) - 1 = 0$，即 $2(q-p) = 1$. 但此式左边为偶数，右边为奇数，矛盾.

综上所述，所有合乎条件的数为一切正偶数.

注 如果将题目中"2 个人按逆时针方向跨过的人数是相等的"改为"2 个人之间（指有人较少的那一侧）的人数是相等的"，则合乎要求的正整数 n 为何值则还是一个未解决的问题.

同上可知，n 为偶数时合乎要求. 但反过来，n 为奇数时，n 是否一定不合乎要求？事实并非如此！

3 位置参数

比如,$n=3$ 时,设休息前的排列为 $(1,2,3)$,则休息后本质上只有 2 个不同排列 $(1,2,3)$ 及 $(1,3,2)$. 从而 $n=3$ 合乎要求.

再考虑 $n=5$ 的情形,设休息前的排列为 $(1,2,3,4,5)$,假设 n 不合乎条件,则需要构造一个排列 $(a_1,a_2,\cdots,a_5)$,使对任何两个编号 i,j,在这两个排列中,夹在 i,j 之间的人数(指有人较少的那一侧的人数)不同.

不妨设 1 仍在 1 号位上(否则适当旋转即可),则 1 的两侧不能是 2,有如下情形:

(1) 若 1 的两侧为 3,4,不妨设排列为 $(3,1,4)$,在一边扩充 2 和 5,而 5 不能和 4 相邻,从而只能是 $(3,1,4,2,5)$. 容易验证,这一排列合乎要求,所以 $n=5$ 不合乎条件.

为了找到具有规律的构造,我们再考虑其他形式的构造.

(2) 若 1 的两侧为 3,5,不妨设排列为 $(3,1,5)$,在一边扩充 2 和 4,而 5 不能和 4 相邻,从而只能是 $(3,1,5,2,4)$. 但这一排列不合乎要求,因为 1 与 4 之间都是夹着 1 个人.

(3) 若 1 的两侧为 4,5,不妨设排列为 $(4,1,5)$,在一边扩充 2 和 3,而 3 不能和 4 相邻,从而只能是 $(4,1,5,3,2)$. 但这一排列不合乎要求,因为 1 与 3 之间都是夹着 1 个人.

由此可见,只有唯一的合乎要求的排列,即 $(3,1,4,2,5)$. 将其整理为 $(5,3,1,4,2)$,再反序排列为 $(2,4,1,3,5)$,即 $(1,3,5,2,4)$.

现在的问题是,对奇数 $n>3$,令 $Q=(1,3,5,\cdots,n,2,4,6,\cdots,n-1)$,则排列 Q 是否能说明 n 不合乎要求?

例 2 有 27 个国家参加一次国际会议,每个国家都派出 2 名代表,试问:能否将 54 位代表排列在一个圆桌周围就座,使任何一个国家的 2 个代表之间都夹着 9 个人?

分析与解 假定能按要求就座,将就座后各代表的排列位置依次编号为 $1,2,3,\cdots,54$. 然后根据排列的性质:同一个国家的 2 个代

表之间都夹着9个人,确定哪些位置上的代表属于同一个国家. 如果能够将54个位置两两配对,每一对的两个位置上的人属于同一个国家,则可得到合乎要求的排列. 否则,答案是否定的.

为叙述问题方便,若位置 a 上的代表与位置 b 上的代表属于同一国家,则记为 $a \sim b$.

先考虑1与谁属于同一国家. 由对称性,不妨设 $1 \sim 11$,则11不能与21同一国家,所以21只能与31属于同一个国家,即 $21 \sim 31$. 如此下去,依次有

$$41 \sim 51, \quad 7 \sim 17, \quad 27 \sim 37,$$
$$47 \sim 3, \quad 13 \sim 23, \quad 33 \sim 43,$$
$$53 \sim 9, \quad 19 \sim 29, \quad 39 \sim 49,$$
$$5 \sim 15, \quad 25 \sim 35, \quad 45 \sim 1.$$

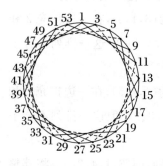

图 3.1

由此可见,1,11,45属于同一国家,矛盾. 所以不存在合乎要求的排列.

上述推理过程如图3.1所示,其中实线表示对应两点属于同一个国家,虚线表示对应两点不属于同一个国家.

例3(1989年南昌市数学竞赛试题) 有2个队参加比赛,每个队各有1989人. 第一个队的每个队员都在桌面上任意放一个硬币,当1989个硬币都放好以后,第二个队的队员依次翻转这些硬币. 其中第 i 个翻转硬币的人恰翻转 i 个硬币. 若当全部人都翻转过后,所有硬币都朝同一方向,则第二个队获胜. 问:谁有必胜策略?

分析与解 将硬币分别编号为 $1,2,3,\cdots,1\,989$,再将第二个队的队员也分别编号为 $1,2,\cdots,1\,989$.

先考虑一种特殊情况:最初所有硬币都朝同一方向. 这时,可将编号分别为 $1,2,\cdots,1\,988$ 的队员两两配对:使对任何 i,i 与 $1\,989-i$

为一对. 对每一个对 $(i, 1989-i)$, 当编号为 i 的队员翻转其中 i 个硬币时, 编号为 $1989-i$ 的队员翻转另外的 $1989-i$ 个. 这样, 每一对队员便将所有硬币都翻转了 1 次. 当这 1988 个队员翻转过后, 所有硬币都朝同一方向, 最后, 编号为 1989 的人再将所有硬币翻转 1 次, 所有硬币依然都朝同一个方向. 第二队获胜.

对一般情况, 我们引入位置序号参数 k, 设想能够找到一个队员对 $(k, 1989-k)$, 使这一对队员对初始状态操作以后, 所有硬币都朝同一个方向. 对其他队员对, 仍按上述方法操作即可.

设 $(k, 1989-k)$ 合乎上述要求, 并不妨设 $k < 1989-k$. 以下推断 k 应满足的条件.

假设初始状态中有 m 个硬币朝上, n 个硬币朝下 ($m+n=1989$), 先限定

$$k < n. \qquad ①$$

在式①的限定下, 可让队员对 $(k, 1989-k)$ 中的 k 号队员翻转 n 个朝下的硬币中的 k 个, 这时, 得到 $n-k$ 个朝下、$m+k$ 个朝上的硬币.

若 $(k, 1989-k)$ 合乎条件, 则 k 号队员翻转以后, 朝上或朝下的硬币数应为 $1989-k$. 但 $n-k < 1989-k$, 所以只能是

$$1989-k = m+k. \qquad ②$$

由此解得

$$k = \frac{1989-m}{2} = \frac{n}{2}.$$

为了使式②有解, n 需为偶数, 而 n 为偶数时, 式②的解 $k = \frac{n}{2}$ 显然满足式① $\left(因为 \frac{n}{2} < n\right)$.

因为 $m+n = 1989$ 为奇数, 由对称性, 不妨假定 n 为偶数. 于是第二队有必胜策略, 原因如下:

假设最初状态中有 m 个硬币朝上,n 个硬币朝下($m+n=1\,989$),其中 n 为偶数.令编号为 $\frac{n}{2}$ 的队员将 $\frac{n}{2}$ 个朝下的硬币翻转朝上,这样得到 $m+\frac{n}{2}=1\,989-\frac{n}{2}$ 个朝上的硬币.再令编号为 $1\,989-\frac{n}{2}$ 的队员将这些朝上的硬币都翻转朝下.这样,两人操作完毕,所有硬币都朝下.

对编号不是 $\frac{n}{2}$,$1\,989-\frac{n}{2}$,$1\,989$ 的队员,将他们两两配对:使对任何 $i\neq\frac{n}{2}$,$i<1\,989$,i 与 $1\,989-i$ 为一对.对每一个对 $(i,1\,989-i)$,当编号为 i 的队员翻转其中 i 个硬币时,编号为 $1\,989-i$ 的队员翻转另外的 $1\,989-i$ 个.这样,每一对队员便将所有硬币都翻转了 1 次.当前述 1 988 个队员翻转过后,所有硬币都朝同一方向,最后,编号为 1 989 的人再将所有硬币翻转 1 次,所有硬币依然都朝同一个方向.第二队获胜.

综上所述,第二个队有必胜策略.

例 4(原创题) 有人准备给 $n(n\geqslant 3)$ 个不同的朋友写信,他先写好了 n 个信封,当写好了 3 封信后,便随意将它们分别装入 3 个信封中,每个信封中装 1 封信.设没有装到正确的信封中的信的封数为 ξ,求 ξ 的数学期望.

分析与解 设写好的 3 封信为 A_1,A_2,A_3,而与其对应的信封分别为 1,2,3,另外 $n-3$ 个信封分别为 $4,5,\cdots,n$.

ξ 的可能取值显然为 0,1,2,3,为了求有 i 封信装错的概率 $P(\xi=i)(i=1,2,3)$,需要考虑装错的信可能装在哪些信封里了.为此,引入位置序号参数:记将信 $A_i(i=1,2,3)$ 装入信封 $j(j=1,2,\cdots,n)$ 为 $A_i=j$.

当 $\xi=0$ 时,只有一种合乎条件的装法,于是

$$P(\xi=0)=\frac{1}{A_n^3}.$$

当 $\xi=1$ 时,考察仅有 A_1 装错的情形,由于 A_2,A_3 没有装错,所以 $A_2=2,A_3=3$,于是 $A_1=j(j>3)$,从而 A_1 有 $n-3$ 种取值,即有 $n-3$ 种合乎条件的装法. 由对称性,仅有 A_2,A_3 装错的情形也都有 $n-3$ 种合乎条件的装法,从而共有 $3n-9$ 种合乎条件的装法,所以

$$P(\xi=1)=\frac{3n-9}{A_n^3}.$$

当 $\xi=2$ 时,在 A_1,A_2,A_3 中选取 2 封为装错的信,有 3 种方法,考虑 A_1,A_2 都装错而 $A_3=3$ 的情形:如果 $A_1=2$,则 $A_2\neq 2,3$,于是 A_2 有 $n-2$ 种取值,如果 $A_1=j(j>3)$,则 A_1 有 $n-3$ 种取值,此时 $A_2\neq 2,3,j$,从而 A_2 也有 $n-3$ 种取值. 于是共有

$$(n-2)+(n-3)(n-3)=n^2-5n+7$$

种合乎条件的装法,所以

$$P(\xi=2)=\frac{3(n^2-5n+7)}{A_n^3}=\frac{3n^2-15n+21}{A_n^3}.$$

当 $\xi=3$ 时:

如果 $A_1=i$,其中 $i\in\{2,3\}$,则 A_1 有 2 种取值. 此时 $A_j\neq i,j$,其中 i,j 是 2,3 的一个排列,从而 A_i 有 $n-2$ 种取值,而 A_j 可取剩下的 $n-2$ 个值,于是有

$$2(n-2)(n-2)=2n^2-8n+8$$

种合乎条件的装法.

如果 $A_1=k(k>3)$,则 A_1 有 $n-3$ 种取值. 此时若 $A_2=3$,则 $A_3\neq 3,k$,从而 A_3 有 $n-2$ 种取值.

如果 $A_2=t(t\neq 2,3,k)$,则 A_2 有 $n-3$ 种取值,而 $A_3\neq 3,t,k$,从而 A_3 有 $n-3$ 种取值,于是有

$$(n-3)[(n-2)+(n-3)(n-3)]=n^3-8n^2+22n-21$$

种合乎条件的装法.

所以 $\xi=3$ 时,共有

$(2n^2-8n+8)+(n^3-8n^2+22n-21)=n^3-6n^2+14n-13$

种合乎条件的装法,于是

$$P(\xi=3)=\frac{n^3-6n^2+14n-13}{A_n^3}.$$

所以

$$E\xi = 0 \cdot \frac{1}{A_n^3}+1 \cdot \frac{3n-9}{A_n^3}+2 \cdot \frac{3n^2-15n+21}{A_n^3}$$

$$+3 \cdot \frac{n^3-6n^2+14n-13}{A_n^3}=\frac{3n^3-12n^2+15n-6}{n(n-1)(n-2)}$$

$$=\frac{3(n-2)(n-1)^2}{n(n-1)(n-2)}=\frac{3n-3}{n}.$$

猜想:有人准备给 n 个不同的朋友写信,他先写好了 n 个信封,当写好了 r 封信后,便随意将它们分别装入 r 个信封中,每个信封中装一封信,其中 n,r 是给定的正整数,且 $n \geqslant r$,设没有装到正确的信封中的信的封数为 ξ,则 ξ 的数学期望为 $\frac{nr-r}{n}$.

例5(第3届澳门数学奥林匹克竞赛试题) 设有一副圆形项链,其中项链 A 有 14 颗珍珠,项链 B 有 19 颗珍珠.对任意正奇数 n,用 $n,n+1,n+2,\cdots,n+32$ 给这 33 颗珍珠编号,使每个整数恰用 1 次,且相邻珍珠的编号互质,求证:至少有 7 种可行的编号方法.

分析与证明 注意到两个连续正整数必定互质,从而想到将其中一条项链用连续正整数对珍珠编号.

引入位置序号参数:用

$$n+k,n+k+1,\cdots,n+k+13$$

依次对项链 A 上珍珠编号,再用

$$n+k+14,n+k+15,\cdots,n+32,n,n+1,\cdots,n+k-1$$

依次对项链 B 上的珍珠编号($1 \leqslant k \leqslant 18$).

显然,此方法可行,当且仅当

$$(n+k, n+k+13) = (n+32, n)$$
$$= (n+k-1, n+k+14) = 1,$$

即
$$(n+k, 13) = (n, 32) = (n+k-1, 15) = 1. \qquad ③$$

由于 n 为奇数,$(n,32)=1$ 成立.

又 k 的连续 18 个值中至多有 2 个能使 $13 \mid n+k$,即至多有 2 个 k 值使 $(n+k,13) \neq 1$.

再注意到每连续 15 个数中与 15 互质的数的个数是相同的,而 $1,2,\cdots,15$ 中有 8 个数与 15 互质,于是 $k=1,2,\cdots,18,n+k-1$ 中的前 15 个数中有 8 个与 15 互质,而后 3 个数中至少有 1 个与 15 互质,所以一共至少有 9 个值使 $(n+k-1,15)=1$.

因此,至少有 $9-2=7$ 个 k 值使式③成立,即至少有 7 种编号合乎要求.

另外,当 $n=99$ 时,则只有 $k=3,6,8,9,11,14,15$ 这 7 个数使上式成立,所以编号的最少次数为 7.

例 6(第 3 届拉丁美洲数学奥林匹克竞赛试题) 给定自然数 n,若 n 个 $(n \geqslant 3)$ 互异的自然数中任何 3 个不成等差数列,则称这 n 个自然数构成的集合为好集,求证:在所有好集中,存在一个集合,它的元素的倒数和最大.

分析与证明 我们的目标是要找使 $S\left(\dfrac{1}{A}\right)$($A$ 中所有元素的倒数和)最大的好 n 元集 A,由于 $\mathbf{N}$ 中的好 n 元集有无数个,应将无限化为有限,即在 $\mathbf{N}$ 的一个有限子集中找好子集.

为使 $S\left(\dfrac{1}{A}\right)$ 最大,应使 A 中元素尽可能小,因此,可在前"若干"个自然数 $1,2,3,\cdots,f(n)$ 中找最大的好 n 元集,其中 $f(n)$ 是待定的位置序号参数.

令 $M=\{1,2,\cdots,f(n)\}$,先找充分大的 $f(n)$,使 M 的任何好

$r(r<n)$元集,都可补进 M 中的一些元素,使之成为 n 元好集. 我们先证明下述引理:

引理 1 对给定的 n,都存在 $f(n)$,使其对 $M=\{1,2,\cdots,f(n)\}$ 的任何好 $r(r<n)$ 元集,都可补进 M 中的一个元素,使之成为 $r+1$ 元好集.

实际上,可任取一个好子集 $A \cup M$,$|A|=r<n$. 不妨设 $A=\{a_1, a_2,\cdots,a_r\}$.

若数 x 使 $A\cup\{x\}$ 不是好集,那么,必存在 a_i,a_j 使 x,a_i,a_j 适当排列后成等差数列. 但对给定的 2 个数 a_i,a_j,至多有 3 个数 $2a_i-a_j$,$2a_j-a_i$,$\dfrac{a_i+a_j}{2}$ 与它们构成等差数列. 于是所有使 $A\cup\{x\}$ 不是好集的 x 至多有 $3C_r^2 \leqslant 3C_{n-1}^2$ 个.

注意到 $M\setminus A$ 中至少有 $f(n)-r \geqslant f(n)-(n-1)$ 个元素,取 $f(n)-(n-1)>3C_{n-1}^2$ 即可. 比如,$f(n)=n^3$,则 $M\setminus A$ 中必存在数 y,使 $A\cup\{y\}$ 仍为好集,引理获证.

证明 1 首先,$\{1,2,4\}$ 是好 3 元集:若 $3<n$,由引理 1 知,必可补进 M 的一个元素,得到 M 的 4 元好子集;若 $4<n$,则再由引理 1 知,必可得到 M 的 5 元好子集. 如此下去,必可找到 M 的一个 n 元好子集(非空).

由于 M 是有限集,从而其好子集个数有限(有限性),记 M 中使 $S\left(\dfrac{1}{A}\right)$ 最大的一个好子集为 A,则 A 是 $\mathbf{N}$ 中元素倒数和最大的一个好 n 元集.

实际上,对任何一个好 n 元集 B,若 $B \cup M$,由 A 的最大性,有
$$S\left(\dfrac{1}{A}\right) \geqslant S\left(\dfrac{1}{B}\right).$$

若 B 不是 M 的子集,那么,由引理 1,可用 M 中的元素将 $M\cap B$ 扩充成一个 M 的 n 元好子集 B',由于扩充的元素都小于 B 中的元素,

所以
$$S\left(\frac{1}{B'}\right) \geqslant S\left(\frac{1}{B}\right).$$

又 B' 是 M 的子集,由 A 的最大性,有
$$S\left(\frac{1}{A}\right) \geqslant S\left(\frac{1}{B'}\right) \geqslant S\left(\frac{1}{B}\right).$$

证毕.

证明 2 对 n 归纳.

当 $n=1$ 时,显然 $A=\{1\}$ 为所求.

当 $n=2$ 时,显然 $A=\{1,2\}$ 为所求.

当 $n=3$ 时,我们证明 $A=\{1,2,4\}$ 为所求,此时
$$S\left(\frac{1}{A}\right) = 1 + \frac{1}{2} + \frac{1}{4} = \frac{7}{4}.$$

实际上,对 $A'=\{a<b<c\}$:

(1) 若 $a\geqslant 2$,则
$$S\left(\frac{1}{A'}\right) \leqslant \frac{1}{2} + \frac{1}{3} + \frac{1}{4} = \frac{13}{12} < \frac{7}{4} = S\left(\frac{1}{A}\right).$$

(2) 若 $a=1, b\geqslant 3$,则
$$S\left(\frac{1}{A'}\right) \leqslant 1 + \frac{1}{3} + \frac{1}{4} < \frac{7}{4} = S\left(\frac{1}{A}\right).$$

(3) 若 $a=1, b=2$,则 $S\left(\frac{1}{A'}\right) \leqslant 1 + \frac{1}{2} + \frac{1}{4} < \frac{7}{4} = S\left(\frac{1}{A}\right).$

同理可知,当 $n=4$ 时,$A=\{1,2,4,7\}$ 为所求.

一般地,设 $A_n=\{a_1,a_2,\cdots,a_n\}$ 是使 $S\left(\frac{1}{A_n}\right)$ 最大的好集,则必有数 x,使 $A\cup\{x\}$ 是好集.

实际上,同上面证法,可引入待定的位置序号参数 $f(n)$. 若 x 使 $A\cup\{x\}$ 不是好集,那么,必存在 a_i, a_j 使 x, a_i, a_j 适当排列后成等差数列,但对给定的两个数 a_i, a_j,至多有 3 个数 $2a_i-a_j, 2a_j-a_i, \dfrac{a_i+a_j}{2}$

与它们构成等差数列. 于是所有使 $A\cup\{x\}$ 不是好集的 x 至多有 $3C_r^2 \leqslant 3C_{n-1}^2$ 个. 注意到 $M\backslash A$ 中至少有 $f(n)-r\geqslant f(n)-(n-1)$ 个元素, 取 $f(n)-(n-1)>3C_{n-1}^2$, 如 $f(n)=n^3$, 则 $M\backslash A$ 中必存在数 x, 使 $A\cup\{x\}$ 为好的, 设这样的 x 中最小的一个为 x_0, 且 $A_{n+1}=\{x_0, a_1, a_2, \cdots, a_n\}$, 若 A_{n+1} 是所有 $n+1$ 元好集中倒数和最大的集合, 则结论成立; 否则存在好集 $B_{n+1}=\{b_1, b_2, \cdots, b_{n+1}\}$, 使

$$\frac{1}{b_1}+\frac{1}{b_2}+\cdots+\frac{1}{b_{n+1}}>\frac{1}{x_0}+\frac{1}{a_1}+\frac{1}{a_2}+\cdots+\frac{1}{a_n}.$$

若存在 $b_i \geqslant x_0$, 不妨设 $b_1 \geqslant x_0$, 则

$$\frac{1}{b_2}+\frac{1}{b_3}+\cdots+\frac{1}{b_{n+1}}>\frac{1}{a_1}+\frac{1}{a_2}+\cdots+\frac{1}{a_n}. \quad ④$$

注意到 $\{b_2, b_3, \cdots, b_{n+1}\}$ 为 n 元好集, 与 A_n 的最大性矛盾. 所以对一切 $i=1,2,\cdots,n+1$, 都有 $b_i<x_0$, 从而满足式④的 B_{n+1} 只有有限个, 取其中倒数和最大的一个为 B'_{n+1}, 命题获证.

注 本题若先找到一个好 n 元集是很容易的, 如 $\{1,2,2^2,\cdots,2^{n-1}\}$ 便是好 n 元集, 但对此集合也需利用引理扩充.

例7(第10届土耳其数学奥林匹克竞赛试题) 设 n 是给定的大于 1 的整数, $(a_1,a_2,\cdots,a_n)$ 是 $1,2,\cdots,n$ 的一个排列. 在数轴上的点 k 处摆 $a_k(k=1,2,\cdots,n)$ 个苹果, 今有 A,B,C 3 个人, 每个人都位于 $1,2,\cdots,n$ 中的某个点处(可以有若干人位于同一点), 对每个 $1\leqslant k\leqslant n$, 如果恰有一个人距离点 k 最近, 则该人得到这 a_k 个苹果; 如果同时有几个人距离点 k 最近, 则他们平分这 a_k 个苹果.

对 A,B,C 所在位置, 如果任何人都不能只通过移动自己的位置来获得更多的苹果, 则称 A,B,C 所在位置形成一个稳定状态. 求 n 的最大值, 使得 $1,2,\cdots,n$ 的某个排列 $(a_1,a_2,\cdots,a_n)$ 存在稳定状态.

分析与解 对一个稳定状态, 引入位置序号参数: 设 A,B,C 所在的位置分别为 x_A, x_B, x_C, 将稳定状态记为 (x_A, x_B, x_C), 不妨设 $x_A \leqslant x_B \leqslant x_C$.

3 位置参数

易知点 x_A 与 x_B 及 x_B 与 x_C 之间无间隙(可以重合),否则,假定 $x_A+2\leqslant x_B$,则将 A 移至 x_A+1,A 的苹果数增多,矛盾.

于是根据 x_A,x_B,x_C 的取值有几个相等可以为如下 3 类:

(1) x_A,x_B,x_C 都相等,此时则 A,B,C 平分所有苹果,即每个点 k 处都是 3 个人距离它最近,所以

$$P(A)=P(B)=P(C)=\frac{1}{3}S,$$

其中 $S=1+2+\cdots+n$,而 $P(A)$ 表示 A 得到的苹果数.

记 $x_A=x_B=x_C=k$,注意到点 k 处最多放 n 个苹果,即 $a_k\leqslant n$,于是

$$(a_1+a_2+\cdots+a_{k-1})+(a_{k+1}+a_{k+2}+\cdots+a_n)$$
$$=S-a_k\geqslant S-n.$$

不妨设

$$a_1+a_2+\cdots+a_{k-1}\geqslant\frac{1}{2}(S-n),$$

设想将 A 移至 $k-1$,由 (x_A,x_B,x_C) 是稳定的知

$$\frac{1}{2}(S-n)\leqslant\frac{1}{3}S,$$

解得 $n\leqslant 5$.

(2) x_A,x_B,x_C 中恰有 2 个相等,此时由对称性,可设 $x_A=x_B=k,x_C=k+1$,则

$$P(A)=P(B)=\frac{1}{2}(a_1+a_2+\cdots+a_k),$$
$$P(C)=a_{k+1}+a_{k+2}+\cdots+a_n.$$

设想将 A 移至 $k-1$,有

$$a_1+a_2+\cdots+a_{k-1}\leqslant\frac{1}{2}(a_1+a_2+\cdots+a_k),$$

设想将 A 移至 $k+2$,有

$$a_{k+2}+a_{k+3}+\cdots+a_n \leqslant \frac{1}{2}(a_1+a_2+\cdots+a_k).$$

两式相加,得
$$(a_1+a_2+\cdots+a_{k-1})+(a_{k+2}+a_{k+3}+\cdots+a_n)$$
$$\leqslant a_1+a_2+\cdots+a_k.$$

注意到第一式可变为 $a_1+a_2+\cdots+a_{k-1}\leqslant a_k$,代入上式,得
$$S-a_k-a_{k+1}\leqslant 2a_k,$$

即
$$S\leqslant 3a_k+a_{k+1}\leqslant 3n+n=4n,$$

其中等号不成立,这是因 a_k,a_{k+1} 中至多有 1 个为 n,于是 $S<4n$,解得 $n<7$,即 $n\leqslant 6$.

(3) x_A,x_B,x_C 互不相等,此时
$$x_A=k-1, \quad x_B=k, \quad x_C=k+1,$$

则
$$P(A)=a_1+a_2+\cdots+a_{k-1},$$
$$P(B)=a_k,$$
$$P(C)=a_{k+1}+a_{k+2}+\cdots+a_n.$$

因为
$$P(B)=a_k\leqslant n,$$

所以
$$P(A)+P(C)=S-a_k\geqslant S-n.$$

不妨设
$$P(A)=a_1+a_2+\cdots+a_{k-1}\geqslant \frac{1}{2}(S-n).$$

设想将 B 移至 $k-1$,则有
$$\frac{1}{2}P(A)+\frac{1}{3}P(B)\leqslant P(B),$$

即

$$3P(A) \leqslant 4P(B).$$

所以

$$\frac{3}{2}(S-n) \leqslant 3P(A) \leqslant 4P(B) \leqslant 4n,$$

解得 $n \leqslant 6$.

所以不论哪种情况,都有 $n \leqslant 6$.

当 $n=6$ 时,取排列为 $(2,5,6,4,3,1)$,而 x_A, x_B, x_C 分别为 $2,3,4$. 此时

$$P(A)=2+5=7, \quad P(B)=6, \quad P(C)=4+3+1=8.$$

容易验证 (x_A, x_B, x_C) 是稳定的.

例 8 一幢 33 层的大楼有一部电梯停在第一层,它最多能容纳 32 人,而且只能在第 2 层至第 33 层中的某一层停一次. 对每个人来说,若他往下走一层楼梯感到 1 分不满意,往上走一层楼梯感到 3 分不满意. 现在有 32 个人在第 1 层,并且他们分别住在第 2 至第 33 层的每一层. 问:电梯停在哪一层,可以使得这 32 个人感到不满意的总分达到最低? 最低值是多少? (有些人可以不乘电梯而直接从楼梯上楼.)

分析与解 易知,这 32 个人恰好是第 2 至第 33 层各住 1 人. 对每个乘电梯上、下楼的人,他所住的层数一定大于直接走楼梯上楼的人所住的层数.

事实上,可引入位置序号参数:设住第 s 层的人乘电梯上楼,而住第 t 层的人直接走楼梯上楼 ($s<t$). 交换两人上楼方式,其余的人不变,则不满意总分不增. 设电梯停在第 x 层,分情况讨论如下:

(1) 当 $x<s<t$ 时,若住第 s 层的人乘电梯上楼,而住第 t 层的人直接走楼梯上楼,则二者感到不满意的总分为 $3t+3s-3x-3$;交换两人上楼方式,则二者感到不满意的总分也为 $3t+3s-3x-3$.

(2) 当 $x=s<t$ 时,若住第 s 层的人乘电梯上楼,而住第 t 层的人

直接走楼梯上楼,则二者感到不满意的总分为 $3t-3$;交换两人上楼方式,则二者感到不满意的总分也为 $3t-3$.

(3) 当 $s<x<t$ 时,若住第 s 层的人乘电梯上楼,而住第 t 层的人直接走楼梯上楼,则二者感到不满意的总分为 $3t+x-s-3$;交换两人上楼方式,则二者感到不满意的总分为 $3t-3x+3s-3$,前者比后者多 $4x-4s>0$.

(4) 当 $s<x=t$ 时,若住第 s 层的人乘电梯上楼,而住第 t 层的人直接走楼梯上楼,则这两者感到不满意的总分为 $4t-s-3$;交换两人上楼方式,则二者不满意总分为 $3s-3$,前者比后者多 $4t-4s>0$.

(5) 当 $s<t<x$ 时,若住第 s 层的人乘电梯上楼,而住第 t 层的人直接走楼梯上楼,则二者感到不满意的总分为 $3t+x-s-3$;交换两人上楼方式,则二者感到不满意的总分为 $3s+x-t-3$,前者比后者多 $4t-4s>0$.

今设电梯停在第 x 层,在第 1 层有 y 人直接走楼梯上楼,那么二者不满意的总分为

$$
\begin{aligned}
S &= 3[1+2+\cdots+(33-x)]+3(1+2+\cdots+y) \\
&\quad +[1+2+\cdots+(x-y-1-1)] \\
&= \frac{3}{2}(33-x)(34-x)+\frac{3}{2}y(y+1) \\
&\quad +\frac{1}{2}(x-y-2)(x-y-1) \\
&= 2x^2-xy-102x+2y^2+3y+1\,684 \\
&= 2x^2-(y+102)x+2y^2+3y+1\,684 \\
&= 2\left(x-\frac{y+102}{4}\right)^2+\frac{15}{8}(y-6)^2+316 \geqslant 316.
\end{aligned}
$$

当 $x=27,y=6$ 时,$S=316$.

综上所述,当电梯停在第 27 层时,这 32 个人感到不满意的总分达到最低,最低值为 316 分.

3.2 关系参数

有些问题中,各个元素在相应状态中的位置并不能按照一定的规则排序,此时我们可以根据各个元素与某个特定元素的关系来刻画元素在状态中的位置. 我们称描述相关元素之间的关系的参数为关系参数. 常见的关系参数有:距离 d、角度 α、时刻 t 等.

例 1(原创题) 如图 3.2 所示,设正方体 $ABCD$-$A_1B_1C_1D_1$ 的边长为 1,试在对角线 BD_1 上求一点 P,在底面 $ABCD$ 上求一点 Q,使 $PQ+PC_1$ 的值最大.

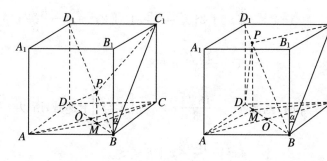

图 3.2

分析与解 先固定点 P,引入位置关系参数:令 $PB=x$,$\angle D_1BC_1=\alpha$,则

$$\cos\alpha=\frac{\sqrt{2}}{\sqrt{3}}=\frac{\sqrt{6}}{3},$$

$$PC_1^2=x^2+2-2\sqrt{2}x\cos\alpha=x^2+2-\frac{4\sqrt{3}}{3}x.$$

设 AC 交 BD 于点 O,作 $PM\perp$ 面 $ABCD$ 于 M,那么

$$\frac{PM}{1}=\frac{BM}{\sqrt{2}}=\frac{x}{\sqrt{3}},$$

所以

$$PM = \frac{\sqrt{3}}{3}x, BM = \frac{\sqrt{6}}{3}x.$$

当 $x \leqslant \frac{\sqrt{3}}{2}$ 时,M 在线段 OB 上,此时 $\angle MAD > 45° = \angle ADM$,所以 $MC = MA < MD$,则以 M 为圆心,MD 为半径的圆覆盖了正方形 $ABCD$,从而覆盖了点 Q,于是 $MQ \leqslant MD$,则 $PQ \leqslant PD$. 所以

$$PQ^2 \leqslant PD^2 = PM^2 + DM^2 = \frac{1}{3}x^2 + \left(\sqrt{2} - \frac{\sqrt{6}}{3}x\right)^2,$$

从而

$$(PQ + PC_1)^2 \leqslant 2(PQ^2 + PC_1^2)$$

$$\leqslant \frac{2}{3}x^2 + 2\left(\sqrt{2} - \frac{\sqrt{6}}{3}x\right)^2 + 2x^2 + 4 - \frac{8\sqrt{3}}{3}x$$

$$= 4x^2 - \frac{16\sqrt{3}}{3}x + 8.$$

当 $x \leqslant \frac{\sqrt{3}}{2}$ 时,函数 $4x^2 - \frac{16\sqrt{3}}{3}x + 8$ 在 $\left[0, \frac{\sqrt{3}}{2}\right]$ 上递减,所以

$$4x^2 - \frac{16\sqrt{3}}{3}x + 8 \leqslant 8,$$

即

$$(PQ + PC_1)^2 \leqslant 8, \quad PQ + PC_1 \leqslant 2\sqrt{2},$$

等号在 $x = 0$ 且 $PQ = PC_1$ 时成立,此时 P 在 B 处,Q 在 D 处.

当 $x > \frac{\sqrt{3}}{2}$ 时,M 在线段 OD 上,由对称性知,以 M 为圆心,MB 为半径的圆覆盖了正方形 $ABCD$,从而覆盖了点 Q. 所以 $MQ \leqslant MB$,从而 $PQ \leqslant PB$,则

$$PQ^2 \leqslant PB^2 = PM^2 + BM^2 = \frac{1}{3}x^2 + \left(\frac{\sqrt{6}}{3}x\right)^2 = x^2,$$

进而

$$(PQ+PC_1)^2 \leqslant 2(PQ^2+PC_1^2)$$
$$\leqslant 2x^2+2x^2+4-\frac{8\sqrt{3}}{3}x = 4x^2-\frac{8\sqrt{3}}{3}x+4.$$

当 $\frac{\sqrt{3}}{2} < x \leqslant \sqrt{3}$ 时,函数 $4x^2-\frac{8\sqrt{3}}{3}x+4$ 在 $\left(\frac{\sqrt{3}}{2}, \sqrt{3}\right]$ 上递增,所以

$$4x^2-\frac{8\sqrt{3}}{3}x+4 \leqslant 8,$$

即

$$(PQ+PC_1)^2 \leqslant 8, \quad PQ+PC_1 \leqslant 2\sqrt{2},$$

等号在 $x=0$ 且 $PQ=PC_1$ 时成立,但这两式不同时成立,所以

$$PQ+PC_1 < 2\sqrt{2}.$$

综上所述,当点 P 在点 B 处,点 Q 在点 D 处时,$PQ+PC_1$ 的值最大,且最大值为 $2\sqrt{2}$.

例 2(2008 年中国女子数学奥林匹克竞赛试题) 求最小常数 $a>1$,使得对正方形 $ABCD$ 内部任一点 P,都存在 $\triangle PAB$,$\triangle PBC$,$\triangle PCD$,$\triangle PDA$ 中的某两个三角形的面积之比属于区间 $[a^{-1}, a]$.

解法 1 设正方形 $ABCD$ 的边长为 1,引入位置关系参数,设点 P 到 AB,BC 的距离为 x,y,不妨设 $x \leqslant y \leqslant \frac{1}{2}$,则 4 个三角形的面积分别为

$$\frac{1}{2}x, \quad \frac{1}{2}y, \quad \frac{1}{2}(1-x), \quad \frac{1}{2}(1-y),$$

其中

$$\frac{1}{2}x \leqslant \frac{1}{2}y \leqslant \frac{1}{2}(1-y) \leqslant \frac{1}{2}(1-x).$$

设不小于 1 的两个三角形的面积比的最小者为 m,则

$$m = \min\left(\frac{y}{x}, \frac{1-y}{y}, \frac{1-x}{1-y}\right).$$

因为
$$\frac{y}{x} \geqslant \frac{1-x}{1-y} \Leftrightarrow y - y^2 \geqslant x - x^2 \Leftrightarrow (y-x)(1-x-y) \geqslant 0,$$

且最后一个不等式显然成立,所以
$$m = \min\left(\frac{1-y}{y}, \frac{1-x}{1-y}\right) \leqslant \min\left(\frac{1-y}{y}, \frac{1}{1-y}\right).$$

由 $\frac{1-y}{y} \geqslant \frac{1}{1-y}$,并注意到 $0 < y \leqslant \frac{1}{2}$,解得
$$0 < y \leqslant \frac{3-\sqrt{5}}{2},$$

于是:

当 $0 < y \leqslant \frac{3-\sqrt{5}}{2}$ 时,
$$m \leqslant \min\left(\frac{1-y}{y}, \frac{1}{1-y}\right) = \frac{1}{1-y} \leqslant \frac{1}{1-\frac{3-\sqrt{5}}{2}} = \frac{1+\sqrt{5}}{2}.$$

当 $y > \frac{3-\sqrt{5}}{2}$ 时,
$$m \leqslant \min\left(\frac{1-y}{y}, \frac{1}{1-y}\right) = \frac{1-y}{y} = \frac{1}{y} - 1$$
$$< \frac{1}{\frac{3-\sqrt{5}}{2}} - 1 = \frac{1+\sqrt{5}}{2}.$$

所以恒有 $m \leqslant \frac{1+\sqrt{5}}{2}$.

取 $y = \frac{3-\sqrt{5}}{2}, x \to 0$,则 $m \to \frac{1+\sqrt{5}}{2}$,而 $a \geqslant m$ 恒成立,故 a 的最小值为 $\frac{1+\sqrt{5}}{2}$.

解法 2 要使 a 最小,则 a 越接近 1 越好,这就要找到两个三角形,其面积充分接近.为此,应先将 4 个三角形按面积大小进行排序,取相邻两个面积作比.

首先证明 $a = \dfrac{1+\sqrt{5}}{2}$ 合乎条件,不妨设正方形边长为 $\sqrt{2}$.

对正方形 $ABCD$ 内部一点 P,令 S_1, S_2, S_3, S_4 分别表示 $\triangle PAB$,$\triangle PBC$,$\triangle PCD$,$\triangle PDA$ 的面积(图 3.3),则 $S_1 + S_3 = S_2 + S_4$,不妨设 $S_1 \geqslant S_3$,$S_2 \geqslant S_4$,且 $S_1 \geqslant S_2$,则 $S_4 \geqslant S_3$,于是 $S_1 \geqslant S_2 \geqslant S_4 \geqslant S_3$.

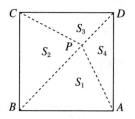

图 3.3

考察连续两个相邻三角形面积的比:令 $\lambda = \dfrac{S_1}{S_2}$,$\mu = \dfrac{S_2}{S_4}$,如果 $\lambda, \mu > \dfrac{1+\sqrt{5}}{2}$,则由 $S_1 + S_3 = S_2 + S_4 = 1$,得 $\dfrac{S_2}{1 - S_2} = \mu$,即 $S_2 = \dfrac{\mu}{1+\mu}$. 所以

$$S_1 = \lambda S_2 = \dfrac{\lambda \mu}{1+\mu} = \dfrac{\lambda}{\dfrac{1}{\mu}+1} > \dfrac{\lambda}{\dfrac{2}{1+\sqrt{5}}+1} > \dfrac{\dfrac{1+\sqrt{5}}{2}}{\dfrac{2}{1+\sqrt{5}}+1} = 1,$$

矛盾. 于是 λ, μ 中必有一个属于 $\left[\dfrac{2}{1+\sqrt{5}}, \dfrac{1+\sqrt{5}}{2}\right]$,所以 $a = \dfrac{1+\sqrt{5}}{2}$ 合乎条件.

以下证 $a \geqslant \dfrac{1+\sqrt{5}}{2}$.

实际上,若 $a < \dfrac{1+\sqrt{5}}{2}$,则 $a \in \left(1, \dfrac{1+\sqrt{5}}{2}\right)$,引入参数 t,使其满足

$$\max\left(a, \dfrac{1+\sqrt{3}}{2}\right) < t < \dfrac{1+\sqrt{5}}{2},$$

则

$$\dfrac{1+\sqrt{3}}{2} < t < \dfrac{1+\sqrt{5}}{2},$$

于是 $0 < 1+t-t^2 < \dfrac{1}{2}$. 令

$$S_1 = \dfrac{t^2}{1+t}, \quad S_2 = \dfrac{t}{1+t},$$

则

$$S_3 = 1 - S_1 = 1 - \dfrac{t^2}{1+t} = \dfrac{1+t-t^2}{1+t}, \quad S_4 = 1 - S_2 = \dfrac{1}{1+t},$$

此时

$$\dfrac{S_1}{S_2} = \dfrac{S_2}{S_4} = t > \max\left(a, \dfrac{1+\sqrt{3}}{2}\right) \geqslant a,$$

$$\dfrac{S_4}{S_3} = \dfrac{1}{1+t-t^2} > 2 > a.$$

由此可见,对任意 $i,j \in \{1,2,3,4\}$,都有 $\dfrac{S_i}{S_j} \notin [a^{-1}, a]$,矛盾.

综上所述,$a_{\min} = \dfrac{1+\sqrt{5}}{2}$.

例 3(第 31 届 IMO 备选题) 设 P 是体积为 1 的正四面体 T 内的一个点,过 P 作 4 个平面平行于 T 的 4 个面,将 T 分成 14 块,$f(P)$ 是那些既不是四面体也不是平行六面体的几何体的体积之和,求 $f(P)$ 的取值范围.

分析与解 设正四面体为 $ABCD$,考察与面 BCD 不平行的 3 个面,它们与面 BCD 有 3 条交线,这 3 条线交成一个三角形,此三角形与点 P 构成一个正四面体,共有 4 个四面体.

引入位置关系参数:设 P 到正四面体 $ABCD$ 的四个面 BCD, CDA, DAB, ABC 的距离为 d_1, d_2, d_3, d_4,令 $x_i = \dfrac{d_i}{h}$, h 为正四面体的高,则 $\sum\limits_{i=1}^{4} x_i = 1$,且分割成的 4 个小四面体的体积分别为 x_i^3(体积比等于对应高的立方比).

如图 3.4 所示,以 C 出发的 3 条棱为 3 度方向可得一个平行六面体(原四面体的 3 个侧面及 3 个截面,组成六面体),由对称性可作出 4 个平行六面体.平行六面体可分割为 2 个全等的三棱柱,每个三棱柱又可分割为 3 个等体积的三棱锥.其中有一个是 3 度为 x_i,x_j,x_k的三棱锥,体积为 $x_ix_jx_k$,于是平行六面体的体积分别为

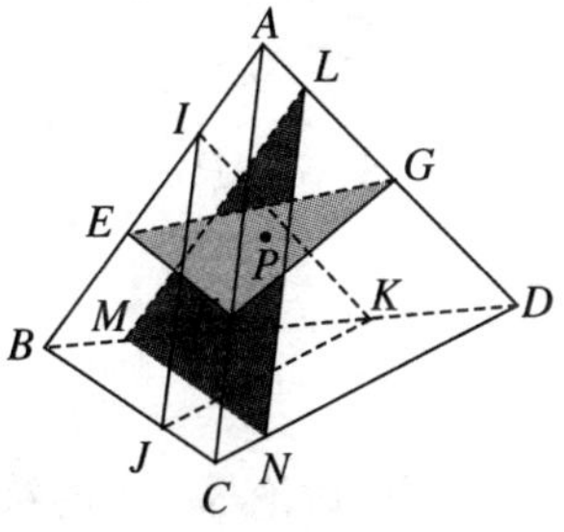

图 3.4

$$6\prod_{\substack{j\neq i\\1\leqslant j\leqslant 4}} x_j\,(i=1,2,3,4),$$

所以

$$f(P)=1-\sum_{i=1}^{4}x_i^3-\sum_{1\leqslant i<j<k\leqslant 4}6x_ix_jx_k.$$

$f(P)$ 是含有 4 个变量的 3 次函数,应对其进行不等式控制,以利用条件$\sum_{i=1}^{4}x_i=1$.

不妨设 $x_1+x_2\leqslant\frac{1}{2}$,令

$$x_1+x_2=t,x_3+x_4=1-t,x_1x_2=u\geqslant 0,x_3x_4=v\geqslant 0,$$

则

$$x_1^3+x_2^3=(x_1+x_2)^3-3x_1x_2(x_1+x_2)=t^3-3tu,$$

$$\begin{aligned}x_3^3+x_4^3&=(x_3+x_4)^3-3x_3x_4(x_3+x_4)\\&=(1-t)^3-3(1-t)v,\end{aligned}$$

$$x_1x_2x_3+x_1x_2x_4=x_1x_2(x_3+x_4)=(1-t)u,$$

$$x_1x_3x_4+x_2x_3x_4=x_3x_4(x_1+x_2)=tv,$$

$$\begin{aligned}\sum_{i=1}^{4}x_i^3&=(t^3-3tu)+(1-t)^3-3(1-t)v\\&=3t^2-3t-3tu+1+3(t-1)v,\end{aligned}$$

$$\sum_{1 \leqslant i<j<k \leqslant 4} x_i x_j x_k = (1-t)u + tv,$$

$$1 - f(P) = \sum_{i=1}^{4} x_i^3 + 6 \sum_{1 \leqslant i<j<k \leqslant 4} x_i x_j x_k$$

$$= 3t^2 - 3t + 1 + 3(2-3t)u + 3(3t-1)v$$

$$\geqslant 1 - 3t + 3t^2 + 3(3t-1)v.$$

下面讨论 $3t-1$ 的符号,以便进一步做舍项放缩.

(1) 若 $\dfrac{1}{3} \leqslant t \leqslant \dfrac{1}{2}$,则 $3t-1 \geqslant 0$,再舍弃 $3(3t-1)v$,消去 v,得

$$1 - f(P) \geqslant 1 - 3t + 3t^2 \geqslant \dfrac{1}{4},$$

其中等式在 $t = \dfrac{1}{2}, u = v = 0$,即 P 为棱的中点时成立.

(2) 若 $0 < t < \dfrac{1}{3}$,则 $1 - 3t > 0, 3t - 1 < 0$,此时可利用基本不等式改变结构消元:

$$v = x_3 x_4 \leqslant \dfrac{(x_3 + x_4)^2}{4} = \dfrac{(1-t)^2}{4},$$

$$1 - f(P) \geqslant 1 - 3t + 3t^2 + 3(3t-1) \cdot \dfrac{(1-t)^2}{4}$$

$$= 1 + (t-1)\left[3t + \dfrac{3}{4}(3t-1)(t-1)\right]$$

$$= 1 + (t-1)\left(\dfrac{9t^2}{4} + \dfrac{3}{4}\right)$$

$$= \dfrac{3(3t^2 + 1 - 3t)t}{4} + \dfrac{1}{4} \geqslant \dfrac{1}{4} \quad (\text{其中注意 } 1 - 3t > 0).$$

综上所述,不论哪种情形,都有 $0 \leqslant f(P) \leqslant \dfrac{3}{4}$,且 P 为四面体的顶点时,$f(P) = 0$,P 为四面体的棱的中点时,$f(P) = \dfrac{3}{4}$.

例4(美国数学月刊1994年7月号问题613) 对以下两种情

3 位置参数

况,分别求 n 的可能取值,使 $n\times n$ 棋盘上可放 n 只棋,且每行每列每条 45°及 135°对角线上都至多有 1 只棋:

(1) 如果认为棋盘只有 n 条 45°(135°)对角线,即第 $n+i$ 条对角线与第 i 条对角线看作是同一条对角线.

(2) 如果认为棋盘上有 $2n-1$ 条 45°(135°)对角线.

分析与解 (1) 棋盘有 n 行,共放 n 只棋,且每行至多有 1 只棋,从而每行恰有 1 只棋.同理,每列、每条 45°及 135°对角线都恰有 1 只棋.

为了确定棋盘中所放棋的位置,引入位置关系参数:对 $i=1,2,\cdots,n$,设第 i 行放的棋在第 $f(i)$ 列,并将此棋记为 $(i,f(i))$[注意我们没有把棋所在的格记为 $(x_1,y_1),(x_2,y_2),\cdots,(x_n,y_n)$],那么,每一列恰有 1 只棋等价于 $f(1),f(2),\cdots,f(n)$ 构成模 n 的完系.

从棋盘左上角的方格开始,将所有 45°对角线依次编号为 $1,2,\cdots,n$,则格 (x,y) 所在的 45°对角线的编号为 $x+y-1$.由此可见,每条 45°对角线上有 1 只棋等价于 $f(1),f(2)+1,\cdots,f(n)+n-1$ 构成模 n 的完系,即 $f(1)+1,f(2)+2,\cdots,f(n)+n$ 构成模 n 的完系.

从棋盘右上角的方格开始,将所有 135°对角线依次编号为 $1,2,\cdots,n$,则格 (x,y) 所在的 135°对角线的编号为 $x-y+n\equiv x-y \pmod{n}$.由此可见,每条 135°对角线上有 1 只棋等价于 $f(1)-1,f(2)-2,\cdots,f(n)-n$ 构成模 n 的完系.

由 $f(i)-i(i=1,2,\cdots,n)$ 构成模 n 的完系,有
$$\sum_{i=1}^{n}[f(i)-i]\equiv\sum_{i=1}^{n}i=\frac{n(n+1)}{2}\pmod{n}.$$
又
$$\sum_{i=1}^{n}[f(i)-i]=\sum_{i=1}^{n}f(i)-\sum_{i=1}^{n}i\equiv\sum_{i=1}^{n}i-\sum_{i=1}^{n}i\equiv 0\pmod{n},$$
所以

$$\frac{n(n+1)}{2} \equiv 0 \pmod{n},$$

从而 $\frac{n+1}{2} \in \mathbf{Z}$,即 n 为奇数. 此外,

$$\sum_{i=1}^{n}[f(i)-i]^2 + \sum_{i=1}^{n}[f(i)+i]^2 \equiv \sum_{i=1}^{n}[f(i)]^2$$

$$+ \sum_{i=1}^{n}i^2 + \sum_{i=1}^{n}[f(i)]^2 + \sum_{i=1}^{n}i^2 \equiv 4\sum_{i=1}^{n}i^2 \pmod{n}.$$

又 $f(i)-i, f(i)+i (i=1,2,\cdots,n)$ 都构成模 n 的完系,所以有

$$\sum_{i=1}^{n}[f(i)-i]^2 + \sum_{i=1}^{n}[f(i)+i]^2$$

$$\equiv \sum_{i=1}^{n}i^2 + \sum_{i=1}^{n}i^2 \equiv 2\sum_{i=1}^{n}i^2 \pmod{n},$$

从而 $4\sum_{i=1}^{n}i^2 \equiv 2\sum_{i=1}^{n}i^2$,移项,得 $2\sum_{i=1}^{n}i^2 \equiv 0 \pmod{n}$.

注意到 $(2,n)=1$,所以有 $\sum_{i=1}^{n}i^2 \equiv 0$,即

$$\frac{1}{6}n(n+1)(2n+1) \equiv 0 \pmod{n},$$

从而

$$\frac{1}{6}(n+1)(2n+1) \in \mathbf{N},$$

进而

$$\frac{1}{3}(n+1)(2n+1) \in \mathbf{N}.$$

若 $n=3k, (k \in \mathbf{N})$,则

$$\frac{1}{3}(n+1)(2n+1) = \frac{1}{3}(3k+1)(6k+1) = 6k^2+3k+\frac{1}{3},$$

非整数,矛盾. 所以 $3 \nmid n$,即 $(3,n)=1$. 又 $(2,n)=1$,所以 $(6,n)=1$.

反之,若 $(6,n)=1$,令 $f(k) \equiv 2k \pmod{n}$,则 $\{f(k)\}, \{f(k)-k\}, \{f(k)+k\}$ 分别为 $\{2k\}, \{k\}, \{3k\}$.

由于$\{k\}$构成模n的完系,$(2,n)=1$,$(3,n)=1$,所以$\{2k\}$,$\{3k\}$亦构成模n的完系,从而$(k,2k)$是合乎条件的布子方法.

综上可知,所求的n是一切与6互质的自然数.

(2) 当$n=2$时,显然不存在合乎条件的布子方法(简称不能布子).

当$n=3$时,考察第一行的布子,只有两种情况,这两种情况都不符合条件,故也不能布子.

设$n>3$,以下分情况讨论:

① 若$n=6m+1$或$6m+5$,则$(n,6)=1$,由(1)可知,可以布子.

② 若$n=6m$或$6m+4$,先构造$(n+1)\times(n+1)$的棋盘. 由于$(n+1,6)=1$,则$(k,2k)$($1\leqslant k\leqslant n+1$)是合乎条件的布子,其中$(k,2k)$表示格$a_{k,2k}$中放一只棋,下标按模$n+1$理解.

由于$[n+1,2(n+1)]$位于第$n+1$行,第$n+1$列,从而该行该列均只有1只棋,去掉第$n+1$行,第$n+1$列,剩下n行n列,没有棋同行同列同对角线,是合乎条件的布子.

③ 若$n=6m+2$,令

$$f(k) = 2k + \frac{n-1}{2} (\bmod n) \quad \left(0 \leqslant k \leqslant \frac{n-1}{2}\right),$$

$$f(k) = n-1-f(n-1-k) \quad \left(\frac{n}{2} \leqslant k \leqslant n-1\right),$$

则$[k,f(k)]$是合乎条件的布子.

④ 若$n=6m+3$,先按③作$[k,f(k)]$($1\leqslant k\leqslant 6m+2$)的布子,由于$f(k)\neq k$,则可增加第$6m+3$行第$6m+3$列并在$(6m+3,6m+3)$布1子,即得到$n\times n$的布子.

故所求的n的可能取值为大于3的一切自然数.

例5 在坐标平面的有限个格点上放棋子,每个格点上至多放1只棋子,对棋子进行如下操作:1只棋子可以沿水平或垂直方向跨越与它相邻的1只棋子到达下一个没有放棋子的格点(如果该格点上

放有棋子则此操作不能进行),而被跨越的那只棋子被拿掉.假定最初的棋子都在 x 轴下方或 x 轴上,问能否经过若干次操作,使某只棋子跳到直线 $y=5$ 上?

分析与解 考察一些特殊情况即可发现,目标状态是不能实现的,下面证明这一结论.

首先考虑如何用适当的符号描述放在坐标平面上的有限只棋.由于每只棋都在格点上,由此想到用有序数对 (x,y) 表示坐标为 (x,y) 的格点上的一只棋.

设想采用标数的方法,引入位置关系参数:令棋 (x,y) 的标数为 $f(x,y)$,考察所有棋的标数之和 S,希望最初状态中对应的和 S_1 与最终状态中对应的和 S_2 满足 $S_1 < S_2$,且 S 在操作中不增,则目标状态不能实现.

现在,根据上述目标要求来确定标数 $f(x,y)$.

尽管最初的棋子数不确定,但只有有限只,从而它们不可能布满下半平面(包括 x 轴).于是最初 S_1 小于下半平面内所有格点的标数的和,即

$$S_1 < \sum_{x=-\infty}^{+\infty} \sum_{y=-\infty}^{0} f(x,y).$$

为了便于计算 $\sum_{x=-\infty}^{+\infty} \sum_{y=-\infty}^{0} f(x,y)$,猜想可将参数 x,y 分离:

$$f(x,y) = p(x)q(y),$$

则

$$\sum_{x=-\infty}^{+\infty} \sum_{y=-\infty}^{0} f(x,y) = \sum_{x=-\infty}^{+\infty} \sum_{y=-\infty}^{0} p(x)q(y)$$

$$= \sum_{x=-\infty}^{+\infty} p(x) \sum_{y=-\infty}^{0} q(y).$$

由于涉及无穷和,自然想到"无穷递降等比数列"各项和公式,再设想取

3 位置参数

$$p(x) = t^x, \quad q(y) = t^y,$$

其中 $0 < t < 1$ (t 为待定元素参数).

下面根据 $S_1 < S_2$ 及操作中 S 不增来确定 t. 尽管 $t = \dfrac{1}{2}$ 是 $(0,1)$ 内最简单的数,但它并不满足上述要求. 先求 S_1. 考察

$$\sum_{x=-\infty}^{+\infty} p(x) = \sum_{x=-\infty}^{+\infty} t^x = \sum_{x=-\infty}^{0} t^x + \sum_{x=1}^{+\infty} t^x.$$

注意到 x 的值有正有负,而 $x < 0, 0 < t < 1$ 时,$t^x > 1$,上式右边第一个和是发散的,所以应将 $p(x)$ 修改为 $p(x) = t^{|x|}$,此时

$$\sum_{x=-\infty}^{+\infty} p(x) = \sum_{x=-\infty}^{+\infty} t^{|x|} = \sum_{x=-\infty}^{0} t^{-x} + \sum_{x=1}^{+\infty} t^x$$

$$= 1 + 2\sum_{x=1}^{+\infty} t^x = 1 + \frac{2t}{1-t}.$$

类似地,因为 $y \leqslant 0$,所以取 $q(y) = t^y$ 时,$\sum\limits_{y=-\infty}^{0} q(y) = \sum\limits_{y=-\infty}^{0} t^y$ 是发散的,从而应将 $q(y)$ 修改为 $q(y) = t^{|y|} = t^{-y}$,此时

$$\sum_{y=-\infty}^{0} q(y) = \sum_{y=-\infty}^{0} t^{-y} = \sum_{y=0}^{+\infty} t^y = \frac{1}{1-t}.$$

这样,格点 (x,y) 上棋的标数为

$$f(x,y) = t^{|x|} \cdot t^{-y} = t^{|x|-y},$$

则最初状态中,所有棋的标数的和为

$$S_1 < \sum_{x=-\infty}^{+\infty} \sum_{y=-\infty}^{0} t^{|x|-y} = \sum_{x=-\infty}^{+\infty} t^{|x|} \cdot \sum_{y=-\infty}^{0} t^{-y}$$

$$= \sum_{x=-\infty}^{+\infty} t^{|x|}(1 + t + t^2 + t^3 + \cdots)$$

$$= \sum_{x=-\infty}^{+\infty} \left(t^{|x|} \cdot \frac{1}{1-t}\right) = \frac{1}{1-t} \sum_{x=-\infty}^{+\infty} t^{|x|}$$

$$= \frac{1}{1-t} \sum_{x=-\infty}^{+\infty} t^{|x|} = \frac{1}{1-t}\left(1 + 2\sum_{x=1}^{+\infty} t^x\right)$$

$$= \frac{1}{1-t}\left(1+\frac{2t}{1-t}\right) = \frac{1}{1-t} + \frac{2t}{(1-t)^2} = \frac{1+t}{(1-t)^2}.$$

为了简化 $\frac{1+t}{(1-t)^2}$，进一步想象 $1-t$ 为 t 的方幂，注意到 $0<t<1$，即 $1-t>0$，从而可令 $1-t=t^2$，此时 $t=\frac{-1+\sqrt{5}}{2}$，满足 $0<t<1$ 的要求. 注意到 t 是方程 $1-t=t^2$ 的根，从而

$$t^2+t=1, \quad t(t+1)=1, \quad t+1=\frac{1}{t},$$

所以（注意：不要代入 t 的具体数值，而应由 t 满足的方程变形，采用整体代入）

$$S_1 < \frac{1+t}{(1-t)^2} = \frac{1+t}{t^4} = t^{-4} \cdot \frac{1}{t} = t^{-5}.$$

反设目标状态可以实现. 考察直线 $y=5$ 上的那只棋 $(x,5)$，它的标数为

$$f(x,5) = t^{|x|-5} = t^{-5} \cdot t^{|x|},$$

当 $x=0$（即棋在 y 轴上）时，上述标数达到最大值 t^{-5}.

由此可见，如果直线 $y=5$ 上的那只棋坐标为 $(0,5)$，则 $S_1 < S_2$. 因此，若我们将最初所有棋同时向左平移 x 个单位，则按规则操作后，该棋子最后到达 $(x-x,5)=(0,5)$，此时 $S_2 \geqslant t^{-5}$.

最后，我们只需验证，每只棋 (x,y) 标数 $f(x,y)=t^{|x|-y}$ 时，S 在操作中不增.

实际上，假定操作 1 次后，棋 $A(x,y)$ 横向跨越 1 只棋 $B(x+1,y)$ 到达 $C(x+2,y)$，这时，相当于去掉 2 只棋 $A(x,y)$、$B(x+1,y)$，加入 1 只棋 $C(x+2,y)$，所以 S 的增量为

$$\Delta = t^{|x+2|-y} - t^{|x|-y} - t^{|x+1|-y} = \frac{t^{|x+2|} - t^{|x|} - t^{|x+1|}}{t^y}.$$

当 $x \geqslant 0$ 时，

$$\Delta = \frac{t^{x+2} - t^x - t^{x+1}}{t^y} = \frac{t^x(t^2 - 1 - t)}{t^y} < \frac{t^x(t-1-t)}{t^y} < 0.$$

当 $-1 \leqslant x < 0$ 时,

$$\Delta = \frac{t^{x+2} - t^{-x} - t^{x+1}}{t^y} = \frac{t^x\left(t^2 - \frac{1}{t^{2x}} - t\right)}{t^y}$$

$$= \frac{t^x\left(1 - t - \frac{1}{t^{2x}} - t\right)}{t^y} < 0 \quad \left(t > \frac{1}{2}\right).$$

当 $-2 \leqslant x < -1$ 时,

$$\Delta = \frac{t^{x+2} - t^{-x} - t^{-x-1}}{t^y} = \frac{t^{-x-1}(t^{2x+3} - t - 1)}{t^y} < 0$$

(因为 $2x+3 > 0$, 有 $t^{2x+3} < 1$).

当 $x < -2$ 时,

$$\Delta = \frac{t^{-x-2} - t^{-x} - t^{-x-1}}{t^y} = \frac{t^{-x-2}(1 - t^2 - t)}{t^y} = 0$$

注意,若最初取 $t = \frac{1}{2}$,则此时的 $\Delta > 0$,所以 $t = \frac{1}{2}$ 不合乎要求.

所以恒有 $\Delta \leqslant 0$,即 S 在这样的操作下不增. 类似地,可以证明,S 在其他形式的操作下亦不增.

综上所述,不可能有棋子到达 $(0, 5)$.

例 6 平面上给出 n 个点,证明:可以作 $n+1$ 个同心圆,使得每个圆环中恰有一个已知点,且每个圆的半径都是最小圆半径的整数倍.

分析与解 先退一步,作 $n+1$ 个圆,使每个圆环内恰有 1 个已知点. 这是容易办到的:由于 n 个点最多可作 C_n^2 条线段,它们的中垂线也只有 C_n^2 条,取点 O 不在任何一条中垂线上,则 O 到所有已知点的距离互不相等,设为 $d_1 < d_2 < \cdots < d_n$.

现以 O 为圆心,分别以 $r_i (i = 1, 2, \cdots, n+1)$ 为半径作 $n+1$ 个圆,只要

$$r_1 < d_1 < r_2 < d_2 < \cdots < r_n < d_n < r_{n+1}, \qquad ①$$

则这 $n+1$ 个圆划分的 n 个圆环中都恰有 1 个已知点. 比如, 取 $r_1 = \dfrac{d_1}{2}$, 对 $i=2,3,\cdots,n$, 取 $r_i = \dfrac{d_{i-1}+d_i}{2}$, $r_{n+1}=d_n+1$ 即可(第一个圆内部没有已知点).

下面进行调整. 设 $r_1, r_2, \cdots, r_{n+1}$ 是满足式①的一组数, 现在设法取定 r_1, 使对任何 $i=2,3,\cdots,n+1$, 都存在相应的 k_i, 使

$$r_i = k_i r_1, \qquad ②$$

且不等式①仍成立.

先看要使满足式②的 k_2 存在, r_1 应满足什么条件. 由 $d_1 < r_2 < d_2$, 有 $d_1 < k_2 r_1 < d_2$. 显然, 这个不等式可分解为两个不等式:

$$k_2 r_1 > d_1, \qquad ③$$
$$k_2 r_1 < d_2, \qquad ④$$

其中要使式③成立是很容易办到的, 只要自然数 k_2 足够大即可. 但注意到 k_2 还应使式④成立, 因而想到取使式③成立的自然数中的最小者, 即

$$k_2 r_1 > d_1 \geqslant (k_2 - 1) d_1.$$

此时

$$k_2 r_1 = (k_2 - 1) r_1 + r_1 \leqslant d_1 + r_1.$$

于是要使式④成立, 则只要找一个充分条件 $d_1 + r_1 < d_2$, 即

$$r_1 < d_2 - d_1, \qquad ⑤$$

当 r_1 满足式⑤时, 合乎条件式④的 k_2 存在.

再看要使满足式②的 k_3 存在, 此时 r_1 又应满足什么条件. 由 $d_2 < r_3 < d_3$, 有 $d_2 < k_3 r_1 < d_3$. 显然, 这个不等式可分解为两个不等式:

$$k_3 r_1 > d_2, \quad k_3 r_1 < d_3.$$

前者是很容易办到的, 只要自然数 k_3 足够大即可. 但注意到 k_3 还应使后者成立, 因而想到取使前者成立的自然数中的最小者, 即 $k_3 r_1 > d_2 \geqslant (k_3 - 1) d_2$. 此时

$$k_3 r_1 = (k_3-1)r_1 + r_1 \leqslant d_2 + r_1.$$

于是只要 $d_2 + r_1 < d_3$,即

$$r_1 < d_3 - d_2. \qquad ⑥$$

于是当 r_1 满足式⑥时,合乎条件式②的 k_3 存在.

一般地,通过类似的讨论可知,当 $r_1 < d_i - d_{i-1}$ 时,相应的 k_i 存在. 于是取

$$r_1 < \min(d_1, d_2 - d_1, d_3 - d_2, \cdots, d_n - d_{n-1}), \qquad ⑦$$

则相应的 $k_2, k_3, \cdots, k_n$ 存在.

最后,取充分大的自然数 k_{n+1},可使 $k_{n+1} r_1 > d_n$. 由此可知,当 r_1 满足式⑦时,存在自然数 $k_2, k_3, \cdots, k_{n+1}$,使

$$r_1 < d_1 < k_2 r_1 < d_2 < \cdots < k_n r_1 < d_n < k_{n+1} r_1.$$

于是以 O 为圆心, $r_1, k_2 r_1, k_3 r_1, \cdots, k_n r_1, k_{n+1} r_1$ 为半径的 $n+1$ 个圆合乎题目要求.

习 题 3

1. (原创题)将 $1, 2, \cdots, n^2$ 填入 $n \times n$ 方格棋盘,每个方格填 1 个数,且每行从左至右都是公差为 1 的等差数列,如果棋盘的 n 个数中任何 2 个既不同行又不同列,则称这 n 个数的和为一个基本和,随机选取一个基本和,求该基本和等于所有基本和的算术平均值的概率.

2. (原创题)有一种特别列车,沿途共有 20 个车站(包括起点与终点),规定在同一车站上车的旅客不能在同一车站下车. 为了保证上车的旅客都有座位(每个旅客 1 个座位),问:该列车至少要安排多少个座位?

3. (原创题)设 m, n 是给定的正整数,在 $m \times n$ 棋盘的每个方格中,按下述规则各填一个数:先将第 1 行第 1 列的格填任意数,然后,对其他任意一个格,设所填的数是 x,而第 1 行中 x 列的数为 y,第 1 列中 x 行的数为 z,第 1 行第 1 列中的数为 a,那么 $a + x = y + z$. 这样,每个格都可填入唯一的数. 当在所有格中都填好数后,任取棋盘中的一个矩形,求在该矩形对角顶点的两格中所填的数的和相等的概率.

4. (1986 全国中学生数学冬令营试题)能否把 $1,1,2,2,3,3,\cdots,1986$, 1986 排成一行,使两个 1 之间夹着 1 个数,两个 2 之间夹着 2 个数,$\cdots\cdots$,两个 1 986 之间夹着 1 986 个数?

5. 圆周上有 800 个点,按顺时针方向标号为 $1,2,\cdots,800$,它们将圆周分为 800 段弧,今任选一点染红色,然后按下述法则染红其他点:若点 k 为红色,则按顺时针方向转过 k 段弧,将所达到的点染红,如此下去,问至多可得到多少个红点?

6. 设 D,E,F 分别位于 $\triangle ABC$ 的边 BC,CA,AB 上,用 $\Delta_1,\Delta_2,\Delta_3$ 和 Δ 分别表示三角形 AEF,BFD,CDE 和 ABC 的面积. 求证:

$$\sqrt{\Delta_1}+\sqrt{\Delta_2}+\sqrt{\Delta_3}\leqslant \frac{3\sqrt{\Delta}}{2}.$$

7. (第 24 届加拿大数学奥林匹克竞赛试题)一副牌有 $2n+1$ 张,由 1 张王及标 1 至 n 的牌(各 2 张)组成. 这些牌张排成一行,王在正中间,对每个 $k(1\leqslant k\leqslant n)$,2 张标 k 的牌之间恰有 $k-1$ 张牌. 确定所有不超过 10 并且有这种排法的 n,且判断对哪些 n,不可能这样排?

8. 证明:存在这样的平面四边形 $ABCD$,同时满足如下条件:

(1) $S_{ABCD}=1$.

(2) 对四边形 $ABCD$ 内任意一点 O,$S_{OAB},S_{OBC},S_{OCD},S_{ODA}$ 中至少有一个为无理数.

9. 设矩形 $ABCD$ 中,$AB=a,BC=b(a\geqslant b)$,若该矩形可以覆盖一个正方形,求正方形边长 x 的最大值.

10. (1998 年俄罗斯城市数学竞赛题)求证:对任意给定的正整数 n,存在正数 $e>0$,使对任何 n 个正数 $a_1,a_2,\cdots,a_n$,都存在正数 $t>0$,使 $\{ta_1\}$, $\{ta_2\},\cdots,\{ta_n\}\in\left(e,\dfrac{1}{2}\right)$,其中 $\{x\}$ 表示 x 的小数部分,即 $\{x\}=x-[x]$.

习题 3 解答

1. 数表的第 k 行的数为

$$(k-1)n+1,(k-1)n+2,\cdots,(k-1)n+n,$$

3 位置参数

设第 k 行取出的数为 $(k-1)n+a_k$,由于这些数不同列,所以 $a_1,a_2,\cdots,a_n$ 是 $1,2,\cdots,n$ 的一个排列,所取出的 n 个数之和为

$$\sum_{k=1}^{n}[(k-1)n+a_k]=n\sum_{k=1}^{n}(k-1)+\sum_{k=1}^{n}a_k$$
$$=n\frac{n(n-1)}{2}+\frac{n(n+1)}{2}=\frac{n(n^2+1)}{2},$$

于是任何基本和都等于所有基本和的算术平均值,故所求概率为 1.

2. 为了保证上车的旅客都有座位,则需列车通过任何站的时刻上车的旅客都有座位.

引入位置时刻参数:考察列车在第 j 站出发时所需要的座位个数. 列车在第 j 站出发时车上所有的乘客可能包含在第 $1,2,\cdots,j$ 站上车的某些乘客. 注意,整个过程中,有乘客上车的同时其中也有些乘客下车.

对固定的 $i(1\leqslant i\leqslant j)$,在第 i 站上车的旅客中,当列车通过第 j 站时仍然留在车上的至多有 $20-j$ 人,这是因为同在第 i 站上车要在不同的车站下车,而后面只有 $20-j$ 个站. 注意到 $i=1,2,\cdots,j$,于是列车在第 j 站出发时最多需要 $j(20-j)$ 个座位. 当 j 取遍 $1,2,\cdots,20$ 时, $j(20-j)$ 的值分别为 $19,36,51,64,75,84,91,96,99,100,99,96,91,84,75,64,51,36,19$,故列车有 100 个座位就已足够. 另外,当第 $i(1\leqslant i\leqslant 10)$ 站上 $20-i$ 人时,前 10 个站上车的旅客在后面的站都分别有一个人下车,于是当列车从第 10 站出发时,车上有旅客 $10\times 10=100$ 人,这时列车需要 100 个座位. 综上所述,列车至少要安排 100 个座位.

3. 引入位置参数:将棋盘的第 i 行第 j 列的格表示为 a_{ij},格 a_{ij} 中填的数也用 a_{ij} 表示. 考察棋盘中任取的一个矩形,设它的 4 个角上的方格为 $a_{ij},a_{it},a_{sj},a_{st}$,其中 $i<s,j<t$. 由填数的规则,有

$$a_{ij}=a_{1j}+a_{i1}-a_{11},\quad a_{it}=a_{1t}+a_{i1}-a_{11},$$
$$a_{sj}=a_{1j}+a_{s1}-a_{11},\quad a_{st}=a_{1t}+a_{s1}-a_{11},$$

于是

$$a_{ij}+a_{st}=(a_{1j}+a_{i1}-a_{11})+(a_{1t}+a_{s1}-a_{11})$$
$$=a_{1j}+a_{i1}+a_{1t}+a_{s1}-2a_{11},$$
$$a_{it}+a_{sj}=(a_{1t}+a_{i1}-a_{11})+(a_{1j}+a_{s1}-a_{11})$$

$$= a_{1j} + a_{i1} + a_{1r} + a_{s1} - 2a_{11},$$

所以 $a_{ij} + a_{sr} = a_{it} + a_{sj}$,从而所求概率为 1.

4. 假定存在合乎条件的排列方法,考察两个 i 所在位置,引入位置序号参数:设其中一个 i 在第 $a_i (i=1,2,\cdots,1986;a_i$ 是 i 所在位置的代号)号位上,另一个 i 在第 $b_i (a_i < b_i)$ 号位上,则 a_i 号位与 b_i 号位之间恰有 i 个位置,于是 $a_i - b_i = i + 1$,所以

$$a_i + b_i \equiv a_i - b_i = i + 1 \pmod{2}.$$

此外,$a_1,a_2,\cdots,a_{1986},b_1,b_2,\cdots,b_{1986}$ 是 $1,2,\cdots,2\cdot 1986$ 的一个排列,从整体上考虑所有数的和,有

$$a_1 + a_2 + \cdots + a_{1986} + b_1 + b_2 + \cdots + b_{1986}$$
$$= 1 + 2 + \cdots + 2 \cdot 1986 = 3973 \cdot 1986 \equiv 0 \pmod{2},$$

所以

$$0 \equiv a_1 + a_2 + \cdots + a_{1986} + b_1 + b_2 + \cdots + b_{1986}$$
$$= (a_1 + b_1) + (a_2 + b_3) + \cdots + (a_{1986} + b_{1986})$$
$$= (1+1) + (2+1) + \cdots + (1986+1)$$
$$= (1+2+\cdots+1986) + 1986 = 1987 \cdot 993 + 1986 \equiv 1 \pmod{2},$$

矛盾. 故合乎条件的排列方法不存在.

5. 引入位置参数:设第一个红点的标号为 k,则所有红点的标号依次为 $k, 2k, 2^2k, \cdots, 2^n k, \cdots$. 现在要寻找正整数 k,使 $X_k = \{2^n k \pmod{800} | n = 0, 1, 2, \cdots\}$ 有最多的元素. 当 $n \geqslant 5$ 时,对任何正整数 k,都有 $2^n k \equiv 0 \pmod{32}$,即 $2^n k \pmod{32}$ 有唯一的取值.

又对任何正整数 k,都有 $2^n k \pmod{25}$ 以 $\varphi(25) = 20 (n=5,6,\cdots)$ 为周期,于是 $2^n k \pmod{25}$ 至多有 20 个不同的取值. 因为 $(25, 32) = 1$,所以 $2^n k \pmod{800}$ 在 $n = 5, 6, \cdots$ 时,至多有 20 个不同的取值.

又 $2^n k \pmod{800}$ 在 $n = 0, 1, 2, 3, 4$ 时有 5 个不同的取值,所以 $|X_k| \leqslant 20 + 5 = 25$. 取 $k = 1$,则

$$X_k = \{1, 2, 4, 8, 16, 32, 64, 128, 256, 512, 224, 448, 96, 192, 384,$$
$$768, 736, 672, 544, 288, 576, 352, 704, 608, 416\},$$

此时$|X_k|=25$. 综上所述,红点个数的最大值为 25.

6. 为了确定 D,E,F 的位置,引入位置参数:令 $AF=\lambda AB, BD=\delta BC, CE=\gamma CA(0\leqslant\lambda,\delta,\gamma\leqslant1)$,则

$$2\sqrt{\frac{\Delta_1}{\Delta}}=2\sqrt{\lambda(1-\gamma)}\leqslant\lambda+(1-\gamma),$$

$$2\sqrt{\frac{\Delta_2}{\Delta}}=2\sqrt{\delta(1-\lambda)}\leqslant\delta+(1-\lambda),$$

$$2\sqrt{\frac{\Delta_3}{\Delta}}=2\sqrt{\gamma(1-\delta)}\leqslant\gamma+(1-\delta),$$

三式相加即得证.

7. 引入位置序号参数:设标 i 的牌从左数起位置为 a_i 与 $b_i(a_i<b_i, i=1, 2,\cdots,n)$. 因为王牌位置为 $n+1$,所以 $b_i=i+a_i$,从而

$$(a_1+a_2+\cdots+a_n)+(b_1+b_2+\cdots+b_n)=1+2+\cdots+(2n+1),$$

化简,得 $4(a_1+a_2+\cdots+a_n)=3n(n+1)$,因此 $4|n(n+1)$.

由此可见,$n=1,2,5,6,9,10$ 不满足上述要求.

$n=3$ 时,排列为 232W311.

$n=4$ 时,排列为 2423W4311.

$n=7$ 时,排列为 2723563W7546114.

$n=8$ 时,排列为 78426247W86531135.

其中 W 代表王.

8. 如图所示,为了便于计算面积,可构造一个特殊的四边形,但平行四边形不合乎条件,不妨从梯形入手. 考察梯形 $ABCD$,其中 $AB//CD, AB>CD$,为了便于计算梯形的面积,取梯形的高为 1,引入位置序号参数:记 $AB=x, CD=y(x>y)$,则

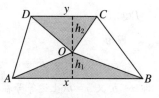

题 8 答案图

$$1=S_{ABCD}=\frac{1}{2}\cdot(x+y),$$

于是 $x+y=2$. 假定梯形 $ABCD$ 不合乎条件,则该梯形内存在一点 O,使 S_{OAB}, S_{OCD} 都是有理数,即使 xh_1, yh_2 都是有理数,其中 h_1, h_2 是点 O 到 AB,

CD 的距离. 令 $xh_1=a, yh_2=b$, 则

$$1 = h_1 + h_2 = \frac{a}{x} + \frac{b}{y} = \frac{a}{x} + \frac{b}{2-x},$$

即

$$x^2 + (b-a-2)x + 2a = 0. \qquad ①$$

现在,适当选取 $x(1<x<2)$,使方程①不成立,则梯形 ABCD 合乎条件. 合乎上述要求的 x 是存在的(有无穷多个),实际上,因为方程①的系数都是有理数,从而可以化为整系数的二次方程,由二次方程的求根公式可知,方程①的根具有 $\frac{a+b\sqrt{c}}{p}$ 的形式(其中 p,a,b,c 都是整数),而区间(1,2)中不具这种形式的实数有无穷多个,如 $x_n = \sqrt{\pi + \frac{1}{2n}} (n=1,2,\cdots)$,又如 $x_n = \sqrt[n+2]{2}(n=1,2,\cdots)$ 等. 由此可见,作梯形 ABCD,其中 $AB/\!/CD$,AB 与 CD 间的距离为 1,且 $AB=\sqrt{\pi}, CD=2-\sqrt{\pi}$,则梯形 ABCD 合乎条件.

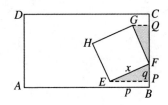

题 9 答案图

9. 先不妨设正方形有一个顶点在矩形 ABCD 的边上(否则平移矩形 ABCD 即可). 设 F 在 BC 边上,作 $EP \perp BC$ 于 P,作 $GQ \perp BC$ 于 Q,则 $\triangle EPF \cong \triangle FQG$. 引入位置关系参数:令 $EP=p, BF=q$,则 $FQ=p, GQ=q$,如图所示,所以 $x=\sqrt{p^2+q^2}$,其中 $p+q=PQ \leqslant b$.

因为

$$x^2 = p^2 + q^2 \leqslant (p+q)^2 = PQ^2 \leqslant BC^2 = b^2,$$

即 $x \leqslant b$. 又 $x=b$(上述等号在 $pq=0$ 时成立)时,矩形 ABCD 显然可以覆盖正方形,从而 $x_{\max}=b$.

10. 我们注意一个事实:$\{x\} \in (a,b) \Leftrightarrow$ 存在整数 m,使 $x \in (a+m, b+m)$.

下面,对 n 用数学归纳法证明更一般的结论:对任何实数 $0<r<1$(题中"$\frac{1}{2}$"换成任何小于 1 的正数 r),存在 $0<e<r$(要构造 e,且 e 与 r

3 位置参数

有关),使对任何 n 个正数 $a_1, a_2, \cdots, a_n$,都存在正数 $t>0$(要构造 t,且 t 与 $a_1, a_2, \cdots, a_n$ 有关),使 $\{ta_1\}, \{ta_2\}, \cdots, \{ta_n\} \in (e, r)$.

我们设法找到 t,使所有 $\{ta_1\}, \{ta_2\}, \cdots, \{ta_n\}$ 都属于一个很小的区间,可由归纳假设找到 t',把 $\{t'a_1\}, \{t'a_2\}, \cdots, \{t'a_{n-1}\}$ 控制在一个更小的区间 (e', r') 中,其中 e' 由归纳假设给出,而参数 r' 待定.

引入位置关系参数:取 $t = f(t', r, a_n)$. 设法将 ta_n 控制在另一个小区间中:将 $1t'a_n, 2t'a_n, \cdots, (N+1)t'a_n$ 的小数部分归入 $[0,1)$ 的划分区间;然后在两个小区间中取小的一个即可. 其中 t 与 t' 相关,是因为将 $1t'a_n, 2t'a_n, \cdots, (N+1)t'a_n$ 的小数部分归入 $[0,1)$ 的划分区间;t 与 r 相关,是因为最后的小区间应以 r 为端点;t 与 a_n 相关,是因为所找的 t 应由 $a_1, a_2, \cdots, a_n$ 确定.

当 $n=1$ 时,因为 a_1 为正数,当 t 跑遍所有正数时,ta_1 跑遍所有正数,于是存在正数 $t>0$,使 $\{ta_1\} \in (e, r)$,结论成立. 设结论对小于 n 的正整数成立,考察 n 的情形. 不妨设 $a_1, a_2, \cdots, a_n$ 中最大的一个数是 a_n,由归纳假设(归纳假设某些数的存在性)法知,对任何实数 $0 < r' < 1$(在后面确定 r' 的取值),存在 $0 < e' < r'$,使对任何 n 个正数 $a_1, a_2, \cdots, a_{n-1}$,都存在正数 $t' > 0$,使 $\{t'a_1\}, \{t'a_2\}, \cdots, \{t'a_{n-1}\} \in (e', r')$. 设 N(划分区间的参数,其值也在后面确定)是一个正整数,考察 $N+1$ 个数:

$$\{t'a_n\}, \{2t'a_n\}, \cdots, \{(N+1)t' \cdot a_n\}.$$

它们都在 $[0,1)$ 内. 将 $[0,1)$ 划分为 N 个小区间

$$\left[\frac{k}{N}, \frac{k+1}{N}\right)(k=0,1,2,\cdots,N-1),$$

必有 2 个数 $\{it'a_n\}, \{jt'a_n\}(i<j)$ 在同一个小区间内,此时

$$|\{jt'a_n\} - \{it'a_n\}| < \frac{1}{N},$$

即

$$|jt'a_n - [jt'a_n] - it'a_n + [it'a_n]| < \frac{1}{N}.$$

令

$$s = j - i, m = [jt'a_n] - [it'a_n],$$

则存在整数 $1 \leq s \leq N$ 及自然数 m,使

$|st'a_n - m| < \dfrac{1}{N}$，即 $m - \dfrac{1}{N} < st'a_n < m + \dfrac{1}{N}$.

下面设法找到 t，使 $\{ta_n\} \in (e, r)$，即 $ta_n - m \in (e, r)$ 或 $ta_n \in (m+e, m+r)$. 构造相同：

$$m - \dfrac{1}{N} < st'a_n < m + \dfrac{1}{N}$$

$$\Leftrightarrow m + r - \dfrac{1}{N} < st'a_n + r < m + r + \dfrac{1}{N}$$

$$\Leftrightarrow m + r - \dfrac{2}{N} < st'a_n + r - \dfrac{1}{N} < m + r. \qquad ②$$

取 $st'a_n + r - \dfrac{1}{N} = ta_n$，两边同除以 a_n，得 $t = st' + c$，其中 $c = \dfrac{r - \dfrac{1}{N}}{a_n}$，（由于 c 与 $a_1, a_2, \cdots, a_n$ 有关，从而 t 与 $a_1, a_2, \cdots, a_n$ 有关），于是式②变成

$$m + r - \dfrac{2}{N} < ta_n < m + r.$$

首先选取划分区间的参数 N，使 $r - \dfrac{2}{N} > 0 \left(\text{即 } N > \dfrac{2}{r}\right)$，这样的 N 当然存在），则 $\{ta_n\} \in \left(r - \dfrac{2}{N}, r\right)$，进而只要取 $e \leqslant r - \dfrac{2}{N}$，就可保证 $\{ta_n\} \in (e, r)$. 注意，这里 N 的选择保证了 $c = \dfrac{r - \dfrac{1}{N}}{a_n} > 0$，从而也保证了 $t = st' + c > 0$.

现在，已有 $\{ta_n\} \in (e, r)$，还需要其他的 $\{ta_i\} \in (e, r)(i = 1, 2, \cdots, n-1)$. 考察其他的 $\{ta_i\}(i = 1, 2, \cdots, n-1)$，在上述"平移"下，有

$$ta_i = (st' + c)a_i = st'a_i + ca_i.$$

对每一个 i，因为 $\{t'a_i\} \in (e', r')$，存在整数 k_i，使

$$k_i + e' < t'a_i < k_i + r',$$

从而

$$sk_i + se' < st'a_i < sk_i + sr',$$

所以

$$sk_i + se' + ca_i < st'a_i + ca_i < sk_i + sr' + ca_i,$$

即

3 位置参数

$$sk_i + se' + ca_i < ta_i < sk_i + sr' + ca_i.$$

一方面,
$$ta_i > sk_i + se' + ca_i > sk_i + se' \geqslant sk_i + e',$$
即 $ta_i - sk_i$(整数)$> e'$.

另一方面,
$$ta_i < sk_i + sr' + ca_i = sk_i + sr' + \frac{r - \frac{1}{N}}{a_n} \cdot a_i$$
$$\leqslant sk_i + sr' + r - \frac{1}{N},$$
即 $ta_i - sk_i$(整数)$< sr' + r - \frac{1}{N}$. 所以
$$e' < ta_i - sk_i(\text{整数}) < r + sr' - \frac{1}{N}.$$

希望 $r + sr' - \frac{1}{N} < r$, 这样便有
$$e' < ta_i - sk_i(\text{整数}) < r,$$
即 $\{ta_i\} \in (e', r)$.

其次,选取归纳假设"对任何实数 $0 < r' < 1$"中的 r', 都使 $sr' - \frac{1}{N} < 0$, 即 $r' < \frac{1}{sN}$. 一个充分条件是 $r' < \frac{1}{N^2}$. 注意 s 由 t' 确定, t' 由 r' 确定, 从而 r' 不能再由 s 确定. 对前面已取定的 N, $r' < \frac{1}{N^2}$ 是可以办到的, 则 $e' < ta_i - sk_i < r$, 于是 $\{ta_i\} \in (e', r)$.

综合上述结果,我们有
$$\{ta_n\} \in \left(r - \frac{2}{N}, r\right),$$
而
$$\{ta_i\} \in (e', r)(i = 1, 2, \cdots, n-1),$$
取 $e = \min\left(r - \frac{2}{N}, e'\right)$, 则对任何 $j = 1, 2, \cdots, n$, 都有 $\{ta_j\} \in (e, r)$, 证毕.

4 调整参数

为了构造某种合乎条件的对象,可根据对象的特征,确定组成对象的相关元素和整体表现形式.但最初构造的对象往往不能满足题目要求,此时我们可引入参数,对所构造的对象进行调整,直至所构造的对象合乎题目要求.我们称这样的参数为调整参数.

4.1 伸缩参数

将相关对象中的某些元素都乘上一个参数 k,这样的变换类似于坐标变换中的伸缩变换,所以我们称这样的参数 k 为伸缩参数.

例1(第 25 届 IMO 试题) 求证:对任意自然数 n,都存在 n 个连续正整数,它们都不是质数的整数幂.

分析与证明1 先退一步,找拟对象:构造 n 个连续的正整数,它们都不是质数.设这 n 个数为 $A+2, A+3, A+4, \cdots, A+(n+1)$,其中第一个数不设为 $A+1$ 是因为 1 只有平凡因子.

找充分条件.为使上述 n 个数都不是质数,注意到此 n 个数中的任何一个数都含有 $2, 3, \cdots, n+1$ 之一,若 A 是 $2, 3, \cdots, n+1$ 的公倍数,则每个数至少被 $2, 3, \cdots, n+1$ 中的一个整除.

取 $A=(n+1)!$,则 n 个数 $A+i (i=2,3,\cdots,n+1)$ 都不是质数.

下面引入伸缩参数 t:考察这样的 n 个数,即 $tA+i (i=2,3,\cdots,$

$n+1$),它们仍都不是质数. 现在调整 t,使 $tA+i$($i=2,3,\cdots,n+1$)不是 p^k 型数. $tA+i$ 不是质数的方幂 $\Leftrightarrow tA+i$ 有两个不同的质因数.

我们将 $tA+i$ 分解为 xy,希望 x,y 分别有质因数 p,q,使
$$p \leqslant n+1, \quad q > n+1.$$
注意到
$$tA+i = i\left(t\frac{A}{i}+1\right) = i(tr+1),$$
其中 $r = \dfrac{A}{i}$ 为整数. 又 $2 \leqslant i \leqslant n+1$,$i$ 有一个质因数不大于 $n+1$,这样,要使 $tA+i$ 有两个不同的质因数,只需 $tr+1$ 有一个大于 $n+1$ 的质因数(以保证与 p 不同). 一个充分条件是 $tr+1$ 的质因数都大于 $n+1$,等价于不大于 $n+1$ 的质数都不是 $tr+1$ 的因数,即 $p \leqslant n+1$ 时,必有 $p \nmid tr+1$,一个充分条件是 $p \leqslant n+1$ 时,必有 $p \mid t$(反证法:对不大于 $n+1$ 的质数 p,都有 $p \mid t$,而 $p \mid tr+1 \Rightarrow p \mid 1$,矛盾).

要使 $p \leqslant n+1$ 时,必有 $p \mid t$,取 $t=(n+1)!$ 即可.

综上所述,$[(n+1)!]^2+i$($i=2,3,\cdots,n+1$)合乎条件.

分析与证明 2 我们采用递归构造.

当 $n=2$ 时,取 2 个连续正整数 14,15,它们满足条件.

设 $n=k$ 时结论成立,并设 k 个合乎条件的连续正整数为 $a_1, a_2, \cdots, a_k$,则 $a_1+A, a_2+A, \cdots, a_k+A$ 也合乎条件,其中 $A=a_1 a_2 \cdots a_k$.

显然,对所有正整数 t,都有 $a_i \mid a_i+tA$,而 $a_1, a_2, \cdots, a_k$ 都至少有两个不同质因数,所以 $a_1+tA, a_2+tA, \cdots, a_k+tA$ 都至少有两个不同的质因数.

但这里只构造了 k 个数,还需要增加一个数. 我们希望:引入调整伸缩参数 t,使 a_k+tA+1 也至少有两个不同质因数,即有两个不同的质数 p,q,使
$$p \mid a_k+tA+1, \quad q \mid a_k+tA+1. \qquad ①$$
因为

式①$\Leftrightarrow pq \mid a_k+tA+1 \Leftrightarrow a_k+tA+1 \equiv 0 \pmod{pq}$,整体考虑$a_k+t_iA+1$,只需其构成模$pq$的完系.

取质数p,q,且$q>p>A$,则$(A,p)=(A,q)=1$,于是$(A,pq)=1$,所以$tA(t=1,2,\cdots,pq)$构成模pq的完系,从而必有$t\in\{1,2,\cdots,pq\}$,使$a_k+tA+1\equiv 0\pmod{pq}$,即$pq\mid a_k+tA+1$,故$n=k+1$时结论成立.

例2(原创题) 求证:对每一个给定的正整数$n\geqslant 3$,都存在无数个长为n的正整数等差数列$a_1,a_2,\cdots,a_n$,它们满足:

(1) 对任何$1\leqslant i\leqslant n-1$,都有$a_{i+1}-a_i$为非0平方数.

(2) 对任何$1\leqslant i<j\leqslant n$,都有$(a_i,a_j)=1$.

(3) 对$k=2,3,\cdots,n$,其中任何k个数的和都是合数.

分析与证明 注意到n个正整数无论是条件(1)还是(2)都是比较容易满足的,关键是如何满足条件(3).

为此,找一个充分条件:设想n个正整数中任何k个数的和都是k的倍数.特别地,可取每一个数都是模k余1的数,即每个数都是形如"$A+1$"的数,其中A满足:对任何$k=2,3,\cdots,n$,都有$A\equiv 0\pmod{k}$.

由此可见,A是$2,3,\cdots,n$的倍数.于是取$A=n!$即可.

但若取每一个数都为$A+1$,则所构造的数列为常数列,不合乎要求.为了使数列各项互异,引入"流动"的伸缩因子r_i($1\leqslant i\leqslant n-1$):设$r_1,r_2,\cdots,r_n$是正整数等差数列,令$a_i=r_i\cdot n!+1$($i=1,2,\cdots,n$).

为了使等差数列$a_1,a_2,\cdots,a_n$满足条件(1),考察
$$a_{i+1}-a_i=(r_{i+1}\cdot n!+1)-(r_i\cdot n!+1)=(r_{i+1}-r_i)\cdot n!,$$
取$r_{i+1}-r_i=n!$($1\leqslant i\leqslant n-1$),则$a_{i+1}-a_i=(n!)^2$为非0平方数,所以数列$a_1,a_2,\cdots,a_n$满足条件(1).

下面证明上述数列也满足条件(2)和(3).

4 调整参数

实际上,对任何 $1 \leqslant i < j \leqslant n$,都有
$$(a_i, a_j) = (i \cdot n! + 1, j \cdot n! + 1)$$
$$= (i \cdot n! + 1, (j-i) \cdot n!).$$

如果 $(a_i, a_j) \neq 1$,则存在质数 p,使
$$p \mid i \cdot n! + 1, \quad 且 \; p \mid (j-i) \cdot n!.$$

由 $p \mid (j-i) \cdot n!$ 知,$p \mid j-i$ 或 $p \mid n!$. 而 $1 \leqslant j-i \leqslant n-1$,所以不论哪种情况都有 $p \mid n!$.

又 $p \mid i \cdot n! + 1$,所以 $p \mid 1$,与 p 是质数矛盾,从而 $(a_i, a_j) = 1$,满足条件(2).

此外,对 $a_1, a_2, \cdots, a_n$ 中的任何 $k(2 \leqslant k \leqslant n)$ 个数 $a_{i_1}, a_{i_2}, \cdots, a_{i_k}(1 \leqslant i_1 < i_2 < \cdots < i_k \leqslant n)$,都有
$$a_{i_1} + a_{i_2} + \cdots + a_{i_k} = (i_1 \cdot n! + 1) + (i_2 \cdot n! + 1)$$
$$+ \cdots + (i_k \cdot n! + 1)$$
$$= (i_1 + i_2 + \cdots + i_k) \cdot n! + k.$$

因为 $2 \leqslant k \leqslant n$,所以 $k \mid n!$,从而 $k \mid a_{i_1} + a_{i_2} + \cdots + a_{i_k}$,则 $a_{i_1} + a_{i_2} + \cdots + a_{i_k}$ 为合数,满足条件(3).

最后,因为公差为 $n!$ 的等差数列 $r_1, r_2, \cdots, r_n$ 有无数个,所以合乎条件的数列 $a_1, a_2, \cdots, a_n$ 有无数个,命题获证.

例3 试证:存在 6 个非零整数 $a_1, b_1, c_1, a_2, b_2, c_2$,其中 $\dfrac{a_1}{a_2} \neq \dfrac{b_1}{b_2}$,使对任意正整数 n,当 $x = a_1 n^2 + b_1 n + c_1, y = a_2 n^2 + b_2 n + c_2$ 时,代数式 $11x^2 + 5xy + 37y^2$ 的值是完全平方数.

分析与证明 从简单的数开始试验,取 $x=1, y=2$,则 $11x^2 + 5xy + 37y^2 = 169 = 13^2$ 是完全平方数. 进一步,引入伸缩参数 t,令 $x_0 = t, y_0 = 2t$,则 $11x_0^2 + 5x_0 y_0 + 37y_0^2 = (13t)^2$ 是完全平方数. 如果再取 t 是关于 n 的二次多项式:
$$t = a_1 n^2 + b_1 n + c_1,$$

$$2t = 2a_1 n^2 + 2b_1 n + 2c_1 = a_2 n^2 + b_2 n + c_2,$$

则有 $\dfrac{a_1}{a_2} = \dfrac{b_1}{b_2}$，不合乎要求.

我们设想：取 $t = \dfrac{A(n)}{B(n)}$，其中 $A(n), B(n)$ 是关于 n 的二次多项式，令 $x_0 = t + 1, y_0 = 2t + 1$，并假定 t 使

$$11 x_0^2 + 5 x_0 y_0 + 37 y_0^2 = \left[\dfrac{C(n)}{B(n)}\right]^2.$$

再令 $x = B(n) x_0, y = B(n) y_0$，则

$$x = B(n) t + B(n)$$
$$= B(n) \cdot \dfrac{A(n)}{B(n)} + B(n) = A(n) + B(n),$$
$$y = B(n) \cdot 2t + B(n)$$
$$= 2B(n) \cdot \dfrac{A(n)}{B(n)} + B(n) = 2A(n) + B(n).$$

此时

$$A(n) + B(n), \quad 2A(n) + B(n)$$

是满足 $\dfrac{a_1}{a_2} \neq \dfrac{b_1}{b_2}$ 的多项式.

下面求 $t = \dfrac{A(n)}{B(n)}$. 由 $x_0 = t + 1, y_0 = 2t + 1$，得

$$11 x_0^2 + 5 x_0 y_0 + 37 y_0^2 = 169 t^2 + 185 t + 53,$$

对任意正整数 n，令

$$169 t^2 + 185 t + 53 = (13t + n)^2,$$

则

$$n^2 - 53 = (185 - 26n) t.$$

因为 $185 - 26n \neq 0$，所以 $t = \dfrac{n^2 - 53}{185 - 26n}$.

这表明：对任意正整数 n，取

4 调整参数

$$t = \frac{n^2 - 53}{185 - 26n}, \quad x_0 = t + 1, \quad y_0 = 2t + 1,$$

则

$$11x_0^2 + 5x_0y_0 + 37y_0^2 = 169t^2 + 185t + 53 = (13t + n)^2$$
$$= \left[\frac{13(n^2 - 53)}{185 - 26n} + n\right]^2.$$

再令

$$x = (185 - 26n)x_0, \quad y = (185 - 26n)y_0,$$

即

$$x = (n^2 - 53) + (185 - 26n) = n^2 - 26n + 132,$$
$$y = 2(n^2 - 53) + (185 - 26n) = 2n^2 - 26n + 79,$$

则

$$11x^2 + 5xy + 37y^2 = (185 - 26n)^2 \cdot (11x_0^2 + 5x_0y_0 + 37y_0^2)$$
$$= (185 - 26n)^2 \cdot \left[\frac{13(n^2 - 53)}{185 - 26n} + n\right]^2$$
$$= [13(n^2 - 53) + n(185 - 26n)]^2$$
$$= (13n^2 - 185n + 689)^2.$$

故 $a_1 = 1, b_1 = -26, c_1 = 132, a_2 = 2, b_2 = -26, c_2 = 79$ 合乎条件.

例 4(第 14 届美国数学竞赛试题) 方程组

$$\begin{cases} x_1^2 + x_2^2 + \cdots + x_{1985}^2 = y^3 \\ x_1^3 + x_2^3 + \cdots + x_{1985}^3 = z^2 \end{cases}$$

是否有正整数解 $(x_1, x_2, \cdots, x_{1985})$?

分析与解 我们研究一般方程组

$$\begin{cases} x_1^2 + x_2^2 + \cdots + x_n^2 = y^3 & \text{②} \\ x_1^3 + x_2^3 + \cdots + x_n^3 = z^2 & \text{③} \end{cases}$$

的正整数解 $(x_1, x_2, \cdots, x_n)$.

联想到公式

$$1^3 + 2^3 + \cdots + n^3 = \left[\frac{n(n+1)}{2}\right]^2,$$

所以$(1,2,\cdots,n)$是方程③的解,但它不是方程②的解. 为了使其变为方程②的解,我们引入伸缩因子k,希望找到自然数k,使$(k,2k,3k,\cdots,nk)$既是方程③的解,又是方程②的解.

将$(k,2k,3k,\cdots,nk)$分别代入方程②③,有

$$y^3 = \frac{1}{6}n(n+1)(2n+1)k^2, \qquad ④$$

$$z^2 = \left[\frac{n(n+1)}{2}\right]^2 k^3, \qquad ⑤$$

由方程⑤可知

$$k^3 = \frac{(2z)^2}{[n(n+1)]^2} = \left[\frac{2z}{n(n+1)}\right]^2,$$

所以k为平方数.

由方程④可知,$k^2 = \frac{y^3}{f(n)}$,其中

$$f(n) = \frac{1}{6}n(n+1)(2n+1).$$

取$y = f(n)^{2t+1}$,则方程④变为

$$k^2 = f(n)^{6t+2}, \quad k = f(n)^{3t+1},$$

即k为$f(n)$的方幂. 但k应为平方数,于是取$k = f(n)^{2r}$,将之代入方程④,有

$$y^3 = f(n)k^2 = f(n) \times f(n)^{4r} = f(n)^{4r+1}.$$

再令$r = 3s+2$,即取$k = f(n)^{6s+4}$,则方程④变为

$$y^3 = f(n)k^2 = f(n) \times f(n)^{12s+8} = f(n)^{12s+9},$$

$$y = f(n)^{4s+3}.$$

将$k = f(n)^{6s+4}$代入方程⑤,有

$$z^2 = \left[\frac{n(n+1)}{2}\right]^2 k^3 = \left[\frac{1}{2}n(n+1)\right]^2 f(n)^{18s+12},$$

4 调整参数

$$z = \frac{1}{2}n(n+1) \times f(n)^{9s+6}.$$

对一切自然数 n,当

$$y = f(n)^{4s+3}, z = \frac{1}{2}n(n+1) \times f(n)^{9s+6} \, (s \text{ 为任意自然数})$$

时,原方程组有正整数解:

$$(x_1, x_2, \cdots, x_n)$$
$$= (f(n)^{6s+4}, 2f(n)^{6s+4}, \cdots, nf(n)^{6s+4}).$$

其中

$$f(n) = \frac{1}{6}n(n+1)(2n+1).$$

例 5 如果一个十进制正整数由两个完全相同的数码组构成,则称之为二重数,如 123 123, 3 636, 19 971 997 等. 求证:有无穷多个平方数为二重数.

分析与证明 设二重数 x 由两个完全相同的数码组 $A = (a_1 a_2 \cdots a_n)$ 构成,则 x 可以表示成 $x = A(10^n + 1)$,其中 A 为 n 位数,如 19 971 997 = 1 997($10^4 + 1$).

反之,当 A 为 n 位数时,$x = A(10^n + 1)$ 必为二重数.

下面分两步证明. 首先引入待定伸缩参数 A,使 $A(10^n + 1)$ 为平方数. 然后修正 A,使 A 为 n 位数.

使 $A(10^n + 1)$ 为平方数很容易办到,如取 $A = 10^n + 1$ 即可. 此时 $x = (10^n + 1)^2$,对一切正整数 n,x 都为平方数.

再引入调整因子 k,使得有无数个 n,使 $k^2(10^n + 1)^2$ 为整数的平方,且 $k^2(10^n + 1)$ 为 n 位数. 注意到 $(10^n + 1)$ 为 $n+1$ 位数,所以 $k < 1$. 令 $k = \frac{q}{p} \, (p < q)$,则

$$k^2(10^n + 1)^2 = \left(\frac{q}{p}\right)^2 (10^n + 1)^2 = q^2 \cdot \left(\frac{10^n + 1}{p}\right)^2.$$

有无数个 n 使 $q^2 \cdot \left(\dfrac{10^n+1}{p}\right)^2$ 为整数的平方的一个充分条件是:存在无数个 n,使

$$p \mid 10^n + 1. \qquad ⑥$$

注意到 10^n+1 为奇数,且数码之和为 2,所以 2,3,4,5,6 都不是它的因数. 取 $p=7$ 试验,看是否有无数个 n 满足式⑥.

因为 $7 \mid 10^3+1$,即 $10^3 \equiv -1 \pmod{7}$,所以

$$10^{3(2k+1)} \equiv (-1)^{2k+1} \equiv -1 \pmod{7}.$$

最后,还要确定 q,使有无数个 $n = 6k+3$ 使 $\left(\dfrac{q}{7}\right)^2 (10^n+1)$ 为 n 位数,即

$$10^{n-1} < \left(\dfrac{q}{7}\right)^2 (10^n+1) < 10^n. \qquad ⑦$$

通过观察,$q=6$ 满足式⑦.

综上所述,对一切自然数 k,$\left(\dfrac{6}{7}\right)^2 (10^{6k+3}+1)^2$ 都是平方数且为二重数,命题获证.

4.2 平移参数

将相关对象中的某些元素都加上一个参数 k 的变换,类似于坐标变换中的平移变换,我们称这样的参数 k 为平移参数.

例 1(原创题) 对任意大于 1 的整数 n,是否存在 n 个连续的正整数,其中恰有一个数为质数,其余都是合数?

分析与解 本题的答案是肯定的.

分两步走:

第一步:找到 n 个连续的正整数,使它们都是合数.

由 4.1 节例 1 可知,这样的 n 个正整数为

$(n+1)!+2, (n+1)!+3, \cdots, (n+1)!+n, (n+1)!+n+1.$

第二步:将上述数列向前平移,每次移动一个数,直至第一个数变成质数即可.

令 $a=(n+1)!+2-t$,我们只需找到最小的正整数 t,使 A 为质数.这样的 t 显然存在,这是因为 $t=1$ 时,$a=(n+1)!+1\geqslant 3$,而 $1,2,\cdots,(n+1)!+1$ 中至少有一个质数.

当 $a=(n+1)!+2-t$ 为质数且 t 最小时,$a,a+1,a+2,\cdots,a+n-1$ 中恰有一个质数,其余都是合数.

实际上,因为 $a\in A=\{1,2,\cdots,(n+1)!+1\}$,所以可由 t 的最小性知,a 是 A 中最大的质数.考察 $a+1,a+2,\cdots,a+n-1$ 中任意一个数 x,如果 $x\in A$,由于 $x>a$,则 x 是合数;如果 $x\notin A$,则 $x\in B=\{(n+1)!+2,(n+1)!+3,\cdots,(n+1)!+n,(n+1)!+n+1\}$,由于 B 中的数都是合数,所以 x 是合数.从而结论成立.

将上述问题推广,我们得到如下一个趣味问题:

例 2(原创题) 有一个珠宝商,酷爱数学.一天,他发布一则这样的广告:"本店新推出一种'数学钻石项链',它含有珍珠和钻石共 n 颗(n 是大于 1 的整数).为感谢广大顾客的支持,今实行下列优惠:凡购买此种项链者,都可用 n 个连续正整数对项链上的 n 个位置(表示珍珠和钻石所在处)进行编号,本店则用珍珠替换你编号中的合数,用钻石替换你编号中的质数.如果你的编号替换得到的项链恰含 2 颗钻石,则此项链免费赠送."一位数学家看到此广告后高兴地说:"哈哈,我可以为太太送一条免费'数学钻石项链'了."试问:对哪些正整数 n,数学家的愿望一定可以实现?

分析与解 对任何大于 1 的正整数 n,数学家的愿望都一定可以实现.

我们实际上是要证明:对任何大于 1 的正整数 n,都存在 n 个连续的正整数,它们恰含有两个质数.

我们分两步走:

第一步：找到 n 个连续的正整数，使它们都是合数.

由 4.1 节例 1 可知，这样的 n 个正整数为

$(n+1)!+2, (n+1)!+3, \cdots, (n+1)!+n, (n+1)!+n+1.$

第二步：将上述数列向前平移，每次移动一个数，直至第一个数变成质数. 然后继续向左平移，直至第一个数再次变成质数.

但是，当第一个数再次变成质数时，第一个质数可能已被移出序列了. 为了保证第一个质数仍在序列中，只需介于这两个相邻质数之间的数（包括两个质数本身）不大于 n 即可.

对任意两个正整数 $a, b(a<b)$，定义 $b-a+1$ 为 a, b 之间的跨度. 将合数序列

$(n+1)!+2, (n+1)!+3, \cdots, (n+1)!+n, (n+1)!+n+1$

向左平移，则并不能保证最先进入该序列的两个质数跨度不大于 n. 为此，需找一个充分条件，使取适当的合数序列时，其前面的任何两个相邻质数的跨度都不大于 n.

将所有质数由小到大依次排列为 $p_1, p_2, p_3, \cdots$. 考察任意两个相邻质数的跨度 $W(p_i, p_{i+1}) = p_{i+1} - p_i + 1$. 由上面的序列可知，一定存在相邻质数 p_i, p_{i+1}，使 $W(p_{i+1}, p_{i+2}) > n$.

为了保证合数序列前面的任何两个相邻质数的跨度都不大于 n，需再优化假设：设质数 p_i 是满足 $d(p_i, p_{i+1}) > n$ 的最小质数，即

$$d(p_i, p_{i+1}) > n, \quad 且\ d(p_{i-1}, p_i) \leqslant n.$$

因为 $d(p_1, p_2) = d(2, 3) = 2 < n$，所以 $i > 1$. 我们证明连续自然数列

$$p_{i-1}, p_{i-1}+1, p_{i-1}+2, \cdots, p_{i-1}+n-1$$

中恰有两个质数：p_{i-1}, p_i.

实际上，因为 $W(p_{i-1}, p_i) \leqslant n$，所以相邻连续两个质数 p_{i-1}, p_i 都在上述序列中.

又 $W(p_i, p_{i+1}) > n$，所以质数 p_i, p_{i+1} 不同在上述数列中，从而 p_{i+1} 不在上述数列中.

4 调整参数

综上所述,对任何大于 1 的正整数 n,数学家的愿望都一定可以实现.

上述问题推广到一般情况,得到下面的问题:

例 3 对给定的正整数 r,都存在正整数 $n_0(r)$,使对任意大于 $n_0(r)$ 的整数 n,都存在 n 个连续的正整数,其中恰有 r 个数为质数,而其余数都是合数.

分析与证明 将所有质数由小到大依次排列为 $p_1, p_2, p_3, \cdots$,对任意两个质数 $p_i, p_j (i < j)$,定义 $W(p_i, p_j) = 1 + p_j - p_i$ 为该数对的跨度(即由 p_i 到 p_j 的正整数的个数).

对给定的正整数 r,考察包含最小的 r 个质数的最短序列:
$$2, 3, 4, 5, \cdots, p_r,$$

该序列包含 $p_r - 1 > p_r - 2$ 个项,由此猜想:$n_0(r) = p_r - 2$ 合乎条件.

实际上,如果 $n > p_r - 2$,则由 4.1 节例 1 可知,存在连续质数对 (p_i, p_{i+1}),使 $W(p_i, p_{i+1}) > n$,从而有 $W(p_i, p_{i+r-1}) > n$,即从第 i 个质数起,每连续 r 个相邻质数的首尾跨度大于 n.

设质数 p_i 是满足 $W(p_i, p_{i+r-1}) > n$ 的最小质数,即 $W(p_i, p_{i+r-1}) > n$,且 $W(p_{i-1}, p_{i+r-2}) \leqslant n$,因为
$$W(p_1, p_r) = W(2, p_r) = p_r - 1 \leqslant n,$$
所以 $i > 1$.

以下证明:连续自然数列
$$p_{i-1}, p_{i-1} + 1, p_{i-1} + 2, \cdots, p_{i-1} + n - 1$$
中恰有 r 个质数:$p_{i-1}, p_i, \cdots, p_{i+r-2}$.

实际上,因为 $W(p_{i-1}, p_{i+r-2}) \leqslant n$,所以 $p_{i-1}, p_i, \cdots, p_{i+r-2}$ 都在上述数列中. 而 $W(p_i, p_{i+r-1}) > n$,从而质数 p_i, p_{i+r-1} 不同在上述数列中,所以质数 p_{i+r-1} 不在上述数列中.

注 由前面的例子可知,当 $r = 1, 2$ 时,最小的 $n_0(r) = r$.

猜想：对一般的正整数 $r \geqslant 3$，有 $n_0(r) \geqslant p_r - 2$. 结合上例的结论有 $n_0(r)$ 的最小值为 $p_r - 2$.

易知 $r = 3$ 时猜想成立(见本章习题).

下面证明：$r = 4$ 时，$n_0(4) \geqslant 5 = p_4 - 2$.

首先，任何连续 5 个大于 1 的正整数 $a < b < c < d < e$ 中至少有 2 个合数. 实际上，当 a,b,c 中 2 奇 1 偶时，其中的偶数大于 2，是合数. 当 a,b,c 中 2 偶 1 奇时，其中至少有 1 个偶数是合数. 又 d,e 中至少有 1 个偶数为合数，所以 $n_0(4) \geqslant 5 = p_4 - 2$. 猜想成立.

以下证明：$r = 5$ 时猜想仍成立，即 $n_0(5) \geqslant 9 = p_5 - 2$. 只需证明：任何 9 个大于 1 的连续正整数中至多有 4 个质数.

实际上，如果 9 个连续正整数中有 5 个奇数，则另 4 个偶数都是合数. 设 5 个连续奇数为 $2k-3, 2k-1, 2k+1, 2k+3, 2k+5$，则后 3 个数构成模 3 的完系，其中必有 1 个数为 3 的倍数，且大于 3，则它为合数，从而这 9 个数中至少有 5 个数为合数. 如果 9 个连续正整数中有 5 个偶数，当这些偶数中含有 2 时，9 个连续正整数为 $2,3,\cdots,10$，其中只有 4 个质数，即 $2,3,5,7$. 当这些偶数中不含 2 时，这些偶数都是合数，从而至多有 4 个质数. 所以

$$n_0(5) \geqslant 9 = p_5 - 2.$$

可以证明：$r = 6,7,8,9$ 时猜想仍成立. 但对一般的正整数 $r \geqslant 3$，猜想是否成立，还是悬而未决的.

例 4(原创题)　将 n 个整数排成一行，任何 2 个相邻的数的和为正，但这 n 个数的和为负，求 n 的所有可能取值. 又若将 2 换作给定的正整数 k，情况如何？

分析与解　当 $k = 2$ 时，n 显然只能为奇数，否则，每两个一组，其和为正，从而所有数的和为正，矛盾.

反之，当 n 为奇数时，为构造合乎条件的数列，最自然的想法是：令 $n = 2m+1$，利用分组构造. 为了使任何 2 个相邻的数的和为正，将

前 $2m$ 个数分成 m 组, 每组 2 个数, 并令每组的 2 个数都为 $-1,2$, 则前 $2m$ 个数中任何 2 个相邻的数的和为 1(大于 0).

现在考虑使所有 n 个数的和为负, 这在数列的末尾接一个绝对值足够大的负数即可. 注意到前 $2m$ 个数的和为 m, 从而可在 $2m$ 个数后面添加一个数 $-m-1$, 便得到下述数列:

$$-1,2,-1,2,\cdots,-1,2,-m-1.$$

但此时最后 2 个数的和非正. 现在引入一个平移参数 t, 调整上述数列中的前 $n-1$ 个数, 保持相邻两数的和为 1 不变, 但其正数增大. 具体办法是将数组 $-1,2$ 改为 $-t,t+1$, 则得到下述数列:

$$-t,t+1,-t,t+1,\cdots,-t,t+1,-m-1.$$

此时前 $2m$ 个数的和仍为 m, 所以数列各项的和仍为 -1, 为使数列合乎条件, 只需最后 2 个数的和为正, 令 $t+1-m-1>0$, 得 $t>m$, 取 $t=m+1$ 即可, 此时的数列为

$$-m-1,m+2,-m-1,m+2,\cdots,-m-1,m+2,-m-1.$$

综上所述, 一切正奇数为所求.

我们也可引入多个待定参数来构造合乎条件的数列. 设 $2m+1$ 个数为 $a_1,a_2,\cdots,a_{2m+1}$, 则要求

$$a_1+a_2\geqslant 1, a_2+a_3\geqslant 1,\cdots,a_{2m}+a_{2m+1}\geqslant 1,$$

且

$$a_1+a_2+\cdots+a_{2m+1}\leqslant -1.$$

为了使构造简单, 可假定上述不等式等号都成立!

令

$$a_1+a_2=1, a_2+a_3=1,\cdots,a_{2m}+a_{2m+1}=1,$$

则由 $a_1+a_2=1=a_2+a_3$, 得 $a_1=a_3$. 以此类推, 有

$$a_1=a_3=a_5=\cdots=a_{2m+1},\quad a_2=a_4=a_6=\cdots=a_{2m}.$$

再将各式相加, 得

$$a_1+2a_2+\cdots+2a_{2m}+a_{2m+1}=2m.$$

由 $a_1+a_2+\cdots+a_{2m+1} \leqslant -1$，有
$$2m+a_1+a_{2m+1}=2(a_1+a_2+\cdots+a_{2m+1}) \leqslant -2,$$
所以
$$2a_1 \leqslant -2-2m, \quad a_1 \leqslant -1-m.$$
取 $a_1=-m-1, a_2=1-a_1=m+2$ 同样得到上述数列.

若将 2 换作给定的正整数 k，则一切不是 k 的倍数的正整数为所求.

首先，n 不能是 k 的倍数，否则，n 个数可分成若干组，每组 k 个数的和为正，从而所有数的和为正，矛盾.

此外，若 n 不是 k 的倍数，令 $n=mk+r (m>0, 0<r<k, m, r \in \mathbf{Z})$，以下我们来构造合乎条件的数列：

设 $mk+r$ 个数为 $a_1, a_2, \cdots, a_{mk+r}$，则要求
$$a_1+a_2+\cdots+a_k \geqslant 1,$$
$$a_2+a_3+\cdots+a_{k+1} \geqslant 1,$$
$$\cdots,$$
$$a_{mk+r-k+1}+a_{mk+r-k+2}+\cdots+a_{mk+r} \geqslant 1,$$
且
$$a_1+a_2+\cdots+a_{mk+r} \leqslant -1.$$
为了使构造简单，可假定上述不等式等号都成立！令
$$a_1+a_2+\cdots+a_k = 1,$$
$$a_2+a_3+\cdots+a_{k+1} = 1,$$
$$\cdots,$$
$$a_{mk+r-k+1}+a_{mk+r-k+2}+\cdots+a_{mk+r} = 1,$$
且
$$a_1+a_2+\cdots+a_{mk+r} \leqslant -1.$$
由
$$a_1+a_2+\cdots+a_k = 1 = a_2+a_3+\cdots+a_{k+1},$$

得 $a_1 = a_{k+1}$. 以此类推,有

$$a_1 = a_{k+1} = a_{2k+1} = \cdots = a_{mk+1},$$
$$a_2 = a_{k+2} = a_{2k+2} = \cdots = a_{mk+2},$$
$$a_r = a_{k+r} = a_{2k+r} = \cdots = a_{mk+r},$$
$$a_{r+1} = a_{k+r+1} = a_{2k+r+1} = \cdots = a_{(m-1)k+r+1},$$
$$\cdots,$$
$$a_k = a_{2k} = a_{3k} = \cdots = a_{(m-1)k}.$$

这样构造的数列是周期为 k 的周期数列,从而只需构造其中一个周期内的项 $a_1, a_2, \cdots, a_k$,使其同时满足

$$a_1 + a_2 + \cdots + a_k = 1, \qquad ⑧$$
$$a_1 + a_2 + \cdots + a_{mk+r} \leqslant -1. \qquad ⑨$$

注意到式⑨等价于

$$a_1 + a_2 + \cdots + a_{mk+r}$$
$$= (a_1 + a_2 + \cdots + a_r)$$
$$+ (a_{r+1} + a_{r+2} + \cdots + a_{r+k})$$
$$+ (a_{r+k+1} + a_{r+k+2} + \cdots + a_{r+2k}) + \cdots$$
$$+ (a_{r+(m-1)k+1} + a_{r+(m-1)k+2} + \cdots + a_{r+mk}) \leqslant -1,$$

即

$$a_1 + a_2 + \cdots + a_r + m \leqslant -1. \qquad ⑩$$

为了使式⑩成立,可取 $a_1 < 0, a_2 < 0, \cdots, a_{k-1} < 0$(因为 r 有可能是 $k-1$),这样,式⑩对任何 $r = 1, 2, \cdots, k-1$ 都成立的充分必要条件是 $a_1 + m \leqslant -1$,即 $a_1 \leqslant -1 - m$.

取 $a_1 = -1 - m, a_2 = a_3 = \cdots = a_{k-1} = -1$,则由式⑧得 $a_k = k + m$. 此时数列各项的和为

$$S = m + (-1 - m) - (1 + 1 + \cdots + 1)$$
$$= m + (-1 - m) - (r - 1) = -r < 0.$$

因此,合乎条件的一个数列为

$$\underbrace{-m-1,-1,-1,\cdots,-1,m+k}_{},$$

$$\underbrace{-m-1,-1,-1,\cdots,-1,m+k}_{},$$

$$\cdots,$$

$$\underbrace{-m-1,-1,-1,\cdots,-1,m+k}_{},$$

$$\underbrace{-m-1,-1,-1,\cdots,-1}_{}\quad (r-1 \text{ 个} -1)$$

故一切不被 k 整除的正整数为所求.

例 5 求证:对任何 $0<a<b$,存在正整数 k 及 $n_1,n_2,\cdots,n_k$,使

$$a<\frac{1}{n_1}+\frac{1}{n_2}+\cdots+\frac{1}{n_k}<b.$$

分析与证明 由于级数 $\sum\limits_{i=1}^{\infty}\frac{1}{i}$ 发散,所以可想到取其中的连续 k 个项,看能否使

$$a<\frac{1}{1}+\frac{1}{2}+\cdots+\frac{1}{k}<b.$$

显然,不等式右边不成立(比如最初给定 $b<1$). 引入平移参数 n,考察能否使

$$a<\frac{1}{n+1}+\frac{1}{n+2}+\cdots+\frac{1}{n+k}<b.$$

以下我们来寻找使上述不等式成立的 n 和 k. 先固定 n,寻找 k.

对任何给定的 n,由 $\sum\limits_{i=1}^{+\infty}\frac{1}{i}$ 发散可知,

$$\sum_{i=1}^{+\infty}\frac{1}{i}-\left(\frac{1}{1}+\frac{1}{2}+\cdots+\frac{1}{n}\right)$$

发散,即 $\sum\limits_{i=1}^{+\infty}\frac{1}{n+i}$ 发散,则必定存在正整数 k,使

$$a<\frac{1}{n+1}+\frac{1}{n+2}+\cdots+\frac{1}{n+k}.$$

进一步,为了使

4 调整参数

$$\frac{1}{n+1}+\frac{1}{n+2}+\cdots+\frac{1}{n+k}<b,$$

可取上述合乎条件的 k 中最小的一个,即

$$a<\frac{1}{n+1}+\frac{1}{n+2}+\cdots+\frac{1}{n+k},$$

且

$$a\geqslant\frac{1}{n+1}+\frac{1}{n+2}+\cdots+\frac{1}{n+k-1}.$$

注意,这里要求 $a\geqslant\frac{1}{n+1}$,即 $n\geqslant\frac{1-a}{a}$. 对这样的 k,我们有

$$a<\frac{1}{n+1}+\frac{1}{n+2}+\cdots+\frac{1}{n+k}\leqslant a+\frac{1}{n+k}.$$

以下来寻找一个使上式成立的充分条件:取 n 满足 $a+\frac{1}{n+k}<b$;再寻找一个充分条件(使 n 与 k 无关):取 n 满足 $a+\frac{1}{n}<b$,则 $a+\frac{1}{n+k}<a+\frac{1}{n}<b.$ 于是取正整数 n,满足

$$n>\max\left(\frac{1-a}{a},\frac{1}{b-a}\right),$$

则由 $n>\frac{1}{b-a}$,有 $a+\frac{1}{n}<b.$

对上述取定的 n,取隔板列 $\{f(k)\}$,其中

$$f(k)=\frac{1}{n+1}+\frac{1}{n+2}+\cdots+\frac{1}{n+k}.$$

由 $\sum\limits_{i=1}^{+\infty}\frac{1}{n+i}$ 发散知,必定存在正整数 k,使

$$\frac{1}{n+1}+\frac{1}{n+2}+\cdots+\frac{1}{n+k-1}$$
$$\leqslant a<\frac{1}{n+1}+\frac{1}{n+2}+\cdots+\frac{1}{n+k}. \qquad ⑪$$

注意由 $n>\frac{1-a}{a}$,得 $a\geqslant\frac{1}{n+1}$,从而满足式⑪的 k 必大于或等于 2.

这样，
$$a < \sum_{i=1}^{k} \frac{1}{n+i} = \sum_{i=1}^{k-1} \frac{1}{n+i} + \frac{1}{n+k} \leqslant a + \frac{1}{n+k} < a + \frac{1}{n} < b.$$
命题获证.

注 取 $a = 33 - \pi^{-1959}, b = 33 - \pi^{-1992}$，则得到以下例题.

例 6（第 33 届 IMO 备选题） 求证：存在自然数 k 及互异的自然数 $n_1, n_2, \cdots, n_k$，使
$$\pi^{-1992} < 33 - \left(\frac{1}{n_1} + \frac{1}{n_2} + \cdots + \frac{1}{n_k}\right) < \pi^{-1959}.$$

由上题可知，该题中的常数 $33, \pi^{-1992}, \pi^{-1959}$ 都是混淆视听的，此为 a, b 的特例.

 **4.3 结构参数**

所谓引入结构参数，就是适当引入参数，使其对象呈现出特定的形式，或使有关量相对确定，从而使问题变得简单.

例 1（原创题） 设 m, n 为整数，$53 < m, n < 100$，令
$$x = (m + \sqrt{m} + 1)^n, \quad y = (m - \sqrt{m} + 1)^n,$$
若 y 的整数部分为 2 012，且 2 012 除以 m 的余数为 53，求 x 的整数部分除以 m 的余数.

分析与解 引入结构参数 A, B，设
$$x = (m + 1 + \sqrt{m})^n = A + B\sqrt{m} \quad (A, B \in \mathbf{N}^*),$$
则
$$y = (m + 1 - \sqrt{m})^n = A - B\sqrt{m}.$$
如果 m 是平方数，令 $m = a^2$，则
$$y = (m + 1 - \sqrt{m})^n = (a^2 + 1 - a)^n = 2\ 012 = 2^2 \cdot 503,$$
得 $n = 1$，矛盾.

所以 m 不是平方数，则 y 不是整数，从而 $2\ 012 < y < 2\ 013$. 因为

4 调整参数

$x+y=2A$,所以

$$x=2A-y=(2A-2\,013)+(2\,013-y),$$

得 $[x]=2A-2\,013$,从而

$$\begin{aligned}[x]&=2A-2\,013=x+y-2\,013\\&=(m+1+\sqrt{m})^n+(m+1-\sqrt{m})^n-2\,013\\&=2[C_n^0(m+1)^n+C_n^2(m+1)^{n-2}(\sqrt{m})^2+\cdots\\&\quad+C_n^{n-2[\frac{n}{2}]}(\sqrt{m})^{2[\frac{n}{2}]}]-2\,013\\&\equiv 2C_n^0(m+1)^n-2\,013\equiv 2\cdot(m+1)^n-2\,013\\&\equiv 2\cdot 1^n-2\,013\equiv -2\,012+1-53+1\\&\equiv -52\equiv m-52(\bmod\ m).\end{aligned}$$

故 x 的整数部分除以 m 的余数为 $m-52$.

例 2 设 x,y,z 均取正实数,且 $x+y+z=1$,求

$$f(x,y,z)=\frac{3x^2-x}{1+x^2}+\frac{3y^2-y}{1+y^2}+\frac{3z^2-z}{1+z^2}$$

的最小值.

分析与解 注意到条件 $x+y+z=1$ 是线性等式,我们对题中所给的函数采用"线性化方案":引入结构参数 a,b,希望对 $(0,1)$ 中一切实数 x,都有

$$\frac{3x^2-x}{1+x^2}\geqslant ax+b.$$

为了找到合乎要求的 a,b,可对 x 适当赋值.

令 $3x^2=x$,即 $x=\frac{1}{3}$,则 $0\geqslant\frac{1}{3}a+b$,即 $a\leqslant -3b$,不妨尝试 $a=-3b$,即希望对 $(0,1)$ 中的一切实数 x,都有

$$\frac{3x^2-x}{1+x^2}\geqslant -3bx+b.$$

一个充分条件是

$$\frac{3x^2}{1+x^2} \geqslant -3bx, \quad \frac{-x}{1+x^2} \geqslant b,$$

即

$$-b = \frac{x}{1+x^2},$$

所以

$$-\frac{1}{b} = x + \frac{1}{x} = f(x) \geqslant f\left(\frac{1}{3}\right) = \frac{10}{3},$$

从而

$$b = -\frac{3}{10}, \quad a = \frac{9}{10},$$

由此发现:不等式对$(0,1)$中的一切实数x,都有

$$\frac{3x^2 - x}{1+x^2} \geqslant \frac{9}{10}x - \frac{3}{10}. \qquad ①$$

实际上,

$$① \Leftrightarrow 30x^2 - 10x \geqslant (9x-3)(1+x^2)$$
$$\Leftrightarrow 30x^2 - 10x \geqslant 9x^3 - 3x^2 + 9x - 3$$
$$\Leftrightarrow 9x^3 - 33x^2 + 19x - 3 \leqslant 0$$
$$\Leftrightarrow (3x-1)^2(x-3) \leqslant 0,$$

这显然成立. 同理,有

$$\frac{3y^2 - y}{1+y^2} \geqslant \frac{9}{10}y - \frac{3}{10}, \qquad ②$$

$$\frac{3z^2 - z}{1+z^2} \geqslant \frac{9}{10}z - \frac{3}{10}, \qquad ③$$

①②③三式相加,得

$$\frac{3x^2 - x}{1+x^2} + \frac{3y^2 - y}{1+y^2} + \frac{3z^2 - z}{1+z^2}$$

$$\geqslant \frac{9}{10}x - \frac{3}{10} + \frac{9}{10}y - \frac{3}{10} + \frac{9}{10}z - \frac{3}{10} = 0.$$

当 $x = y = z = \frac{1}{3}$ 时, $f(x,y,z) = 0$,故所求最小值为 0.

4 调整参数

例 3[厄多斯(Erdos)定理] 设 M 是一个整距点集,如果 M 是一个无穷集合,则 M 中的点在同一直线上.

分析与证明 用反证法.

假定 M 中存在 A,B,C 3 个点,且不在同一直线上,考察 M 中除 A,B,C 外的任意一点 P,由题意知,PA,PB 都是整数,则 $|PA-PB|$ 为整数.

引入结构参数:令 $|PA-PB|=k$,则由 $0 \leqslant |PA-PB| \leqslant AB$ 可知,k 只有有限个取值. 而对给定的 k,满足 $|PA-PB|=k$ 的点 P 的轨迹为一条双曲线(或直线),从而点 P 必在以 A,B 为焦点,以 k 为实轴长的一条双曲线上.

设点 P 也在以 A,C 为焦点,以 $k'=|PA-PC|$ 为实轴长的一条双曲线上. 由于 k,k' 都只有有限种取值,从而只有有限条双曲线,而两条双曲线只有 4 个交点,从而只有有限个点 P,这与 M 是一个无穷集合矛盾,故 M 中的点在同一直线上.

例 4(第 20 届全俄数学奥林匹克竞赛试题) 在凸 n 边形的顶点处放置一些火柴,每次操作允许将某个顶点处的火柴移动两根,分别放到该火柴两侧相邻顶点处各一根. 求证:如果若干次移动后,各顶点处的火柴数恢复到和原来一样,那么操作的次数为 n 的倍数.

分析与证明 本题有两个难点:一是初值不确定,但这一点无关紧要,因为"各顶点处的火柴数恢复到和原来一样"意味着与初值无关,只需各点处的增量为零即可. 另一个难点是:操作是变性操作(操作的位置不确定),有些点可能被操作多次,可以通过设参使之具有"定性".

引入结构参数:设各顶点依次为 $A_1,A_2,\cdots,A_n$,操作结束时,在顶点 A_i 处进行了 x_i 次操作($i=1,2,\cdots,n$),那么,操作的总次数 $S=x_1+x_2+\cdots+x_n$.

显然,操作结束后顶点 A_i 处的火柴减少 $2x_i$ 根,增加 $x_{i-1}+x_{i+1}$ 根.

依题意，A_i 处的火柴数不变，所以 $2x_i = x_{i-1} + x_{i+1}$ ($1 \leqslant i \leqslant n$)，其中 x_i 的下标均按模 n 理解．

要证明 $S = x_1 + x_2 + \cdots + x_n$ 为 n 的倍数，就要由 $2x_i = x_{i-1} + x_{i+1}$ 发掘 $x_1, x_2, \cdots, x_n$ 的特征．

可从特例入手：

先考察 $n=3$ 的情形，有
$$2x_1 = x_3 + x_2, \quad 2x_2 = x_1 + x_3, \quad 2x_3 = x_2 + x_1,$$
此时 x_1, x_2, x_3 中每个数都是另两个数的平均数，从而 x_1, x_2, x_3 都相等．

再考察 $n=4$ 的情形，有

$$2x_1 = x_4 + x_2, \quad\quad\quad ④$$
$$2x_2 = x_1 + x_3, \quad\quad\quad ⑤$$
$$2x_3 = x_2 + x_4, \quad\quad\quad ⑥$$
$$2x_4 = x_3 + x_1, \quad\quad\quad ⑦$$

由④⑥两个等式，有 $x_3 = x_1$，代入⑤⑦两个等式，有
$$x_2 = x_1 = x_3, \quad x_4 = x_1 = x_3,$$
此时仍有 x_1, x_2, x_3, x_4 都相等．

对一般情形，我们猜想 $x_1, x_2, \cdots, x_n$ 都相等．从极端元入手，记 $\min(x_1, x_2, \cdots, x_n) = a$，不妨设 $x_1 = a$，则由
$$2a = 2x_1 = x_n + x_2 \geqslant a + a = 2a$$
知，不等式等号成立，从而可取 $x_2 = a$，即 x_2 也是最小元．

同理，由 $2x_2 = x_1 + x_3$ 知 x_3 也是最小元．

以此类推，$x_1, x_2, \cdots, x_n$ 都是最小元，即 $x_1 = x_2 = \cdots = x_n$．

故操作的总次数 $S = x_1 + x_2 + \cdots + x_n = nx_1$，为 n 的倍数，命题获证．

例 5（1993 年圣彼得堡数学奥林匹克竞赛试题） 两个罐子中共放有 $2p+1$ 个球，每个罐子中都至少放有 1 个球，每一秒钟都将放有

偶数个球的罐子的一半球倒入另一个罐子,设 k 为小于 $2p+1$ 的正整数,并设 p 和 $2p+1$ 都是质数. 求证:必有某个时刻,其中一个罐子中恰有 k 个球.

分析与证明 引入结构参数,设操作足够多次(比如 p 次)后,某个状态中第一个罐子有 x 个球,第二个罐子有 y 个球($x+y=2p+1$),这一状态记为 (x,y).

由于最初的每个罐子都至少放有 1 个球,所以由操作的条件可知,之后每一个状态下每个罐子都至少放有 1 个球,从而
$$0<x<2p+1,\quad 0<y<2p+1.$$
显然,(x,y) 的前一状态为 $(2x,2y-2p-1)$(其和为 $2p+1$),注意到我们只需考虑模 $2p+1$ 的余数,从而该状态可记为 $(2x,2y)$.

以此往前递推,可依次得 p 个状态:
$$(x,y),(2x,2y),(2^2x,2^2y),\cdots,(2^px,2^py).$$

下面证明 $x,y,2x,2y,2^2x,2^2y,\cdots,2^{p-1}x,2^{p-1}y \pmod{2p+1}$ 是 $1,2,\cdots,2p$ 的一个排列.

先证明其中任何数都不被 $2p+1$ 整除(即没有 0):

实际上,若 $2p+1 \mid 2^j x (0 \leqslant j \leqslant p-1)$,由于 $2p+1$ 是奇质数,则有 $(2p+1, 2^j)=1$,所以 $2p+1 \mid x$,与 $0<x<2p+1$ 矛盾,从而对任何 $0 \leqslant j \leqslant p-1$,都有 $2p+1 \nmid 2^j x$.

同理,对任何 $0 \leqslant j \leqslant p-1$,都有 $2p+1 \nmid 2^j y$.

再证明其中任何两个数关于模 $2p+1$ 不同余:

实际上,若 $2^i x \equiv 2^j x \pmod{2p+1}$ 或 $2^i x \equiv 2^j y \equiv 2^j(-x) \pmod{2p+1}$($0 \leqslant i<j \leqslant p-1$),由于 $2p+1$ 是质数,则有 $(2p+1,x)=(2p+1,y)=1$,所以
$$2^i \equiv 2^j \pmod{2p+1} \quad 或 \quad 2^i \equiv -2^j \pmod{2p+1},$$
从而
$$2^{j-i} \equiv \pm 1 \pmod{2p+1},$$

进而

$$2^{2j-2i} \equiv 1 \pmod{2p+1}.$$

设 m 是使 $2^m \equiv 1 \pmod{2p+1}$ 的最小正整数,因为 $2p+1$ 是质数,由欧拉定理,有 $2^{2p} \equiv 1 \pmod{2p+1}$,所以 $m \mid 2p$. 又 p 是质数,所以 $m \in \{1, 2, p, 2p\}$. 同时因 p 是质数,有 $p \geq 2$,则 $2p+1 \geq 5$,所以

$$2^1 \not\equiv 1 \pmod{2p+1}, \quad 2^2 \not\equiv 1 \pmod{2p+1},$$

即 $m \geq 3$,从而 $m \in \{p, 2p\}$.

如果 $m = p$,由 m 的最小性,有 $m \mid 2j-2i$,即 $p \mid 2j-2i$. 但 $0 \leq i < j \leq p-1$,则有 $(p, j-i) = 1$,所以 $p \mid 2$,于是 $p = 2, m = 2$,得 $2^2 \equiv 1 \pmod 5$,矛盾.

如果 $m = 2p$,由 m 的最小性,有 $m \mid 2j-2i$,所以 $2p \mid 2j-2i$,即 $p \mid j-i$,与 $0 \leq i < j \leq p-1$ 矛盾.

综上所述,

$$x, y, 2x, 2y, 2^2 x, 2^2 y, \cdots, 2^{p-1} x, 2^{p-1} y \pmod{2p+1}$$

是 $1, 2, \cdots, 2p$ 的一个排列,所以必定有一个数为 k,证毕.

例 6 求证:所有偶完全数都可表示为 $2^{p-1}(2^p-1)$($p, 2^p-1$ 都为质数).

分析与证明 显然,n 为完全数 $\Leftrightarrow n$ 等于其所有真因子(非本身的因子)之和 $\Leftrightarrow 2n$ 等于 n 的所有因子(包括本身)之和,即 $\sum_{d \mid n} d = 2n$. 如 $6 = 1+2+3, 28 = 1+2+4+7+14$. 考察目标 $n = 2^{p-1}(2^p-1)$ 具有 $n = 2^t \cdot m$ 的形式,则可引入结构参数 m, t,使 $n = 2^t \cdot m$(m 为奇数,$t \in \mathbf{N}^*$),则 n 的因子可以表示为 $2^k \cdot m'$($k \leq t, k \in \mathbf{N}, m' \mid m$),因此

$2n = n$ 的所有因子(包括本身)之和

$\quad = (1 + 2 + 2^2 + \cdots + 2^t) \cdot m$ 的所有因子之和

$\quad = (2^{t+1} - 1) \cdot m$ 的所有因子之和 $= (2^{t+1} - 1) \cdot s$,

其中 s 为 m 的所有因子之和,即

$$2^{t+1} \cdot m = (2^{t+1} - 1) \cdot s. \qquad ⑧$$

因为 $(2^{t+1}, 2^{t+1}-1) = 1$,所以 $2^{t+1}-1 \mid m$. 又由 $t \geq 1$,有 $2^{t+1}-1 > 1$,所以 $\dfrac{m}{2^{t+1}-1} < m$. 从而 m 至少有 $\dfrac{m}{2^{t+1}-1}$ 和 m 两个不同的因子,进而

$$s \geq m + \dfrac{m}{2^{t+1}-1} = \dfrac{2^{t+1} m}{2^{t+1}-1},$$

注意:其中虽然 $2^{t+1}-1$ 是 m 的因子,但可能与 m 相同,所以

$$(2^{t+1}-1)s \geq 2^{t+1} m. \qquad ⑨$$

由式⑧可知,不等式⑨等号成立,则 m 恰有 $\dfrac{m}{2^{t+1}-1}$ 和 m 两个不同的因子,所以 m 为质数,且 $\dfrac{m}{2^{t+1}-1} = 1$(只有质数 p 才恰有 p 和 1 两个不同的因子),从而 $m = 2^{t+1}-1$ 为质数. 此时

$$n = 2^t \cdot m = 2^t(2^{t+1}-1).$$

如果 $t+1$ 为合数,且设 $t+1 = ab(a, b \geq 2)$,则

$$2^{t+1}-1 = 2^{ab}-1 = (2^a)^b - 1,$$

所以 $2^a - 1 \mid 2^{t+1}-1$,与"$2^{t+1}-1$ 为质数"矛盾,从而 $t+1$ 为质数.

令 $t+1 = p$,则 $n = 2^{p-1}(2^p - 1)$,其中 $p, 2^p - 1$ 都为质数. 反之,若 $n = 2^{p-1}(2^p - 1)$,其中 $p, 2^p - 1$ 都为质数,容易证明 n 为完全数.

实际上,因为 $2^p - 1$ 为质数,它只有 1 和 $2^p - 1$ 两个因子,其所有因子的和为 $1 + (2^p - 1) = 2^p$,于是 n 的所有因子的和为

$$(1 + 2 + 2^2 + \cdots + 2^{p-1}) \cdot 2^p = (2^p - 1) \cdot 2^p = 2n.$$

例7(2003 全国高中数学联赛试题) 设三角形的三边分别是整数 l, m, n,且 $l > m > n$. 已知 $\left\{\dfrac{3^l}{10^4}\right\} = \left\{\dfrac{3^m}{10^4}\right\} = \left\{\dfrac{3^n}{10^4}\right\}$,其中 $\{x\} = x - [x]$,而 $[x]$ 表示不超过 x 的最大整数,求这种三角形周长的最小值.

分析与解 为方便推理,先将题设条件用同余式表示,即

$$\left\{\frac{3^l}{10^4}\right\} = \left\{\frac{3^m}{10^4}\right\} = \left\{\frac{3^n}{10^4}\right\} \Leftrightarrow 3^l \equiv 3^m \equiv 3^n \pmod{10^4}$$

$$\Leftrightarrow \begin{cases} 3^l \equiv 3^m \equiv 3^n \pmod{2^4} & \text{⑩} \\ 3^l \equiv 3^m \equiv 3^n \pmod{5^4} & \text{⑪} \end{cases}$$

现在将式⑩化简. 由于 $(3^l, 2^4) = (3^n, 2^4) = 1$,所以由式⑩约去 3^n,有

$$3^{l-n} \equiv 3^{m-n} \equiv 1 \pmod{2^4}.$$

据这种指数型条件不易求 $m-n$,可通过 a 对模 m 的次数将其转化为整除型条件:假定 3 对 $\mathrm{mod}\ 2^4$ 的次数为 t,则由次数的性质,有 $t \mid m-n$,从而求出 m, n.

如何求 t? 因为底数 3 较小,可将一个个自然数依次代入试验:因为

$$3 \equiv 3 \pmod{2^4}, \quad 3^2 \equiv 9 \pmod{2^4},$$
$$3^3 \equiv 27 \equiv 11 \pmod{2^4}, \quad 3^4 \equiv 1 \pmod{2^4},$$

所以 3 对模 2^4 的次数 $t=4$,从而 $4 \mid m-n$. 这还只是 m, n 满足的条件之一,因为 m, n 还要满足式⑪:

同理,由式⑪可推出 $3^{l-n} \equiv 3^{m-n} \equiv 1 \pmod{5^4}$. 由 $4 \mid m-n$,可引入结构参数:令 $m-n = 4k$,其中 k 为正整数,代入上式,得

$$81^k \equiv 1 \pmod{5^4}. \qquad \text{⑫}$$

下面由式⑫求出 k,也就求出了 $m-n$.

同样,考察 81 对 $\mathrm{mod}\ 5^4$ 的次数 r. 因为底数 81 太大,将一个个自然数依次代入试验非常困难(实际上,$r=125$),所以需采用其他方法.

一种有效的处理方法是:利用同余式的性质将 $81^k \equiv 1 \pmod{5^4}$ 化简(减小模和底). 具体办法是:利用二项式定理将 81^k 按 5 的幂展开.

先将 81 用模 5 代余表示(以便按 5 的幂展开),即 $81 = 3^4 = 1+5$

$\times 2^4$,所以

$$0 \equiv 81^k - 1 = 3^{4k} - 1 = (1 + 5 \times 2^4)^k - 1 \pmod{5^4},$$

$$C_k^1 5 \times 2^4 + C_k^2 (5 \times 2^4)^2 + C_k^3 (5 \times 2^4)^3$$
$$+ \cdots + C_k^k (5 \times 2^4)^k \equiv 0 \pmod{5^4},$$

$$C_k^1 5 \times 2^4 + C_k^2 (5 \times 2^4)^2 + C_k^3 (5 \times 2^4)^3 \equiv 0 \pmod{5^4}.$$

因为$(2^4, 5^4) = 1$,所以约去2^4,有

$$C_k^1 5 + C_k^2 (5^2 \times 2^4) + C_k^3 (5^3 \times 2^8) \equiv 0 \pmod{5^4},$$

$$C_k^1 + C_k^2 (5 \times 2^4) + C_k^3 (5^2 \times 2^8) \equiv 0 \pmod{5^3},$$

$$k + 5k[3 + (k-1) \times 2^7] + \frac{k(k-1)(k-2)}{3} \times 5^2 \times 2^{11}$$
$$\equiv 0 \pmod{5^3}. \qquad ⑬$$

式⑬比式⑫简便多了,因为式⑫是指数型,而式⑬是多项式型,从而由式⑬容易求出k的值. 由式⑬可知,$5 \mid k$. 再引入结构参数:令$k = 5t$,代入式⑬,约去5,得

$$t + 5t[3 + (5t - 1) \times 2^7] \equiv 0 \pmod{5^2}.$$

由此可知,$5 \mid t + 5t[3 + (5t-1) \times 2^7]$,所以$5 \mid t$. 再引入结构参数:令$t = 5r$,代入上式,约去5,得

$$r + 5r[3 + (25r - 1) \times 2^7] \equiv 0 \pmod 5.$$

所以$5 \mid r$,令$r = 5s$(s为正整数),则$k = 5t = 25r = 125s$($s \in \mathbf{Z}^+$),从而

$$m - n = 4k = 500s \quad (s \in \mathbf{Z}^+),$$

同理可得$l - n = 500r (r \in \mathbf{Z}^+)$. 由于$l > m > n$,所以$r > s \geq 1$,从而$r \geq 2$. 这样,三角形的三边为

$$l = 500r + n, \quad m = 500s + n, \quad n.$$

由于两边之差小于第三边,所以$n > 500(r - s) \geq 500$,从而

$$n \geq 501, \quad l = 500s + n \geq 500 \cdot 2 + 501 = 1\ 501,$$
$$m = 500r + n \geq 500 + 501 = 1\ 001,$$

因此当$l = 1\ 501, m = 1\ 001, n = 501$时三角形的周长最小,其

值为 3 003.

注 本题的解法,实际上隐含了一种方法:当 $a=q^s$ 较大时,如何求 a 对模 p^r 的次数. 具体方法是:

设次数为 k,则 $(q^s)^k \equiv 1 \pmod{p^r}$. 先利用二项式定理将 q^s 按 p 的幂展开,通过发掘 k 的约数,引入结构参数,约去公因数,使模变小. 以此类推,直到模不能继续变小为止. 以下再举一例:

例 8(原创题) 求 5^4 对模 7^3 的次数,即求最小的正整数 k,使 $(5^4)^k \equiv 1 \pmod{7^3}$.

分析与解 1 设次数为 k,则 $(5^4)^k \equiv 1 \pmod{7^3}$,于是
$$(89 \cdot 7 + 2)^k - 1 \equiv 0 \pmod{7^3}.$$
展开,得
$$C_k^2 (89 \cdot 7)^2 \cdot 2^{k-2}$$
$$+ C_k^1 (89 \cdot 7) \cdot 2^{k-1} + 2^k - 1 \equiv 0 \pmod{7^3}, \quad ⑭$$
所以 $7 | 2^k - 1$,即 $2^k \equiv 1 \pmod 7$.

因为 $2^1 \equiv 2 \pmod 7$,$2^2 \equiv 4 \pmod 7$,$2^3 \equiv 1 \pmod 7$,即 2 对模 7 的次数是 3,所以 $3 | k$.

引入结构参数 $k = 3s$,代入式⑭,得
$$C_{3s}^2 (89 \cdot 7)^2 \cdot 2^{3s-2}$$
$$+ C_{3s}^1 (89 \cdot 7) \cdot 2^{3s-1} + (7+1)^s - 1 \equiv 0 \pmod{7^3},$$
$$C_{3s}^2 (89 \cdot 7)^2 \cdot 2^{3s-2}$$
$$+ C_{3s}^1 (89 \cdot 7) \cdot 2^{3s-1} + C_s^2 7^2 + C_s^1 7 \equiv 0 \pmod{7^3},$$
$$C_{3s}^2 89^2 \cdot 7 \cdot 2^{3s-2} + C_{3s}^1 89 \cdot 2^{3s-1} + C_s^2 7 + C_s^1 \equiv 0 \pmod{7^2}. \quad ⑮$$
由此可得
$$3s \cdot 89 \cdot 2^{3s-1} + s \equiv 0 \pmod 7,$$
而
$$2^{3s-1} \equiv 2^{3s-3} \cdot 2^2 \equiv (2^3)^{s-1} \cdot 2^2 \equiv 2^2 \pmod 7,$$
且

$$3s \cdot 40 \cdot 2^2 + s \equiv 0 (\bmod 7),$$

即 $481s \equiv 0 (\bmod 7)$,而 $(481,7)=1$,所以 $7|s$. 令 $s=7t$,代入式⑮,得

$$\frac{21t(21t-1)}{2} \cdot 89^2 \cdot 7 \cdot 2^{21t-2}$$

$$+21t \cdot 89 \cdot 2^{21t-1} + \frac{7t(7t-1)}{2} \cdot 7 + 7t \equiv 0 (\bmod 7^2),$$

$$\frac{21t(21t-1)}{2} \cdot 89^2 \cdot 2^{21t-2}$$

$$+3t \cdot 89 \cdot 2^{21t-1} + \frac{7t(7t-1)}{2} + t \equiv 0 (\bmod 7). \quad ⑯$$

由此可得

$$3t \cdot 89 \cdot 2^{21t-1} + t \equiv 0 (\bmod 7),$$

而

$$2^{21t-1} \equiv 2^{21t-3} \cdot 2^2 \equiv (2^3)^{7t-1} \cdot 2^2 \equiv 2^2 (\bmod 7),$$

且

$$3t \cdot 40 \cdot 2^2 + t \equiv 0 (\bmod 7),$$

即 $481t \equiv 0 (\bmod 7)$,而 $(481,7)=1$,所以 $7|t$. 令 $t=7r$,则 $k=3s=21t=147r \geqslant 147$. 当 $k=147$ 时,

$$(5^4)^k \equiv (5^4)^{147} \equiv (89 \cdot 7+2)^{147}$$

$$\equiv 147 \cdot 73 \cdot (89 \cdot 7)^2 \cdot 2^{145}$$

$$+147 \cdot (89 \cdot 7) \cdot 2^{146} + 2^{147}$$

$$\equiv 21 \cdot 7 \cdot 73 \cdot (89 \cdot 7)^2 \cdot 2^{145}$$

$$+21 \cdot 7 \cdot (89 \cdot 7) \cdot 2^{146} + 2^{147}$$

$$\equiv 2^{147} \equiv (2^7)^{21} \equiv (128)^{21}$$

$$\equiv (2\,097\,152)^7 \equiv (42\,799 \cdot 7^2 + 1)^7$$

$$\equiv 7 \cdot (42\,799 \cdot 7^2) + 1^7 \equiv 1 (\bmod 7^3),$$

故 5^4 对模 7^3 的次数为 147.

解法 2 因为 $5^4 = 625 \equiv 2 (\bmod 7)$,所以

$(5^4)^2 \equiv 2^2 \equiv 4 \pmod 7$，$(5^4)^3 \equiv 2^3 \equiv 1 \pmod 7$，

于是 5^4 对模 7 的次数是 3.

设 5^4 对模 7^3 的次数为 k，则 $(5^4)^k \equiv 1 \pmod{7^3}$，于是 $(5^4)^k \equiv 1 \pmod 7$，所以 $3 \mid k$，则可令 $k = 3t$.

因为 $(5^4)^3 \equiv 1 \pmod 7$，所以 $7 \mid 5^{12} - 1$，从而

$$1 \equiv (5^4)^{3t} \equiv (5^{12} - 1 + 1)^t$$
$$\equiv C_t^2(5^{12} - 1)^2 + C_t^1(5^{12} - 1) + 1 \pmod{7^3},$$
$$C_t^2(5^{12} - 1)^2 + C_t^1(5^{12} - 1) \equiv 0 \pmod{7^3}, \qquad ⑰$$
$$7^2 \mid C_t^2(5^{12} - 1)^2 + C_t^1(5^{12} - 1). \qquad ⑱$$

又因为

$$5^{12} - 1 \equiv 625^3 - 1 \equiv 625^3 - 1 \equiv (-12)^3 - 1$$
$$\equiv -1\,729 \equiv -14 \not\equiv 0 \pmod{7^2},$$

所以 $7 \nmid C_t^1$，从而 $7 \mid C_t^2, 7^3 \mid C_t^2(5^{12}-1)^2$. 结合式⑰，有 $7^3 \mid C_t^1(5^{12}-1)$，于是 $7^2 \mid C_t^1$，所以

$$t \geqslant 7^2 = 49, \quad k = 3t \geqslant 147.$$

以下证明从略.

例 9 求证：对任何正整数 m, n，

$$S = \frac{1}{m} + \frac{1}{m+1} + \cdots + \frac{1}{m+n}$$

都不是整数.

分析与证明 本题要证明的是否定性结论，宜用反证法. 假设 S 为整数，自然的想法是去分母转化为整式方程（不定方程），利用因数分析导出矛盾.

显然，若以 $m, m+1, \cdots, m+n$ 的积作为公分母，则变形太烦琐. 由此想到将各个分母"分解因式"：引入结构参数，将 $m, m+1, \cdots, m+n$ 都表示成 $2^{r_i} \cdot p_i (i = 0, 1, 2, \cdots, n)$ 的形式，然后取各分母的"奇数部分"作积，而对 2^{r_i} 则取其最高次幂.

4 调整参数

设 $m+i = 2^{r_i} \cdot p_i$ ($i=0,1,2,\cdots,n$),其中 r_i 是自然数,p_i 是正奇数,并令 $r = \max(r_0, r_1, \cdots, r_n)$,因为 $m, m+1, \cdots, m+n$ 中至少有一个偶数,所以 $r > 0$.

下面证明:存在唯一的 j ($0 \leq j \leq n$),使 $r_j = r$.

实际上,若有 $0 \leq i < j \leq n$,使 $r_i = r_j = r$,则

$$m+i = 2^{r_i} \cdot p_i = 2^r \cdot p_i, \quad m+j = 2^{r_j} \cdot p_j = 2^r \cdot p_j.$$

因为 $i < j$,所以 $p_j > p_i \geq 1$,但 p_j 为奇数,从而 $p_j \geq 3$. 所以

$$m+n \geq m+j = 2^r \cdot p_j \geq 3 \cdot 2^r > 2^{r+1} > 2^r \geq m.$$

这表明

$$2^{r+1} \in \{m, m+1, \cdots, m+n\},$$

从而

$$2^{r+1} \in \{2^{r_0}, 2^{r_1}, \cdots, 2^{r_n}\},$$

即

$$r+1 \in \{r_0, r_1, \cdots, r_n\},$$

这与 $r = \max(r_0, r_1, \cdots, r_n)$ 矛盾.

反设

$$\frac{1}{m} + \frac{1}{m+1} + \cdots + \frac{1}{m+n} = S \in \mathbf{N},$$ 并令 $p = p_0 p_1 \cdots p_n$,两边同乘以 $2^r p$,得

$$\frac{2^r p}{m} + \frac{2^r p}{m+1} + \cdots + \frac{2^r p}{m+n} = 2^r pS,$$

即

$$\frac{2^r p}{2^{r_0} p_0} + \frac{2^r p}{2^{r_1} p_1} + \cdots + \frac{2^r p}{2^{r_n} p_n} = 2^r pS,$$

考察上式左边的项

$$\frac{2^r p}{2^{r_i} p_i} \quad (i = 0, 1, 2, \cdots, n).$$

当 $i \neq j$ 时,$r_i < r$,又 $p_i | p$,从而 $\frac{2^r p}{2^{r_i} p_i}$ 为偶数;当 $i = j$ 时,$r_i = r$,又

$p_i \mid p$,且 p 为奇数,从而 $\dfrac{2^r p}{2^{r_i} p_i} = \dfrac{p}{p_i}$ 为奇数,所以上式左边为奇数.但实际上,通过上式右边可以看出上式左边为偶数,矛盾.

4.4 其他调整参数

除上述几类最常见的调整参数外,还有一些其他形式的调整参数,如指数型调整参数、自由量型调整参数、参照型调整参数等.

例 1 证明:存在整系数多项式 $f(x)$,使对 $\dfrac{1}{10} \leqslant x \leqslant \dfrac{9}{10}$,有

$$\left| f(x) - \dfrac{1}{2} \right| < \dfrac{1}{10^3}.$$

分析与证明 先选择简单的多项式 $f(x)$ 进行尝试 $\left(\text{使} \left| f(x) - \dfrac{1}{2} \right| \text{易于估计}\right)$.而最简单的多项式是一次多项式.令 $f(x) = x$,则当 $\dfrac{1}{10} \leqslant x \leqslant \dfrac{9}{10}$ 时,有

$$-\dfrac{2}{5} \leqslant x - \dfrac{1}{2} \leqslant \dfrac{2}{5},$$

所以

$$\left| f(x) - \dfrac{1}{2} \right| \leqslant \dfrac{2}{5}.$$

尽管此时的多项式 $f(x)$ 不符合要求,但我们找到了 $x - \dfrac{1}{2}$ 的一个较好的估计.

以下引入参数进行调整:注意到 $\dfrac{2}{5} < 1$,若幂次充分大,则 $\left| f(x) - \dfrac{1}{2} \right|$ 必相当小,于是可引入指数型参数 n,并令

$$\left| \left(x - \dfrac{1}{2} \right)^n \right| \leqslant \left(\dfrac{2}{5} \right)^n.$$

要使此不等式等价于 $\left|f(x)-\dfrac{1}{2}\right|\leqslant\left(\dfrac{2}{5}\right)^n$,只需取

$$f(x)-\dfrac{1}{2}=\left(x-\dfrac{1}{2}\right)^n,$$

即

$$f(x)=\left(x-\dfrac{1}{2}\right)^n+\dfrac{1}{2}.$$

但此时的 $f(x)$ 为非整系数多项式,下面设法将其分母去掉. 对

$$f(x)=\left(x-\dfrac{1}{2}\right)^n+\dfrac{1}{2}=\dfrac{(2x-1)^n}{2^n}+\dfrac{1}{2},$$

要使 $f(x)$ 为整系数多项式,只需将其中的多项式 $\dfrac{(2x-1)^n}{2^n}$ 适当调整,使之变为"整系数多项式与 $\dfrac{1}{2}$ 的和". 显然,这只需将 $\dfrac{(2x-1)^n}{2^n}$ 乘以 2^{n-1} 即可. 这是因为 $(2x-1)^n$ 的各项系数除常数项外都是偶数,而常数项为奇数,所以有

$$\dfrac{(2x-1)^n}{2}=\text{整系数多项式}+\dfrac{1}{2}.$$

令

$$f(x)=\dfrac{(2x-1)^n}{2}+\dfrac{1}{2},$$

则 $f(x)$ 为整系数多项式,且

$$\left|f(x)-\dfrac{1}{2}\right|=\left|\dfrac{1}{2}(2x-1)^n\right|=2^{n-1}\left|\left(x-\dfrac{1}{2}\right)^n\right|\leqslant\dfrac{1}{2}\cdot\left(\dfrac{4}{5}\right)^n.$$

取 $n\geqslant 30$,可使 $\dfrac{1}{2}\cdot\left(\dfrac{4}{5}\right)^n<\dfrac{1}{10^3}$. 令

$$f(x)=\dfrac{(2x-1)^{30}}{2}+\dfrac{1}{2},$$

则 $f(x)$ 合乎条件,命题获证.

例 2 求出所有满足下述条件的大于 2 的自然数 n:存在自然数 $a_1,a_2,\cdots,a_n$,使得

$$A_n = (a_1-a_2)(a_1-a_3)\cdots(a_1-a_n)$$
$$+ (a_2-a_1)(a_2-a_3)\cdots(a_2-a_n)$$
$$+ \cdots + (a_n-a_1)(a_n-a_2)\cdots(a_n-a_{n-1}) < 0.$$

分析与解 适当试验,即可发现所有符合条件的正整数 n 的集合为 $\{n \in \mathbf{N} \mid n \ne 3, 5, n > 2\}$.

先证明:$n=3,5$ 时,对所有自然数 $a_1, a_2, \cdots, a_n$,都有 $A_n \geqslant 0$. 不妨设 $a_1 \leqslant a_2 \leqslant \cdots \leqslant a_n$,则

当 $n=3$ 时,
$$A_3 = (a_1-a_2)(a_1-a_3)$$
$$+ (a_2-a_1)(a_2-a_3) + (a_3-a_1)(a_3-a_2),$$

因为其中只有 $(a_2-a_1)(a_2-a_3)$ 为负,要证明 $A_3 \geqslant 0$,只需将该负项与一个正项合并,证明其和非负即可. 实际上,
$$(a_1-a_2)(a_1-a_3) + (a_2-a_1)(a_2-a_3)$$
$$= (a_2-a_1)[(a_3-a_1) + (a_2-a_3)] = (a_2-a_1)^2 \geqslant 0,$$

所以 $A_3 \geqslant 0$,从而 $n \ne 3$.

当 $n=5$ 时,A_5 的第三项非负,即
$$(a_3-a_1)(a_3-a_2)(a_3-a_4)(a_3-a_5) \geqslant 0.$$

A_5 的前两项一正一负,它们的和为
$$(a_1-a_2)[(a_1-a_3)(a_1-a_4)(a_1-a_5)$$
$$- (a_2-a_3)(a_2-a_4)(a_2-a_5)] \geqslant 0,$$

这是因为注意到 $a_1-a_3 \geqslant a_2-a_3 \geqslant 0$ 等.

同理,A_5 的后两项之和为
$$(a_4-a_5)[(a_1-a_5)(a_2-a_5)(a_3-a_5)$$
$$- (a_1-a_4)(a_2-a_4)(a_3-a_4)] \geqslant 0.$$

所以 $A_5 \geqslant 0$,从而 $n \ne 5$.

对 $n \ne 3, 5$ 的情形,我们要构造符合条件的数列 $a_1, a_2, \cdots, a_n$. 分类构造如下:

4 调整参数

当 n 为偶数时,为了使构造简单,可设法使 A_n 中尽可能多的项为 0,先取 a_1, a_2 为自由量待定参数,并令 $a_2 = a_3 = \cdots = a_n$,则

$$A_n = (a_1 - a_2)(a_1 - a_3)(a_1 - a_4)\cdots(a_1 - a_n) = (a_1 - a_2)^{n-1}.$$

再令 $a_1 = 1, a_2 = 2$,则 $A_n = (-1)^{n-1} < 0$,因此数列 $1, 2, 2, \cdots, 2$ 合乎条件.

当 n 为奇数时,$n > 5$,仿上取 a_1, a_2 为自由量待定参数. 令 $a_2 = a_3 = \cdots = a_n$,则

$$A_n = (a_1 - a_2)(a_1 - a_3)(a_1 - a_4)\cdots(a_1 - a_n) = (a_1 - a_2)^{n-1}.$$

但 $n-1$ 是偶数,由此不能导出 $A_n < 0$,因此应多设定一些待定参数.

再取 a_1, a_2, a_3 为自由量待定参数,并令 $a_3 = a_4 = \cdots = a_n = a$,则

$$\begin{aligned}A_n =\ & (a_1 - a_2)(a_1 - a_3)(a_1 - a_4)\cdots(a_1 - a_n) \\ & + (a_2 - a_1)(a_2 - a_3)(a_2 - a_4)\cdots(a_2 - a_n) \\ =\ & (a_1 - a_2)(a_1 - a)^{n-2} + (a_2 - a_1)(a_2 - a)^{n-2}.\end{aligned}$$

此时 A_n 的表达式中有两个形式复杂的项,其值的符号不易确定,于是想到再令其中的 $a_1 - a = 0$,则

$$\begin{aligned}A_n =\ & (a_1 - a_2)(a_1 - a)^{n-2} \\ & + (a_2 - a_1)(a_2 - a)^{n-2} = (a_2 - a)^{n-1}.\end{aligned}$$

但 $n-1$ 是偶数,同样不能导出 $A_n < 0$,所以还要多设定一些待定参数.

再取 a_1, a_2, a_3, a_4 为待定参数,令 $a_4 = a_5 = \cdots = a_n = a$,则

$$\begin{aligned}A_n =\ & (a_1 - a_2)(a_1 - a_3)(a_1 - a)^{n-3} \\ & + (a_2 - a_1)(a_2 - a_3)(a_2 - a)^{n-3} \\ & + (a_3 - a_1)(a_3 - a_2)(a_1 - a)^{n-3}.\end{aligned}$$

为了减少 A_n 中的项,再令 $a_1 = a_2$,则

$$A_n = (a_3 - a_2)^2 (a_1 - a)^{n-3}.$$

此时 $n-3$ 为偶数,仍不能导出 $A_n < 0$. 但其思路的大方向是正确的,只要稍作修正,使得 $n-3$ 变为 $n-4$ 即可. 取 $a_1 = a_2 = a_3, a_5 =$

$a_6 = \cdots = a_n$,则
$$A_n = (a_4-a_1)(a_4-a_2)(a_4-a_3)(a_4-a_5)\cdots(a_4-a_n)$$
$$= (a_4-a_1)^3(a_4-a_5)^{n-4}.$$

至此,令 $a_4 - a_1 > 0, a_4 - a_5 < 0$ 即可,如取
$$a_1 = a_2 = a_3 = 1, \quad a_4 = 2, \quad a_5 = a_6 = \cdots = a_n = 3,$$
则
$$A_n = (a_4-a_1)(a_4-a_2)(a_4-a_3)(a_4-a_5)\cdots(a_4-a_n)$$
$$= (a_4-a_1)^3(a_4-a_5)^{n-4} = (-1)^{n-4} < 0.$$

综上所述,所有合乎条件的正整数 n 的集合为 $\{n \in \mathbf{N} \mid n \neq 3, 5, n > 2\}$.

例3(2105 全国高中数学联赛加试试题) 求具有下述性质的所有正整数 k:对任意正整数 n,$2^{(k-1)n+1}$ 不整除 $\dfrac{(kn)!}{n!}$.

分析与解 解题目标是求 k,这一目标非常简洁,无法改造(不能简化或逆推),也不能给我们解题提供任何启示,所以只能从题中唯一的条件入手.

先利用等价变换将条件化简:
$$2^{(k-1)n+1} \nmid \frac{(kn)!}{n!} \Leftrightarrow v_2\left(\frac{(kn)!}{n!}\right) \leqslant (k-1)n$$
$$\Leftrightarrow v_2((kn)!) - v_2(n!) \leqslant (k-1)n.$$

其中 $v_2(n)$ 表示正整数 n 的质因数标准分解式中 2 的指数.

由 $v_2(n!)$,自然想到如下一个熟知的结论:

引理 1 对任何正整数 n,有
$$v_2(n!) = n - S_2(n),$$
其中 $S_2(n)$ 表示 n 的二进制中各位数字之和.

证明 更一般地,我们证明:对任意正整数 n 及任意质数 p,有
$$v_p(n!) = \left[\frac{n}{p}\right] + \left[\frac{n}{p^2}\right] + \left[\frac{n}{p^3}\right] + \cdots = \sum_{i=1}^{\infty}\left[\frac{n}{p^i}\right].$$

实际上,p 在正整数 $n!$ 的标准分解式中的指数就是 p 在正整数 $1,2,\cdots,n$ 中的指数的和.

下面并不依次考虑每个数 $1,2,\cdots,n$ 对 $v_p(n!)$ 的贡献,而按贡献大小,从整体上分批考虑各数的总贡献:

在 $1,2,\cdots,n$ 中,共有 $\left[\dfrac{n}{p}\right]$ 个为 p 的倍数,每一个这样的数分别对 $v_p(n!)$ 贡献一次,共贡献 $\left[\dfrac{n}{p}\right]$ 次. 共有 $\left[\dfrac{n}{p^2}\right]$ 个为 p^2 的倍数,每一个这样的数分别对 $v_p(n!)$ 又贡献一次,共贡献 $\left[\dfrac{n}{p^2}\right]$ 次. ……如此下去,有

$$v_p(n!)=\left[\dfrac{n}{p}\right]+\left[\dfrac{n}{p^2}\right]+\left[\dfrac{n}{p^3}\right]+\cdots=\sum_{i=1}^{\infty}\left[\dfrac{n}{p^i}\right].$$

取 $p=2$,则

$$v_2(n!)=\sum_{i=1}^{\infty}\left[\dfrac{n}{2^i}\right].$$

令 $n=a_k 2^k+a_{k-1}2^{k-1}+\cdots+a_1 2^1+a_0 2^0$,则

$$\left[\dfrac{n}{2}\right]=a_k 2^{k-1}+a_{k-1}2^{k-2}+\cdots+a_2 2^1+a_1 2^0,$$

$$\left[\dfrac{n}{2^2}\right]=a_k 2^{k-2}+a_{k-1}2^{k-3}+\cdots+a_3 2^1+a_2 2^0,$$

$$\left[\dfrac{n}{2^3}\right]=a_k 2^{k-3}+a_{k-1}2^{k-4}+\cdots+a_4 2^1+a_3 2^0,$$

$$\cdots,$$

$$\left[\dfrac{n}{2^k}\right]=a_k 2^0.$$

按列求和,得

$$\sum_{i=1}^{\infty}\left[\dfrac{n}{2^i}\right]=a_k(2^{k-1}+2^{k-2}+\cdots+2^1+2^0)$$
$$+a_{k-1}(2^{k-2}+2^{k-3}+\cdots+2^1+2^0)+\cdots+a_0$$

$$= a_k(2^k - 1) + a_{k-1}(2^{k-1} - 1) + \cdots + a_0(2^0 - 1)$$
$$= a_k 2^k + a_{k-1} 2^{k-1} + \cdots + a_0 2^0 - (a_k + a_{k-1} + \cdots + a_0)$$
$$= n - S_2(n).$$

这样,条件变为
$$kn - S_2(kn) - n + S_2(n) \leqslant (k-1)n.$$
即对任意正整数 n,有
$$S(n) \leqslant S(kn).$$
为了找到合乎条件的 k,可找一个充分条件(以简代繁),找 k 对任意正整数 n,有
$$S(n) = S(kn).$$
由此发现 $k = 2^r$ 合乎条件.

下面证明:所有符合条件的 k 为 $2^r (r \in \mathbf{N})$.

一方面,因为一个正整数乘以 2 的幂,等价于在其二进制表示后面添加若干个 0,数码和不变,从而当 $k = 2^r (r \in \mathbf{N})$ 时,
$$S(n) = S(2^r \cdot n).$$
所以 $k = 2^r$ 合乎条件.

另一方面,任取一个不是 2 的方幂的正整数 k,我们证明存在正整数 n,使
$$S(n) > S(kn).$$
为了便于计算二进制表示的数码和 $S(kn)$,其中 k 是给定的,n 是待求的,想到将 k 用二进制表示(先分离 2 的幂).

再注意到一个正整数乘以 2 的幂,其二进制表示数码和不变,可先将 k 包含的 2 的幂分离出来:设 $k = 2^r \cdot q$(q 是大于 1 的奇数),再将 q 用二进制表示为
$$q = 2^{a_1} + 2^{a_2} + \cdots + 2^{a_t} (0 = \alpha_1 < \alpha_2 < \cdots \alpha_t, t \geqslant 2),$$
其中 $\alpha_1 = 0, t \geqslant 2$,则
$$S(kn) = S(2^r \cdot qn) = S(qn).$$

4 调整参数

这样,所求 n 满足的条件变为
$$S(n) > S(qn).$$

显然所求 n 应使 $S(qn)$(没有必要令 $m=qn$)尽可能小. 已经知道的是 $S(q)=t$,一种自然的想法是,所构造的 n(引入待定参数),使之也有 $S(qn)=t$,也就是说,qn 的二进制表示相对 q 其数码和不增加(又一次以简代繁).

先考虑 $S(qn)=t=S(q)$,一个充分条件是(再一次以简代繁),qn 的二进制是在 q 的二进制中添加若干个 0.

最简单的情形是在 q 的二进制表示后面添加若干个 0,但此时的 n 是 2 的幂,且 $S(n)=1<S(qn)$,不合要求.

上述方法需要改进,若干个 0 不能添加在 q 的二进制表示后面,但可以添加在前面(当然应在第一个 1 的后面),即把 q 的二进制表示的第一个非 0 数字向前移动若干位. 引入待定参数 u,设移动 u 位,这相当于将 q 的二进制表示中 2 的最高次幂的指数增加 u,即
$$qn = 2^{a_1} + 2^{a_2} + \cdots + 2^{a_t} \cdot 2^u.$$

此时显然有 $S(qn)=t$. 这里的待定参数 u 需要满足两个条件:

(1) $q \mid 2^{a_1}+2^{a_2}+\cdots+2^{a_t} \cdot 2^u$.

(2) $S(n) \geq t+1$.

先考虑(1),将其用同余式表示(便于变形求 u),有
$$\begin{aligned}
0 &\equiv 2^{a_1} + 2^{a_2} + \cdots + 2^{a_t} \cdot 2^u \\
&\equiv 2^{a_1} + 2^{a_2} + \cdots + 2^{a_t} + (2^u-1)2^{a_t} \pmod{q}, \\
&\equiv q + (2^u-1)2^{a_t} \equiv (2^u-1)2^{a_t} \pmod{q},
\end{aligned}$$
取 $2^u \equiv 1 \pmod{q}$ 即可. 由费马小定理知,这样的 u 是存在的.

对(2),我们有
$$\begin{aligned}
n &= \frac{2^{a_1}+2^{a_2}+\ldots+2^{a_t} \cdot 2^u}{q} = \frac{q+(2^u-1)\cdot 2^{a_t}}{q} \\
&= 1 + 2^{a_t} \cdot \frac{2^u-1}{q},
\end{aligned}$$

进一步调整 u，使 $S(n) \geqslant t+1$. 因为 $q \mid 2^u - 1, t > 1$，所以 $2^{a_t} \cdot \dfrac{2^u - 1}{q}$ 为偶数，其个位数字不是 1，于是

$$S(n) = S\left(1 + 2^{a_t} \cdot \dfrac{2^u - 1}{q}\right) = 1 + S\left(2^{a_t} \cdot \dfrac{2^u - 1}{q}\right)$$
$$= 1 + S\left(\dfrac{2^u - 1}{q}\right).$$

至此，只需

$$S\left(\dfrac{2^u - 1}{q}\right) \geqslant t. \qquad ①$$

但遗憾的是，由 $2^u \equiv 1 \pmod{q}$ 找到的 u，并不一定满足上述式①的要求. 注意不要全盘否定，适当修改 u 即可. 虽然式①不一定成立，但能保证

$$S\left(\dfrac{2^u - 1}{q}\right) \geqslant 1.$$

由此想到将 t 个形如 $S\left(\dfrac{2^u - 1}{q}\right)$ 的式子相加即可.

引入调整因子 k，将 u 换成 ku. 因为 $2^u \equiv 1 \pmod{q}$，当然仍有

$$2^{tu} \equiv (2^u)^t \equiv 1^t \equiv 1 \pmod{q}.$$

而 $2^{ku} - 1$ 则可分解因式：

$$2^{ku} - 1 = (2^u - 1)[(2^u)^0 + (2^u)^1 + (2^u)^2 + \cdots + (2^u)^{k-1}],$$

于是

$$\dfrac{2^{ku} - 1}{q} = \dfrac{(2^u)^k - 1}{q} = \dfrac{2^u - 1}{q}[(2^u)^0$$
$$+ (2^u)^1 + (2^u)^2 + \cdots + (2^u)^{k-1}] = \sum_{i=0}^{k-1}\left(\dfrac{2^u - 1}{q} 2^{iu}\right).$$

对每一个 $0 \leqslant i \leqslant k-1$，考察上述和式中的代表项：$f(i) = \dfrac{2^u - 1}{q} 2^{iu}$.

为计算 $S\left(\dfrac{2^{ku} - 1}{q}\right)$，还要论证 $\dfrac{2^{ku} - 1}{q}$ 的"和式表达式"各项的二进

制表示没有同类项. 这是因为"和式代表项"的一个公共因子 $\frac{2^u-1}{q}$ 小于 2^u(二进制表示至多有 u 个数位),而另一个因子至少相差 2^u(二进制表示末尾至少相差 u 个 0). 所以对任意整数 $i,j(0 \leqslant i < j \leqslant k-1)$, $f(i),f(j)$ 的二进制表示中没有同类项. 于是

$$S\left(\frac{2^{ku}-1}{q}\right) = S\left[\sum_{i=0}^{k-1}\left(\frac{2^u-1}{q} 2^{iu}\right)\right]$$

$$= \sum_{i=0}^{k-1} S\left(\frac{2^u-1}{q} 2^{iu}\right) \quad (\text{没有同类项,相加时不会出现进位})$$

$$= \sum_{i=0}^{k-1} S\left(\frac{2^u-1}{q}\right) \quad (\text{乘以 } 2 \text{ 的幂,其数字和不变})$$

$$= k \cdot S\left(\frac{2^u-1}{q}\right) \geqslant k.$$

取 $k=t$,令 $n = \frac{2^{\alpha_1} + 2^{\alpha_2} + \cdots + 2^{\alpha_t} \cdot 2^{tu}}{q}$,则

$$S(n) = S\left(1 + 2^{\alpha_t} \cdot \frac{2^{tu}-1}{q}\right)$$

$$= 1 + S\left(\frac{2^{tu}-1}{q}\right) \geqslant t+1 > t = S(qn).$$

综上所述,所有符合条件的 k 为 $2^r(r \in \mathbf{N})$.

习 题 4

1. 正整数 n 可以表示成至少 2 个正整数的和,而且这些正整数的积也等于 n,求 n.

2. 试证:存在无穷多个正整数 a,使对一切正整数 n,数 $Z = n^4 + a$ 都不是质数.

3. 求出所有的正整数 n,使存在正整数 $x_1, x_2, \cdots, x_n$,满足:
$$x_1 + x_2 + \cdots + x_n = x_1 \cdot x_2 \cdot \cdots \cdot x_n.$$

4. (原创题)对任意大于 3 的整数 n,都存在 n 个连续的正整数,其中恰有 3 个数为质数,而其余数都是合数.

5. (1992年第三届"希望杯"数学邀请赛试题)一个正整数 a,将其数字重新排列可得到一个新的正整数 b,如果 $a=3b$,则称 a 是一个"希望数". 证明:

(1) "希望"数一定存在,且有无限多个.

(2) 如果 a,b 都是"希望数",那么 $729|ab$.

6. (第34届IMO试题)是否存在函数 $f:\mathbf{N} \to \mathbf{N}$,满足:

(1) $f(f(n))=f(n)+n$.

(2) $f(1)=2$.

(3) $f(n+1)>f(n)$?

7. (1998希望杯数学竞赛试题)已知23个互异正整数的和是4 845,求这23个正整数的最大公约数可能达到的最大值.

8. 求证:方程 $x^2+y^5=z^3$ 有无数个整数解 (x,y,z),且使 $xyz \neq 0$.

9. 是否存在这样的三角形:它的3条高都小于1,而面积却大于100?

10. (2004年IMO中国集训队训练题)平面上有 $n \geqslant 5$ 个互不相同的点,每点与且只与其他点中的4个点的距离为1,求这样的 n 的最小值.

11. (第20届全苏数学奥林匹克竞赛试题)能否在 $m \times n$ 棋盘中填入互异的平方数,使每行每列之和仍为平方数?

12. (1988年IMO苏联训练题)对怎样的正整数 k,存在这样的正整数:它可以表成自己的 k 个不同正约数之和?

13. 求证:对任何整数 a,方程 $x^2+ay^2=z^2$ 都有无数个正整数解 (x,y,z).

14. (1994年中国数学奥林匹克竞赛试题)设 $f(z)=c_0 z^n+c_1 z^{n-1}+\cdots+c_{n-1}z+c_n$ 是 z 的 n 次复系数多项式,求证:存在复数 z_0,使 $|z_0|=1$,且 $|f(z_0)| \geqslant |c_0|+|c_n|$.

15. 求证:方程 $x^2-2y^2=1$ 有无数个正整数解.

16. 设自然数 n 的所有正因数为 $d_1<d_2<\cdots<d_k$,且 $n=d_1^2+d_2^2+d_3^2+d_4^2$,求 n.

17. (2006年第47届IMO试题)求所有的整数对 (x,y),使得 $1+2^x+2^{2x+1}=y^2$.

18. 设 n 为正奇数,记 $f(n)$ 为 $3n+1$ 的最大奇因数,如 $f(5)=1$,

$f(7)=11$,若 m,n 满足 $f(n)=m, f(m)=n$,求 m,n.

19. (第 36 届 IMO 备选题)求所有正整数 n,使 $2^{1995}+2^{1994}+2^n$ 为完全平方数.

20. 求方程 $\left[\dfrac{x}{1!}\right]+\left[\dfrac{x}{2!}\right]+\cdots+\left[\dfrac{x}{10!}\right]=1\,001$ 的整数解.

21. (1982 年瑞典数学竞赛试题)设 N 为一正整数,问方程 $x^2-[x^2]=(x-[x])^2$ 在 $[1,N]$ 中有多少个解?

22. (1993 年江苏高中数学联赛)设 $A, n\in \mathbf{N}^*, n>1, A<n^2$,且 $n\Big|\left[\dfrac{n^2}{A}\right]+1$,求 A.

23. (2005 年全国高中数学联赛试题)对每个正整数 n,定义
$$f(n)=\begin{cases} 0 & n\text{ 为平方数} \\ \left[\dfrac{1}{\{\sqrt{n}\}}\right] & n\text{ 不为平方数}\end{cases},\text{其中}\{x\}=x-[x],\text{求}\sum_{n=1}^{240}f(n).$$

24. (2011 年国际数学奥林匹克竞赛试题)对由 4 个不同的正整数组成的集合 $A=\{a_1,a_2,a_3,a_4\}$,定义 $S_A=a_1+a_2+a_3+a_4$,并设恰好有 n_A 对 (i,j) $(1\leqslant i<j\leqslant 4)$,使得 $a_i+a_j\mid S_A$,求所有的集合 A,使得 n_A 达到最大值.

习题 4 解答

1. 显然 $n\neq 1$. 若 n 为质数,则 n 只能分解成 $n=n\cdot\underbrace{1\cdot 1\cdots 1}_{r\text{个}}$,但 $n+\underbrace{1+1+\cdots+1}_{r\text{个}}=n+r>n$,矛盾;若 n 为合数,并设 $n=pq(1<p\leqslant q<n)$,引入待定系数 k,并令
$$n=p\cdot q\cdot\underbrace{1\cdot 1\cdots 1}_{k\text{个}}=n=p+q+\underbrace{1+1+\cdots+1}_{k\text{个}},$$
则 $pq=p+q+k$,所以 $k=pq-p-q$,但要求 $k\geqslant 0$. 实际上,
$$k=q(p-1)-p\geqslant p(p-1)-p=p^2-2p=p(p-2)\geqslant 0,$$
所以 $n=pq$ 合乎条件,即所求 n 为一切合数.

2. 先考虑什么情况下 n^4+a 可分解因式. 为便于配方,取 $a=t^2$ 试验,其中 t 为参数. 此时

$$n^4+a=n^4+t^2=(n^2+t)^2-2t\cdot n^2.$$

为了利用平方差公式分解因式,则希望 $2t\cdot n^2$ 为平方数,这只需 $2t$ 为平方数,有多种方案可实现:如取 $t=2m^2$(保证 2 的指数为偶数),则 $a=t^2=4m^4$ 有无数个;又如取 $2t=2^{2k}$,此时 $t=2^{2k-1}$,则 $a=t^2=2^{4k-2}$ 有无数个.

3. 当 $n=1$ 时,取 $x_1=1$ 即可. 当 $n=2$ 时,取 $x_1=x_2=2$ 即可. 当 $n>2$ 时,取 $x_1=x_2=\cdots=x_{k-2}=1,x_{k-1}=2,x_k=k$ 即可. 故一切正整数为所求.

4. 将所有质数由小到大依次排列为 $p_1,p_2,p_3,\cdots$ 对任意两个质数 $p_i,p_j(i<j)$,定义 $W(p_i,p_j)=1+p_j-p_i$ 为该数对的跨度(即由 p_i 到 p_j 的正整数的个数).

由 4.2 节例 1 可知,对任何大于 3 的正整数 n,都存在连续质数对 (p_i,p_{i+1}),使 $W(p_i,p_{i+1})>n$,从而使 $W(p_i,p_{i+2})>n$.

设质数 p_i 是满足 $W(p_i,p_{i+2})>n$ 的最小质数,即 $W(p_i,p_{i+2})>n$,且 $W(p_{i-1},p_{i+1})\leqslant n$. 因为 $W(p_1,p_3)=W(2,5)=4\leqslant n$,所以 $i>1$.

以下证明:连续自然数列 $p_{i-1},p_{i-1}+1,p_{i-1}+2,\cdots,p_{i-1}+n-1$ 中恰有 3 个为质数,即 p_{i-1},p_i,p_{i+1}. 实际上,因为 $W(p_{i-1},p_{i+1})\leqslant n$,所以相邻连续 3 个质数 p_{i-1},p_i,p_{i+1} 都在上述序列中. 又 $W(p_i,p_{i+2})>n$,从而质数 p_i,p_{i+2} 不同在上述数列中,所以质数 p_{i+2} 不在上述数列中.

5. (1) 设 a 是一个最小的"希望数",则 $a=3b$,其中 a,b 的数码相同. 由 $a=3b$,得 $a\equiv 3b\pmod{10}$,知 $b\equiv 0,5\pmod{10}$. 若 $b\equiv 0\pmod{10}$,则 $a\equiv 0\pmod{10}$,此时 $\dfrac{a}{10}$ 也是"希望数",但非最小,因此 $b\equiv 5\pmod{10}$,此时 $a\equiv 5\pmod{10}$.

因为 $a=3b$,所以 a 的首位至少为 3,要使 a 最小,取 a 的首位为 3,则 b 的首位为 1,此时

$$a=\overline{3\times\times\cdots\times 5},\quad b=\overline{1\times\times\cdots\times 5},$$

所以 a,b 都至少含有 3 个数字,即 1,3,5;如果 a,b 都是 3 位数,则 $a=315$,不合要求,舍弃;如果 a,b 都是 4 位数,为了使 a 最小,可增加数码 0,此时 $a=3\ 015,3\ 105$,其中 3 015 不合要求,舍弃. 而 $3\ 105=3\cdot 1\ 035$,所以 3 105 是一个"希望数",故"希望数"一定存在.

4 调整参数

又当 a 是一个"希望数"时,引入伸缩调整参数:对任何正整数 n, $10^n \cdot a$ 也都是"希望数",由于 n 有无数个取值,所以有无数个希望数.

(2) 要证明 $729 \mid ab$,而 $729 = 9^3 = 27^2$,则只需证明 $27 \mid a$,其中 a 是"希望数".

实际上,因为 a 是"希望数",所以将 a 的数字适当排列可得到数 p,使 $a = 3p$. 此时一个隐含条件是 $S(a) = S(p)$,其中 $S(n)$ 表示 n 的各位数字之和. 由 $a = 3p$ 知 $3 \mid a$,则 $3 \mid S(a)$,即 $3 \mid S(p)$,所以 $3 \mid p$. 再结合 $a = 3p$,有 $9 \mid a$,进而 $9 \mid S(a)$,即 $9 \mid S(p)$,所以 $9 \mid p$. 再结合 $a = 3p$,有 $27 \mid a$.

由此可见,如果 a,b 都是"希望数",那么 $27 \mid a$,$27 \mid b$,故 $729 \mid ab$.

6. 先试验特殊函数是否满足条件,我们从一次函数开始.

令 $f(n) = an$,由条件(3)可知,$a > 0$. 代入条件(1),得 $a^2 n = (a+1)n$. 令 $n = 1$,得 $a^2 = a + 1$,解得 $a = \dfrac{1+\sqrt{5}}{2}$. 但此时不满足条件(2). 再考察函数 $f(n) = an + b$,同样不符合条件.

反过来,考察函数 $f(n) = \dfrac{1+\sqrt{5}}{2} \cdot n$,它满足条件(1)和条件(3),但 $f(n)$ 不是整值函数. 若对 $f(n)$ 取整,问题则有望解决. 令 $f(n) = [an]$,其中 $a = \dfrac{1+\sqrt{5}}{2}$,显然,此时 $f(n)$ 满足条件(2)和条件(3). 直接验证,有 $f[f(n)] = f(n) + n + 1$. 这与条件(1)仅相差一个常数 1,作一个平移即可解决:引入平移待定参数 b,令 $f(n) = [an + b]$,其中 $a = \dfrac{1+\sqrt{5}}{2}$,代入条件(1)可知,$b = \dfrac{\sqrt{5}-1}{2}$,则 $f(n)$ 合所有条件.

故满足题设条件的函数是存在的.

注 满足题设条件的函数并不唯一,如令
$$f(n) = [pn + p] + n, \quad p = \dfrac{-1+\sqrt{5}}{2},$$
则 $f(n)$ 合乎条件. 实际上,$f(n)$ 严格递增.

此外,

$$f[f(n)] = [p \cdot f(n) + p] + f(n) = f(n) + [p[pn+p] + pn + p]$$
$$= f(n) + [p^2(n+1) - p\{pn+p\} + pn + p]$$
$$= f(n) + [n+1 - p\{pn+p\}] = f(n) + n.$$

此外,$f(n) = \left[pn + \dfrac{1}{2}\right]$也符合条件.

7. 设 23 个互异正整数分别为 $a_1, a_2, \cdots, a_{23}$,且 $(a_1, a_2, \cdots, a_{23}) = d$,依题意,则有 $a_1 + a_2 + \cdots + a_{23} = 4\ 845$.

因为 $(a_1, a_2, \cdots, a_{23}) = d$,可引入伸缩调整参数:令
$$a_1 = d \cdot k_1, a_2 = d \cdot k_2, \cdots, a_{23} = d \cdot k_{23},$$
则
$$d \cdot k_1 + d \cdot k_2 + \cdots + d \cdot k_{23} = 4\ 845,$$
即
$$d \cdot (k_1 + k_2 + \cdots + k_{23}) = 4\ 845.$$

因为 $a_1, a_2, \cdots, a_{23}$ 互不相同,所以 $k_1, k_2, \cdots, k_{23}$ 是互不相同的正整数,所以
$$k_1 + k_2 + \cdots + k_{23} \geqslant 1 + 2 + \cdots + 23 = 276,$$
从而
$$4\ 845 = d \cdot (k_1 + k_2 + \cdots + k_{23}) \geqslant d \cdot 276,$$
进而 $d \leqslant \dfrac{4\ 845}{276} < 18$. 但 d 为正整数,所以 $d \leqslant 17$.

以下构造 $k_1, k_2, \cdots, k_{23}$,使
$$4\ 845 = a_1 + a_2 + \cdots + a_{23} = 17 \cdot (k_1 + k_2 + \cdots + k_{23}),$$
即 $k_1 + k_2 + \cdots + k_{23} = 285$. 因为 $1 + 2 + \cdots + 23 = 276$,还差 $285 - 276 = 9$,将 9 添加在"23"上,并仍保持"互异"即可. 令
$$k_i = i \quad (i = 1, 2, \cdots, 22), \quad k_{23} = 32,$$
即
$$a_i = 17i \quad (i = 1, 2, \cdots, 22), \quad k_{23} = 32 \cdot 17,$$
则
$$a_1 + a_2 + \cdots + a_{23} = 4\ 845,$$
且

4 调整参数

$$(a_1, a_2, \cdots, a_{23}) = 17,$$

故$(a_1, a_2, \cdots, a_{23})$的最大值为 17.

8. 我们希望能求出方程满足

$$x^2 = y^5 \qquad ①$$

的特殊解(x, y, z). 此时原方程变得简单:

$$2x^2 = z^3. \qquad ②$$

为了使$2x^2$也变为t^r的形式,可令$x = 2^k$,则由式①②,有

$$2^{2k} = y^5, \quad 2^{2k+1} = z^3.$$

为了使$5 | 2k, 3 | 2k+1$,令$k = 5t$,则

$$2k + 1 = 10t + 1 \equiv t + 1 \equiv 0 \pmod{3}.$$

再令$t = 3r - 1$,则$k = 15r - 5$,此时$5 | 2k$,且

$$2k + 1 = 30r - 9, \quad 3 | 2k + 1.$$

于是对一切正整数r,

$$(x, y, z) = (2^{15r-5}, 2^{6r-2}, 2^{10r-3})$$

都是原方程的解.

9. 存在. 先构造一个等腰$\triangle ABC$,其中$AB = AC$,取高$AD = h < 1$,固定AD,而BC为自由量参数. 想象BC两端无限延长,必然在一定的时刻,另外两边上的高也小于 1,而$S = \dfrac{1}{2} \cdot BC \cdot h$,只要$BC \cdot h > 200$即

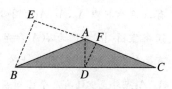

题 9 答案图

可. 如图所示,构造一个等腰$\triangle ABC$,其中$AB = AC, BC = 800$,高$AD = 0.3$.

我们先来计算高BE:作$DF \perp AC$于F,则DF是$\triangle CBE$的中位线,因为$DF < AD = 0.3$,所以$BE = 2DF < 0.6 < 1$. 再计算$\triangle ABC$的面积:$S = \dfrac{1}{2} \cdot 800 \cdot 0.3 = 120 > 100$.

10. 如果$AB = 1$,则A, B互称为邻点,A的邻点的个数称为A的度,记为$d(A)$. 设n个点为

$$A_1, A_2, \cdots, A_n,$$

则
$$d(A_i) = 4 \quad (i = 1, 2, \cdots, n),$$
并设
$$A_1 A_i = 1 \quad (i = 2, 3, 4, 5).$$

由于以 A_1 为圆心、1 为半径的圆与以 A_2 为圆心、1 为半径的圆至多有两个交点,所以 A_3, A_4, A_5 中至少有一个不是两圆的交点. 设 A_3 不是两圆的交点[题 10 答案图(Ⅰ)],则 $A_2 A_3 \neq 1$,但 $d(A_2) = 4$,从而 A_2 在 $A_1, A_2, \cdots, A_5$ 外至少有一个邻点,于是 $n \geqslant 6$.

考察 $A_1, A_2, \cdots, A_5$(注意 A_2, A_3, A_4, A_5 是 A_1 的邻点)外的任意一点,记为 A_6,以 A_1 为圆心、1 为半径的圆与以 A_6 为圆心、1 为半径的圆至多有两个交点,则 A_2, A_3, A_4, A_5 中至少有 2 个不是两圆的交点. 设 A_3, A_4 不是 2 个圆的交点,则 $A_6 A_3 \neq 1, A_6 A_4 \neq 1$. 又 $A_6 A_1 \neq 1$(因为 A_1 已有 4 个邻点),但 $d(A_6) = 4$,从而必存在 $A_7, A_8 \notin \{A_1, A_2, \cdots, A_6\}$,使 $A_6 A_7 = A_6 A_8 = 1$,因此 $n \geqslant 8$.

当 $n = 8$ 时,必有 $A_6 A_7 = 1, A_6 A_8 = 1$. 由 A_6 的任意性(将 A_6 换作 A_7),有 $A_7 A_8 = 1$. 以 A_6, A_7, A_8 为圆心、1 为半径的 3 个圆另交于 P, Q, R 3 点[题 10 答案图(Ⅱ)]. 因为 $d(A_6) = 4, A_6 A_1 \neq 1$,所以圆 A_6 上除 A_7, A_8 点外至少还有 2 个已知点,同理,圆 A_7 上除 A_6, A_8 点外至少还有 2 个已知点,圆 A_8 上除 A_6, A_7 点外至少还有 2 个已知点. 从而共有 6 个非 A_6, A_7, A_8 的已知点,但这些已知点都在 A_2, A_3, A_4, A_5 中,而每个点至多在 2 个圆上,从而至少有 2 个点被计算 2 次. 被计算 2 次的点只能是交点 P, Q, R 之一,于是 P, Q, R 中至少 2 点属于 $\{A_2, A_3, A_4, A_5\}$,设为 Q, R.

因为 $A_1 A_i = 1 \ (i = 2, 3, 4, 5)$,所以 $A_1 Q = 1, A_1 R = 1$. 但 QR 为圆 A_6 的直径,则 $QR = 2$,于是 A_1 为 QR 的中点,所以 $A_1 = A_6$,矛盾. 所以 $n \geqslant 9$.

$n = 9$ 时,作 2 个正 $\triangle A_1 A_2 B_2$ 和 $\triangle A_2 A_3 B_1$[题 10 答案图(Ⅲ)],并设 $\angle B_1 A_2 B_2 = \alpha$;然后作 4 个平行四边形:$\square A_2 B_2 A_5 B_1, \square A_2 B_2 A_4 A_3, \square A_2 B_1 A_6 A_1, \square A_5 A_6 B_3 A_4$,并适当调整 α 的大小,可使 $A_i, B_j (i = 1, 2, \cdots, 6; j = 1, 2, 3)$ 9 个点符合要求. 故 n 的最小值为 9.

4 调整参数

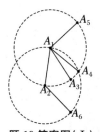 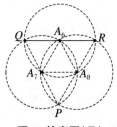 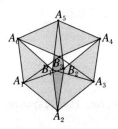

题 10 答案图(Ⅰ)　　　题 10 答案图(Ⅱ)　　　题 10 答案图(Ⅲ)

11. 先看 2×2 棋盘,为了行中数的和为平方数,利用勾股数,可如下构造数表[题 11 答案图(Ⅰ)]:

　　9,16　　　　　　　　$9a^2, 16a^2$
　　9,16　　　　　　　　$9b^2, 16b^2$

　　题 11 答案图(Ⅰ)　　　题 11 答案图(Ⅱ)

再考虑列中的数和为平方数,引入参数 a,b[题 11 答案图(Ⅱ)],只需 $a^2+b^2=c^2$,且 $16a^2>9b^2$. 取 $a=6, b=8$,得到的数表符合条件.

一般地,可设 $m\leqslant n$,取 $a_1>a_2>\cdots>a_{n-1}(n<1)$ 为平方数,其中 a_1 为奇数,$a_1\geqslant 3, a_2>a_3>\cdots>a_{n-1}$ 为偶数,那么 $a_1^2+a_2^2+\cdots+a_{n-1}^2$ 为奇数,设为 $2k+1$. 归纳定义:若 $a_n=k$,则

$$a_1^2+a_2^2+\cdots+a_n^2=2k+1+k^2=(k+1)^2,$$

且

$$a_1>a_2>\cdots>a_{n-1}>k=a_n.$$

否则,若有 $a_i\geqslant k(i<n)$,那么

$$2k+1=a_1^2+a_2^2+\cdots+a_{n-1}^2\geqslant a_i^2=k^2,$$

所以 $k>3$,矛盾. 这样,如下数表每一行的数互异,且各行的和为平方数[题 11 答案图(Ⅲ)].

$$b_1^2 a_1^2 > b_1^2 a_2^2 > \cdots > b_1^2 a_n^2,$$
$$b_2^2 a_1^2 > b_2^2 a_2^2 > \cdots > b_2^2 a_n^2,$$
$$\cdots,$$
$$b_m^2 a_1^2 > b_m^2 a_2^2 > \cdots > b_m^2 a_n^2.$$

　　题 11 答案图(Ⅲ)

下面选择 b_i,使

$$b_i^2 a_n^2 > b_{i+1}^2 a_1^2,$$

使

$$b_1^2 + b_2^2 + \cdots + b_m^2$$

为平方数. 取 b_1 为奇数,$b_2,b_3,\cdots,b_m$ 为偶数,且

$$b_{i+1} < \frac{b_i a_n}{a_1} \quad (i=1,2,\cdots,m-2).$$

若

$$b_1^2 + b_2^2 + \cdots + b_{m-1}^2 = 2s+1,$$

定义 $b_m = s$,则数表符合题要求. 实际上,

$$b_m = s = \frac{1}{2}(b_1^2 + b_2^2 + \cdots + b_{m-1}^2 - 1) \geqslant \frac{1}{2} b_{m-1}^2$$

$$\geqslant \frac{b_{m-2} a_n b_{m-1}}{2 a_1} = \frac{b_{m-2}}{2} \cdot \frac{a_n b_{m-1}}{a_1} \geqslant \frac{a_n b_{m-1}}{a_1}.$$

12. 若存在正整数,它可以表成自己的 k 个正约数之和,则称 k 是好的. 以下证明:所有正整数 $k \neq 2$ 都是好的.

显然 $k=1$ 是好的,因为任何正整数都是它本身的正约数.

以下用归纳法证明:所有正整数 $k \geqslant 3$ 都是好的. 当 $k=3$ 时,$6=3+2+1$,所以 k 是好的. 设 k 情形下成立,即存在正整数

$$n = m_1 + m_2 + \cdots + m_k \quad (m_1 < m_2 < \cdots < m_k \text{ 都是 } n \text{ 的正约数}).$$

考察 $k+1$ 的情形. 我们希望将上式中的 m_1 分割成 n 的两个正约数之和,但直接对 m_1 进行分拆是不可能的,从而引入调整因子 a,即将上式变为

$$an = am_1 + am_2 + \cdots + am_k$$

$$(am_1 < am_2 < \cdots < am_k \text{ 都是 } an \text{ 的正约数}).$$

下面对 am_1 进行分割,一种最简单的分拆是,将 am_1 分拆成 $m_1 + (a-1) \cdot m_1$,其中 m_1 显然是 an 的正约数,但 $(a-1)m_1$ 却不一定是 an 的正约数. 于是还需对 a 进行调整,即找到恰当的 a,使 $(a-1)m_1 \mid an$,即 $(a-1) \mid a \cdot \frac{n}{m_1}$. 又 $(a, a-1)=1$,所以 $(a-1) \mid \frac{n}{m_1}$,取 $a-1 = \frac{n}{m_1}$,则结论成立.

最后看 $k=2$ 是否为好的,若 $k=2$ 是好的,则存在 $n=a+b$,使 $0<a<b$

都是 n 的正约数,由 $a|n$ 及 $n=a+b$,知 $a|b$,同样,$b|a$,所以 $a=b$,矛盾.于是所求的 k 是一切不等于 2 的正整数.

注 证明"对所有正整数 $k \geqslant 3$ 都是好的",我们还发现了如下两个非常巧妙的证明:

方法 1 当 $k=3$ 时,因为 $6=3+2+1$,所以 3 是好的.设 k 为好数 $(k \geqslant 3)$,即存在
$$m_1 < m_2 < \cdots < m_k,$$
使
$$n = m_1 + m_2 + \cdots + m_k.$$
上式两边都加上 n,得
$$2n = m_1 + m_2 + \cdots + m_k + n,$$
由 $k \neq 1$,知
$$n = m_1 + m_2 + \cdots + m_k > m_k,$$
所以
$$m_1 < m_2 < \cdots < m_k < n,$$
故 $2n = m_1 + m_2 + \cdots + m_k + n$ 是 $2n$ 的一个 $k+1$ 分拆,所以 $k+1$ 是好的.

方法 2 由上述的解法,可得到如下的直接构造:对 $k \geqslant 3$,取 $n = 3 \cdot 2^{k-2}$,则
$$n = 3 \cdot 2^{k-3} + 3 \cdot 2^{k-3} \quad (2\text{-}分拆)$$
$$= 3 \cdot 2^{k-3} + (3 \cdot 2^{k-4} + 3 \cdot 2^{k-4}) \quad (3\text{-}分拆)$$
$$= \cdots = 3 \cdot 2^{k-3} + 3 \cdot 2^{k-4} + \cdots + 3 \cdot 2 + (3+3) \quad (k-1\text{-}分拆)$$
$$= 3 \cdot 2^{k-3} + 3 \cdot 2^{k-4} + \cdots + 3 \cdot 2 + (3+2+1) \quad (k\text{-}分拆).$$

13. 当 $a=1$ 时,由
$$(m^2+n^2)^2 = (m^2-n^2)^2 + (2mn)^2, \qquad ③$$
可取
$$(x,y,z) = (|m^2-n^2|, 2mn, m^2+n^2).$$
当 $a \neq 1$ 时,为了使式③产生系数 a,引入调整参数 p,q,想象式③变成
$$(pm^2+qn^2)^2 = (pm^2-qn^2)^2 + a(2mn)^2. \qquad ④$$
不难发现,取 $p=1, q=a$ 即可.实际上,对任何整数 a 都有

$$(m^2+an^2)^2 = (m^2-an^2)^2 + a(2mn)^2.$$

所以

$$(x,y,z) = (|m^2-an^2|, 2mn, m^2+an^2) \quad (m,n 为自然数)$$

是合乎要求的解.

14. 为了找到复数 z_0,我们取 n 个复数 $\omega^k (k=0,1,\cdots,n-1)$,其中 $\omega = e^{\frac{2\pi i}{n}}$,从整体上考察 $\sum_{k=0}^{n-1} f(\omega^k)$. 因为

$$f(\omega^k) = c_0(\omega^k)^n + c_1(\omega^k)^{n-1} + \cdots + c_{n-1}(\omega^k) + c_n,$$

而由单位根的性质,知

$$\sum_{k=0}^{n-1} \omega^{rk} = 0 (r=1,2,\cdots,n-1), \quad \omega^n = 1,$$

于是

$$\sum_{k=0}^{n-1} f(\omega^k) = n(c_0+c_n), \quad \left|\sum_{k=0}^{n-1} f(\omega^k)\right| = n|c_0+c_n|. \qquad ⑤$$

由式⑤知,必存在一个 $\omega^j (0 \leqslant j \leqslant n-1)$,使

$$|f(\omega^j)| \geqslant |c_0+c_n|. \qquad ⑥$$

式⑥与目标很接近,要实现目标,只需 c_0 与 c_n 同向,这在得到式⑤之前引入调整参数旋转因子即可:引入旋转因子 $\beta(|\beta|=1)$,令

$$\alpha_k = \beta\omega^k (k=0,1,\cdots,n-1),$$

其中 $\omega = e^{\frac{2\pi i}{n}}$. 利用

$$\sum_{k=0}^{n-1} \omega^{rk} = 0 \quad (r=1,2,\cdots,n-1), \quad \omega^n = 1,$$

有

$$\sum_{k=0}^{n-1} f(\alpha_k) = n(\beta^n c_0 + c_n),$$

所以

$$\sum_{k=0}^{n-1} |f(\alpha_k)| \geqslant \left|\sum_{k=0}^{n-1} f(\alpha_k)\right| = n|\beta^n c_0 + c_n|.$$

取 $\beta^n c_0$ 与 c_n 同幅角,则

$$\sum_{k=0}^{n-1} |f(\alpha_k)| \geqslant n|\beta^n c_0 + c_n| = n(|\beta^n c_0|+|c_n|) = n(|c_0|+|c_n|),$$

于是必有一个 k, 使 $f(\alpha_k) \geqslant |c_0| + |c_n|$.

15. 首先,方程等价于
$$(x+y\sqrt{2})(x-y\sqrt{2}) = 1.$$
取 $(x,y)=(1,1)$, 该数对虽然不是原方程的解, 但其使方程左边的值为 -1. 于是只要此式两边平方, 再将左边变成原方程的形式, 则可得到原方程的一个解.

实际上, $(1+\sqrt{2})^2(1-\sqrt{2})^2=1$, 将两个括号分别展开, 得 $(3+2\sqrt{2}) \cdot (3-2\sqrt{2})=1$, 于是 $(3,2)$ 是方程的解. 进一步, 上式两边再平方, 又可得到原方程的一个解, 即将 $(1+\sqrt{2})^4(1-\sqrt{2})^4=1$ 左边两个括号分别展开, 得 $(17+12\sqrt{2})(17-12\sqrt{2})=1$, 于是 $(17,12)$ 是方程的解. 以此类推, 可知将 $(1+\sqrt{2})^{2n} \cdot (1-\sqrt{2})^{2n}=1$ 左边两个括号分别展开, 可得到方程的第 n 个解.

引入结构参数 x_n, y_n: 设 $(1+\sqrt{2})^n = x_n + y_n\sqrt{2}$, 其中 $x_n, y_n \in \mathbf{N}^*$, 则 $(1-\sqrt{2})^n = x_n - y_n\sqrt{2}$. 两式相乘, 得
$$x_n^2 - 2y_n^2 = (1+\sqrt{2})^n \cdot (1-\sqrt{2})^n = (-1)^n,$$
将上式中的 n 换成 $2n$, 得
$$x_{2n}^2 - 2y_{2n}^2 = (1+\sqrt{2})^{2n} \cdot (1-\sqrt{2})^{2n} = (-1)^{2n} = 1,$$
所以对任何正整数 n, (x_{2n}, y_{2n}) 都是原方程的解, 从而原方程有无数个正整数解.

16. 为求 n, 只需求出 d_1, d_2, d_3, d_4. 显然 $d_1=1$, 下面求 d_2:

能否有 $d_2=2$? 这只需 $2|n$. 反设 n 为奇数, 则 n 的所有因数都是奇数, 所以 $n = d_1^2 + d_2^2 + d_3^2 + d_4^2$ 为偶数, 这与假设矛盾. 所以 n 为偶数, $d_2=2$. 下面求 d_3:

条件变为 $n = 1^2 + 2^2 + d_3^2 + d_4^2 = 5 + d_3^2 + d_4^2$, 且 n 为偶数. 于是 $d_3^2 + d_4^2$ 为奇, 从而 d_3, d_4 一奇一偶, 所以 $n \equiv 5 + d_3^2 + d_4^2 \equiv 1 + 0 + 1 \equiv 2 \pmod 4$, $2 \| n$. 令 $n=2m$, 则 m 为奇数. 若 d_3 是偶数, 令 $d_3 = 2d_3'$, 因为 $2 \| n$, 所以 $2 \| d_3$, d_3' 为奇数. 由 $d_3' < d_3$, 知 $d_3' \in \{d_1, d_2\} = \{1, 2\}$. 若 $d_3' = 1$, 则 $d_3 = 2d_3' = 2 = d_2$, 矛盾; 若 $d_3' = 2$, 则 $d_3 = 2d_3' = 4$, 与 $2 \| d_3$ 矛盾. 于是 d_3 为奇数, d_4 为偶数. 令 $d_4 = 2d_4'$, 同样, d_4' 为奇数, 且 $d_4' \geqslant 3$, 但 $2 = d_2 < d_4' < d_4$, 所以 $d_4' = d_3$, 即 $d_4 = 2d_4' = 2d_3$, 从而 $n = 5 + d_3^2 + 4d_3^2 = 5 + 5d_3^2$. 因此 $5|n$, 则 $2 < d_3$ (n 的第 3 个因子)

$\leqslant 5$,得 $d_3=3$ 或 5. 若 $d_3=3$,则 $d_4=5$,与 $d_4=2d_3$ 矛盾;若 $d_3=5$,则 $d_4=10$, $n=1^2+2^2+5^2+10^2=130$. 经检验,$n=130$ 合条件.

综上所述,$n=130$.

17. 对每组解 (x,y),显然 $x\geqslant 0$,且 $(x,-y)$ 也是解. $x=0$ 时给出 $(0,\pm 2)$ 两组解. 下设 $x,y>0$,则原式化为
$$2^x(2^{x+1}+1)=(y+1)(y-1).$$
$y+1$ 与 $y-1$ 同为偶数且只有一个被 4 整除,所以 $x\geqslant 3$.

引入结构参数:令 $y=m\cdot 2^{n-1}+\varepsilon$,代入原式化简得 $1-\varepsilon m=2^{x-2}(m^2-8)$,其中 m 为正的奇数,$\varepsilon=\pm 1$. 若 $\varepsilon=1$,则 $1-\varepsilon m\leqslant 0$,所以 $m^2-8\leqslant 0$,得 $m=1$,不满足上式. 所以 $\varepsilon=-1$,此时
$$1+m=2^{x-2}(m^2-8)\geqslant 2(m^2-8),$$
解得 $m\leqslant 3$. 但 $m=1$ 不合题意,又 m 为正的奇数,只有 $m=3$ 符合题意,得 $x=4,y=23$. 因此共有 4 组整数解,即 $(0,\pm 2),(4,\pm 23)$.

18. 本题原解法较繁琐,我们给出一个较为简单的解法,该解法的关键在于巧妙地引入结构参数. 不妨设 $2^r||3n+1,2^k||3m+1$,令
$$3n+1=f(n)\times 2^r,\quad 3m+1=f(m)\times 2^k,$$
其中 $f(n),f(m)$ 为奇数,两式相乘,得
$$(3m+1)(3n+1)=mn\cdot 2^{r+k},$$
所以
$$\frac{3m+1}{m}\cdot\frac{3n+1}{n}=2^{r+k},$$
即
$$\left(3+\frac{1}{m}\right)\left(3+\frac{1}{n}\right)=2^{r+k}.$$
因为
$$9<\left(3+\frac{1}{m}\right)\left(3+\frac{1}{n}\right)=9+\frac{3}{m}+\frac{3}{n}+\frac{1}{mn}\leqslant 9+3+3+1=16,\quad ⑦$$
所以
$$9<2^{r+k}\leqslant 16$$
$$\Rightarrow r+k=4$$

4 调整参数

$$\Rightarrow \left(3+\frac{1}{m}\right)\left(3+\frac{1}{n}\right)=2^{r+k}=16,$$

从而不等式⑦等号成立,所以 $mn=1$,得 $m=n=1$. 又 $m=n=1$ 符合条件,故 $m=n=1$ 为所求.

19. 首先,由表达式 $2^{1\,995}+2^{1\,994}+2^n$ 中每个项都是 2 的幂,自然想到提取公因式,这就要讨论哪一项是最小的 2 的幂,即判断 1 994 与 n 的大小. 但 1 994 与 n 的大小不确定,从而应分类讨论:

(1) 若 $n \geqslant 1\,994$,则

$$2^{1\,995}+2^{1\,994}+2^n = 2^{1\,994}(2+1+2^{n-1\,994}) = 2^{1\,994}(3+2^{n-1\,994}).$$

由于 $2^{1\,994}$ 为平方数,所以 $3+2^{n-1\,994}$ 也应为平方数. 当 $n=1\,994$ 时,$3+2^{n-1\,994}=3+1=4$,符合条件,即 $n=1\,994$ 为一个解;当 $n=1\,995$ 时,$3+2^{n-1\,994}=3+2=5$,非平方数,舍弃. 当 $n>1\,995$ 时,$3+2^{n-1\,994}\equiv 3 \pmod 4$,而 $x^2\equiv 0,1 \pmod 4$,所以 $3+2^{n-1\,994}$ 为非平方数,舍弃. 所以 $n \geqslant 1\,994$ 时,只有一个解,即 $n=1\,994$.

(2) 若 $n<1\,994$,则

$$2^{1\,995}+2^{1\,994}+2^n = 2^n(2^{1\,995-n}+2^{1\,994-n}+1),$$

此时 $2^{1\,995-n}+2^{1\,994-n}+1$ 为奇数,不含质因数 2,而平方数的每个质因子的次数为偶数,所以 n 为偶数,进而可知,$2^{1\,995-n}+2^{1\,994-n}+1$ 为平方数. 引入结构参数:令

$$2^{1\,995-n}+2^{1\,994-n}+1=t^2 \quad (t \text{ 为奇数}),$$

则

$$2^{1\,995-n}+2^{1\,994-n}=t^2-1=(t+1)(t-1),$$

即

$$3\times 2^{1\,994-n}=(t+1)(t-1).$$

所以 $3\mid(t+1)(t-1)$. 而 3 为质数,所以 $3\mid t+1$ 或 $t\mid t-1$. 于是上述方程变为

$$\begin{cases} t+1=3\times 2^x, & ⑧ \\ t-1=2^y, & ⑨ \\ x+y=1\,994-n, & ⑩ \end{cases} \text{ 或 } \begin{cases} t+1=2^x, & ⑪ \\ t-1=3\times 2^y, & (\text{此时 } t+1>t-1,\text{有 } x>y) \quad ⑫ \\ x+y=1\,994-n. & ⑬ \end{cases}$$

第一个方程前组中式⑧-⑨,得 $2=3\times 2^x-2^y$,所以

$$3\times 2^x = 2(1+2^{y-1}),$$

所以

$2^x \mid 2(1+2^{y-1})$，$2^x \mid 2$，$x=1$，$y=2$，$n=1\,994-(x+y)=1\,991$，与 n 为偶矛盾,舍去.

第二个方程组前中式⑪－⑫,得 $2=2^x-3\times 2^y=2^y(2^{x-y}-3)$,所以

$$1=2^{y-1}(2^{x-y}-3), \quad 2^{y-1}=1,$$

所以 $y=1, x=3$,此时

$$n=1\,994-(x+y)=1\,990.$$

经检验，$n=1\,990, 1\,994$ 为所求.

20. **解法 1** 首先,若 $x\leqslant 0$,则方程左边不大于 0,矛盾. 所以 $x>0$. 其次,

$$1\,001=\left[\frac{x}{1!}\right]+\left[\frac{x}{2!}\right]+\cdots+\left[\frac{x}{10!}\right]\geqslant\left[\frac{x}{1!}\right]+\left[\frac{x}{2!}\right]$$

$$>(x-1)+\left(\frac{x}{2}-1\right)=\frac{3x}{2}-2,$$

所以

$$x<\frac{2\,006}{3}<700<6!.$$

于是

$$\left[\frac{x}{6!}\right]=\left[\frac{x}{7!}\right]=\cdots=\left[\frac{x}{10!}\right]=0,$$

原方程化为

$$1\,001=\left[\frac{x}{1!}\right]+\left[\frac{x}{2!}\right]+\cdots+\left[\frac{x}{5!}\right].$$

引入结构参数:设 $x=a\cdot 5!+r$,其中 $a,r\in\mathbf{N}, a\leqslant 5, r<5!$;再设 $r=b\cdot 4!+t$,其中 $b,t\in\mathbf{N}, b\leqslant 4, t<4!$,于是 $x=a\cdot 5!+b\cdot 4!+t$;以此类推,存在唯一的自然数组 (a,b,c,d,e),其中 $a\leqslant 5, b\leqslant 4, c\leqslant 3, d\leqslant 2, e\leqslant 1$,使

$$x=a\cdot 5!+b\cdot 4!+c\cdot 3!+d\cdot 2!+e$$

(将 x 用 $5!, 4!, 3!, 2!, 1!$ 线性表示出),

代入原方程得

$$206a+41b+10c+3d+e=1\,001.$$

以下用不等式控制,其控制工具为

$$1\leqslant a\leqslant 5,\quad 0\leqslant b\leqslant 4,\quad 0\leqslant c\leqslant 3,\quad 0\leqslant d\leqslant 2,\quad 0\leqslant e\leqslant 1.$$

从两个方向消去 b,c,d,e:

$$1\,001=206a+41b+10c+3d+e$$
$$\leqslant 206a+41\cdot 4+10\cdot 3+3\cdot 2+1=206a+201,$$
$$1\,001=206a+41b+10c+3d+e\geqslant 206a+0=206a,$$

所以 $800\leqslant 206a\leqslant 1\,001$,由此得 $a=4$,从而 $41b+10c+3d+e=177$. 同理可得 $b=4, c=1, d=1, e=0$. 所以 $x=4\cdot 5!+4\cdot 4!+1\cdot 3!+1\cdot 2!+0=584$ 为方程的正整数解.

解法 2 同上,原方程化为

$$1\,001=\left[\frac{x}{1!}\right]+\left[\frac{x}{2!}\right]+\cdots+\left[\frac{x}{5!}\right].$$

令 $\dfrac{x}{5!}=b$,则方程化为

$$[120b]+[60b]+[20b]+[5b]+[b]=1\,001.$$

因为

$$kb-1<[kb]\leqslant kb \quad (k=1,5,20,60,120),$$

所以 $206b-5<1\,001\leqslant 206b$,

从而

$$\frac{1\,001}{206}\leqslant b<\frac{1\,006}{206},$$

即

$$\frac{1\,001}{206}\leqslant \frac{x}{5!}<\frac{1\,006}{206},\quad 120\cdot\frac{1\,001}{206}\leqslant x<\frac{1\,006}{206}\cdot 120,$$

故 $x=584$.

21. 由方程右边出现 $x-[x]$,想到设 $x=[x]+\{x\}$,代入原方程,得

$$[x]^2+\{x\}^2+2[x]\{x\}-[[x]^2+\{x\}^2+2[x]\{x\}]=\{x\}^2,$$

化简,得

$$2[x]\{x\}=[2[x]\{x\}+\{x\}^2],$$

由此可知,$2[x]\{x\}$为自然数,且方程显然可化为
$$2[x]\{x\} = 2[x]\{x\} + [\{x\}^2],$$
即 $0=[\{x\}^2]$. 于是原方程等价于 $2[x]\{x\}$ 为自然数.

引入结构参数:令 $2[x]\{x\}=a(a\in \mathbf{N})$,由此得
$$\begin{cases} x=[x]+\{x\}, \\ 2[x]\{x\}=a. \end{cases}$$

方程组消去 $\{x\}$,得
$$x=[x]+\frac{a}{2[x]}. \qquad ⑬$$

设 $[x]=k$,则 $k\leqslant x<k+1$,方程⑬变为 $x=k+\dfrac{a}{2k}$. 因为 $0\leqslant\{x\}<1$,所以 $0\leqslant\dfrac{a}{2k}<1$. 即 $a=0,1,2,\cdots,2k-1$. 于是原方程在 $x\in[k,k+1)(k=1,2,\cdots,N-1)$ 中有 $2k$ 个解. 又 $x=n$ 是方程的解,所以原方程解的个数为
$$1+\sum_{k=1}^{n-1}2k = n^2-n+1.$$

22. 引入结构参数:令 $n^2=pA+r(0\leqslant r<A)$,则 $\dfrac{n^2}{A}=p+\dfrac{r}{A}$,于是
$$\left[\frac{n^2}{A}\right]=p+\left[\frac{r}{A}\right]=p.$$

条件转化为 $n^2=pA+r$,且 $n\mid p+1$.

当 $A=n$ 时,由 $n^2=pA+r$,得 $p=n$,而 $n\mid p+1$,即 $n\mid n+1$,矛盾.

当 $0<A<n$ 时,由 $n^2=pA+r$,得
$$n^2=(p+1)A+(r-A),$$
而 $n\mid p+1$,于是 $n\mid A-r$,但 $0<A-r\leqslant A<n$,矛盾.

当 $n<A<n^2$ 时,由 $n^2=pA+r$,得
$$p=\frac{n^2-r}{A}<\frac{n^2-r}{n}\leqslant n,$$
所以 $1\leqslant p+1<n+1$,但 $n\mid p+1$,所以 $p+1=n$,即 $p=n-1$. 代入 $n^2=pA+r$,得
$$A=\frac{n^2-r}{n-1}=n+1-\frac{r-1}{n-1}.$$

4 调整参数

由于 A 为整数,所以 $n-1 \mid r-1$. 注意到 $A>n$,则有 $\frac{n^2-r}{n-1}>n$,得 $r<n$, $r-1<n-1$,但 $n-1 \mid r-1$,所以 $r=0,1$. 若 $r=0$,则 $n=2$,此时 $A=4=n^2$,与 $A<n^2$ 矛盾,所以 $r=1$. 此时 $A=n+1$ 符合条件,因此存在唯一的 $A=n+1$ 满足题目要求.

23. 求和时,为 0 的项显然可以不考虑,从而只需求当 n 为非平方数时 $f(n)$ 的值. 对非平方数 n,引入结构参数:设 $k^2<n<(k+1)^2$,令 $n=k^2+r \cdot (1 \leqslant r \leqslant 2k)$,则

$$f(n) = \left[\frac{1}{\{\sqrt{n}\}}\right]$$

$$= \left[\frac{1}{\sqrt{n}-[\sqrt{n}]}\right] = \left[\frac{1}{\sqrt{n}-k}\right] = \left[\frac{\sqrt{n}+k}{n-k^2}\right] = \left[\frac{\sqrt{n}+k}{r}\right].$$

因为 $n=k^2+r(1 \leqslant r \leqslant 2k)$,可消去 n,转化为求 $g(k,r)$. 由 $k^2<n<(k+1)^2$,有 $k<\sqrt{n}<k+1$,所以

$$\frac{k+k}{r} < \frac{\sqrt{n}+k}{r} < \frac{(k+1)+k}{r},$$

于是

$$\left[\frac{2k}{r}\right] \leqslant \frac{2k}{r} < \frac{\sqrt{n}+k}{r} < \frac{2k}{r}+\frac{1}{r} \leqslant \left[\frac{2k}{r}\right]+1,$$

从而

$$\left[\frac{\sqrt{n}+k}{r}\right] = \left[\frac{2k}{r}\right],$$

$$f(n) = \left[\frac{\sqrt{n}+k}{r}\right] = \left[\frac{2k}{r}\right] \quad (n=k^2+r, 1 \leqslant r \leqslant 2k).$$

由此逐一列表(以平方数为开端点),即可求得 $\sum_{n=1}^{240} f(n) = 768$. 注意:

$$\sum_{n=k^2+1}^{k^2+2k} f(n) = \sum_{r=1}^{2k} f(k^2+r) = \sum_{r=1}^{2k} \left[\frac{2k}{r}\right].$$

24. 不失一般性,假设 $a_1<a_2<a_3<a_4$,则 $S_A>a_4+a_3>a_4+a_2>\frac{1}{2}S_A$,所以

$$a_4+a_3 \nmid S_A, a_4+a_2 \nmid S_A,$$

从而 $n_A \leqslant 6-2=4$. 若 $n_A=4$,则有

$$a_1+a_2 \mid a_1+a_2+a_3+a_4, \quad a_1+a_3 \mid a_1+a_2+a_3+a_4,$$
$$a_1+a_4 \mid a_1+a_2+a_3+a_4, \quad a_2+a_3 \mid a_1+a_2+a_3+a_4,$$

进而

$$a_1+a_2 \mid a_3+a_4, \quad a_1+a_3 \mid a_2+a_4,$$
$$a_1+a_4 \mid a_2+a_3, \quad a_2+a_3 \mid a_1+a_4,$$

于是

$$a_1+a_2 \mid a_3+a_4, \quad a_1+a_3 \mid a_2+a_4, \quad a_1+a_4 = a_2+a_3.$$

由 $a_1+a_3 \mid a_2+a_4$,引入结构参数:令 $a_2+a_4=m(a_1+a_3)$,则

$$m(a_1+a_3) = a_2+(a_2+a_3-a_1) = (2a_2-a_1)+a_3 > a_1+a_3,$$

所以 $m>1$.

又

$$(m-1)a_3 < (m+1)a_1+(m-1)a_3 = 2a_2 < 2a_3,$$

所以 $m-1<2$,即 $m<3$,则只能有 $m=2$.

从而

$$a_1+a_4 = a_2+a_3, \quad a_2+a_4 = 2(a_1+a_3).$$

视 a_1, a_2 为已知,解得

$$a_3 = 2a_2 - 3a_1, \quad a_4 = 3a_2 - 4a_1.$$

由 $a_1+a_2 \mid a_3+a_4$,引入结构参数:令 $k(a_1+a_2)=a_3+a_4=5a_2-7a_1$,则

$$k = \frac{a_3+a_4}{a_1+a_2} > \frac{a_2+a_4}{a_1+a_3} = m = 2,$$

由

$$k(a_1+a_2) = a_3+a_4 = 5a_2-7a_1,$$

整理可得

$$(5-k)a_2 = (k+7)a_1 > 0,$$

所以 $k<5$,得 $k=3,4$. 令 $a_1=c$,其中 c 为任意正整数:当 $k=3$ 时,$A=\{c,5c,7c,11c\}$;当 $k=4$ 时,$A=\{c,11c,19c,29c\}$. 容易验证它们都满足要求.

综上所述,所有的集合为 $A=\{c,5c,7c,11c\}$ 或 $A=\{c,11c,19c,29c\}$,其中 c 为任意正整数.

中国科学技术大学出版社中学数学用书

高中数学竞赛教程/严镇军　单墫　苏淳　等
中外数学竞赛/李炯生　王新茂　等
第51—76届莫斯科数学奥林匹克/苏淳　申强
全国历届数学高考题解集/张运筹　侯立勋
中学数学潜能开发/蒋文彬

同中学生谈排列组合/苏淳
趣味的图论问题/单墫
有趣的染色方法/苏淳
组合恒等式/史济怀
集合/冯惠愚
不定方程/单墫　余红兵
概率与期望/单墫
组合几何/单墫
算两次/单墫
几何不等式/单墫
解析几何的技巧/单墫
构造法解题/余红兵
重要不等式/蔡玉书
高等学校过渡教材读本：数学/谢盛刚
有趣的差分方程(第2版)/李克正　李克大
抽屉原则/常庚哲
母函数(第2版)/史济怀
从勾股定理谈起(第2版)/盛立人　严镇军
三角恒等式及其应用(第2版)/张运筹
三角不等式及其应用(第2版)/张运筹

反射与反演(第2版)/严镇军
数列与数集/朱尧辰
同中学生谈博弈/盛立人
趣味数学100题/单墫
向量几何/李乔
面积关系帮你解题(第2版)/张景中
磨光变换/常庚哲
周期数列(第2版)/曹鸿德
微微对偶不等式及其应用(第2版)/张运筹
递推数列/陈泽安
根与系数的关系及其应用(第2版)/毛鸿翔
怎样证明三角恒等式(第2版)/朱尧辰
帮你学几何(第2版)/臧龙光
帮你学集合/张景中
向量、复数与质点/彭翕成
初等数论/王慧兴
漫话数学归纳法(第4版)/苏淳
从特殊性看问题(第4版)/苏淳
凸函数与琴生不等式/黄宣国
国际数学奥林匹克240真题巧解/张运筹
Fibonacci数列/肖果能
数学奥林匹克中的智巧/田廷彦
极值问题的初等解法/朱尧辰
巧用抽屉原理/冯跃峰
统计学漫话(第2版)/陈希孺 苏淳

学数学.第1卷/李潜
学数学.第2卷/李潜
学数学.第3卷/李潜